성보
내 운명학
백서 4

술술 풀리는
운세 명리학 입문

육친, 명궁, 용신, 격국

晟甫 안종선 지음

🄿 중앙생활사

자신의 운명을 스스로 개척할 것인가, 타고난 운명대로 살 것인가. 누구나 한번쯤 생각할 것이다. 과연 노력한다고 해서 내가 원하는 높이나 계단에 오를 수 있을까?

불교 이론에는 인드라망이라는 것이 있다. 성보가 생각하는 명리란 인드라망과 같은 것이다. 인드라라는 말은 여러 가지 의미로 해석할 수 있을 것이다. 불교적 용어로 해석하는 것이 옳을 것임은 말해서 무엇 하랴! 그러나 명리학이라는 개념에서 살피는 인드라는 어쩌면 불교의 개념과는 다를 것 같다.

일찍이 붓다는 우주를 반짝반짝 빛나는 무수한 보석으로 짜인 거대한 그물에 비유했다. 이 그물이 인드라망이다. 이 보석들은 여러 면으로 이루어져 있다. 보석 하나하나가 그 거대한 그물 안에 있는 다른 모든 보석을 반사하니 하나의 보석은 다른 모든 보석과 하나인 것이다.

이 보석을 명리에서 적용하면 인연이라고 할 수 있다. 어느 시점, 어느 누구 혹은 어느 학문을 만나느냐에 따라 달라지는 길이 바로 명리라고 생각한다. 명리에서 인드라는 거칠고 황량하며 끝이 보이지 않는 그물 혹은 거미줄과 같은 것이라고 본다. 이 거미줄이 만나는 지점마다 맺힌

이슬이야말로 나에게 다가오는 인연의 시작 혹은 결과이다. 보석으로 짜인 그물이 내 인생이라면 그물코가 만나는 곳은 변화 지점이다. 이 변화 지점을 내가 선택함에 따라 그물의 어느 부분으로 나아갈 수 있는지 결정된다.

명리는 남을 위한 것이 아닐 수 있다. 나를 위한 학습이 될 수 있다. 인드라의 넓은 망을 살핌으로써 내 인생의 지도를 그릴 수 있다고 본다. 내 운명을 개척하려면 명리학을 공부하는 것이 유리하다. 스스로 살피는 것이 진정성이 있기 때문이다.

명리학은 자신에 대해 많은 것을 알 수 있게 해준다. 자신이 모르던 것을 스스로 깨닫게 해준다. 본인의 천성, 성격, 기질, 적성, 부모와 형제자매는 물론 배우자와 관련된 덕의 유무를 알 수 있다. 형제 사이가 나쁜 이유를 알 수 있으며, 부모가 자신을 도와주지 않는 이유가 사주를 구성하는 여덟 개 글자에 들어 있다.

사회생활은 인간이 살아가며 반드시 필요한 것이다. 자신의 사주를 구성하는 여덟 글자를 통해 인간관계, 능력을 발휘할 기회의 시기와 유무를 깨달을 수 있다. 쓸데없이 욕심을 낸다고 해서 지위가 얻어지는 것도 아니고 재물이 모이는 것도 아니다. 재물관계, 직장관계, 교육관계, 양육관계 등과 같은 인간 만사를 스스로 깨우쳐야 개척할 수 있다.

명리는 이 모든 것을 깨닫게 해준다. 명리는 개척론이 아니라 운명론적이다. 운명을 개척한다는 이론이 어울릴 것이다. 내 운명에서 가장 효율적인 길이 어느 것인지 깨닫게 해준다. 내가 갈 수 있는 길의 범위를 알려준다. 이 이치는 인드라의 망 위에 펼쳐진 길과 같은 의미로 다가온다.

항간에는 뛰어난 명리학 고수가 많다. 학자도 많고 술사도 많다. 그들 모두 학문을 익힌 사람들이다. 그들에게 찾아가도 자신이 원하는 대답을 들을 수 있겠지만 그것이 옳은 대답인지는 알 수 없다. 따라서 자신이 옳은 대답인지 파악할 수 있을 정도는 알고 있는 것이 중요하다. 타인에게 문의해서 자신의 운명을 개척할 수는 없다. 운명을 개척하는 것이 아니라 전개되는 상황을 알 수 있을 뿐이다. 그것만으로도 충분하다고 할 수 있지만 세세하고 자기주도적인 설계라는 점에는 미치기 어렵다.

내 인생의 주인으로 살아갈 것인가, 아니면 내 인생을 남한테 의지할 것인가? 내 인생의 주인이 되려면 우선 나 자신을 철저하게 알아야 한다. 나를 모르면서 방향을 설정한다고 해서 앞으로 나아갈 수는 없다. 나를 아는 것이 가장 중요하다. 명리를 익혀 완벽한 발전을 추구할 수 있지만 그보다 내가 누구인지 알 수 있는 것만으로도 방향 설정의 기초는 마련된 것으로 볼 수 있다.

나를 알아야 한다. 근본적으로 나를 알기 위해서 명리학을 공부하는 것이다.

轟轟軒에서 晟甫

❖ 차 례 ❖

| 일러두기 |

이 책은 이 시대를 살아간 선배들이 남긴 산물을 정리한다는 마음으로 기술하였고 지금도 현장에서 열심히 연구하는 많은 명리학자의 의견과 임상도 도입하였다.

따라서 과거와 현재의 이론이 모두 적용되어 있으며 가능한 한 임상에 가까운 시스템으로 기술하였다.

이 과정에서 이 책을 이해하는 데 필요한 사항이 발생하였다.

1. POINT : 내용 곳곳에 가장 중요한 요점을 정리하였다.

2. 아차! : 착각하기 쉽거나 일반적 개념에서 오류가 있는 경우를 기술하였다.

3. 앗, 잠깐! : 아주 세세한 내용을 기술하였다.

4. 집중! : 자세하게 보충해야 할 내용을 기술하였다.

5. 성보명리 : 성보가 명리학을 배우며 깨닫거나 꼭 필요한 정의 혹은 생각해야 할 문제들을 정리하였다.

....
한자 병기

1. 한글만 있으면 무슨 뜻인지 이해하기 어려운 단어는 한자를 병기하였다.

2. 처음 나오는 전문용어는 한자를 병기하였다.

3. 같은 음이지만 의미가 다르면 한자를 병기하였다.

4. 의미가 중요한 한자는 반복해서 병기하였다.

5. 같은 한자어가 반복될 때 의미상 헷갈리지 않으면 뒤에는 한자를 넣지 않았다.

6. 한자를 병기하지 않아도 의미를 알 수 있는 한자어는 한자를 넣지 않았다.

7. 두음법칙에 따라야 하지만 명리학에서 통상적으로 쓰는 단어는 그대로 적었다(년주, 년운 등).

8. 여러 가지로 불리는 개념은 한 가지로 통일해서 사용하였다(태세, 해운, 세운, 년운 등).

1장

육친의 세부적 이해

사주를 배우는 사람들은 학습과정에서 원하지 않더라도 여러 단계를 거치게 된다. 지루하고 긴 싸움이 시작된다. 여러 가지 이론이 난무한다. 무엇부터 해야 하나? 명리를 배운 사람이라면 누구나 느끼는 것이 있다. 음양오행이 시작이며 끝이라는 것이다. 하지만 현실적으로 와닿지 않는다. 음양오행만 가지고는 아무것도 할 수 없다. 그럼에도 음양오행이 가장 중요하다. 아니 세상에 중요하지 않은 이론이 있단 말인가? 사실 모두가 하나같이 중요하다.

"선생님, 사주를 잘 풀려면 무엇이 가장 중요해요?"

간혹 처음 명리에 입문한 학생들이 이렇게 물을 때가 있다. 난감한 질문이다. 머릿속이 복잡하기 때문이다. 사실 중요하지 않은 것이 없다. 모두 중요하기 때문에 그들의 질문이 무섭게 느껴진다. 아직 발걸음도 떼지 못했는데 이상은 이미 철학자의 반열에 올라 있다.

누구도 그들에게 철학자가 되라고 한 적이 없다. 명리를 배운다고 철학자가 되는 것도 아니다. 그렇지만 그들은 이미 철학자의 길을 가고 있다고 생각하는 모양이다. 그들에게 철학자가 되지 말라고 이야기하고 싶지는 않다. 그러나 철학자가 되기는 쉽지 않다. 차라리 술사(術士)가 되는 것이 빠르다. 그러나 술사도 기본 이론은 배워야 한다. 철학자가 되기 이전에 배워야 할 것이 많다고 말해야 한다.

사주를 잘 풀려면 무엇이 중요한가? 이론을 이야기하는 것인가? 아니면 기법을 말하는 것인가? 하나하나가 모두 중요하니 딱히 무엇이 중요하다고 말하기 어렵다. 사실 죽을 때까지 배우고 머리가 파뿌리가 되도록 익혀도 모두 익히지 못하는 것이 명리이다. 우선 선배들이 간 길을 따라갈 수밖에 없다.

사주를 잘 푸는 것은 사람을 이해하는 것이라고 생각한다. 자연을 이해하는 것이라고 본다. 사주를 풀려면 여러 가지 조건을 파악하고 적용해야 하지만 그중에 육친(六親)도 무시할 수 없는 조건이다.

"아니, 명리에 무슨 육친이야?"

이렇게 반문하는 사람은 그래도 나은 편이다. 육친이 무엇인지도 모르고 시작하는 사람이 수두룩하다. 그나마 아는 사람은 육친이 왜 명리학에 나올까 의문을 품을 것이다. 이해하기 어려운 것은 아니지만 많은 사람이 근시안적으로 보고 단편적으로 살핀다. 그런 생각으로 보면 명리에서 육친을 배운다는 것이 이해하기 어려운 게 사실이다.

명리를 푸는 데 친척과 가족관계를 파악하라는 말인가? 생각해보면 육친을 세부적으로 이해한다는 말이 우습기는 하다. 그러나 명리의 기본은 바로 나와 내 주위를 살피는 일이다. 사주를 풀다보면 한번쯤 닥치는 일이다. 혹은 어쩔 수 없이 반드시 이야기해야 하는 일 중 하나가 육친에 관한 것이다. 바로 부모, 형제, 배우자, 자식 이야기이니 반드시 나와야 하는 것이 육친이다.

사주를 분석할 때 부모와 형제관계가 나타나는 건 분명한 사실이다. 또 사주를 분석하는 일 중 형제자매의 상태를 분석하는 것은 당연하다. 그러니 사주원국에 육친이 들어 있는 것이다.

사주 이론에 육친이라는 이름의 논리가 붙은 이유가 바로 이 육친을 파악하라는 의미다. 물론 육친이라는 단어가 단순하게 내 사주에 육친이 들어 있는지 찾아보라는 의미만 지닌 것은 아니다. 육친이라는 이름이 붙은 것은 육친의 의미가 강하기 때문이다. 그러면 육친이라는 내용을 적용하면 부모와 자식, 배우자와 형제자매 등 육친이 내 사주에서 어떤 역할을 하는지, 좋은 역할을 하는지 부정적인 영향을 미치는지 파악할 수 있다.

육친은 친족 범위에서는 가장 가까운 여섯 친족(親族)을 말하는 것으로 곧 부모(父母), 형제(兄弟), 처자(妻子)를 말한다. 이러한 이치와 사실을 명리학의 범위로 끌어들인 것이 바로 육친이다. 따라서 이름도 동일하다. 물론 역학이나 명리학에서 육친은 의미가 더 넓다. 그 속에 친족의 의미가 포함되어 있음은 물론이다.

육친(六親)은 달리 십신(十神), 십성(十星), 육신(六神)이라고 하는데 통변(通變)이라는 말로도 사용한다. 어디선가 통변성(通變性)이라는 말을 들었거나 책을 보았다면 이 육친을 말하는 것이다. 따라서 다른 책에서 통변성이라 한다면 당연히 육친과 같은 의미다. 통변은 사주를 해석하는데 아주 중요한 단어다. 사주를 살피는 것을 간명(看命)이라 하는데 육친을 빼고는 간명하기 어렵다.

1. 육친이란

　육친(六親)을 이용해 사주에 대입하는 것을 통변성이라고 한다. 육친이니 십신이니 하는 말을 사용하기도 하지만 같은 의미이고, 이후에는 용신(用神)이라는 말도 자주 나오는데, 이곳에서 신(神)은 종교적인 신이 아니라 체상(體相)이며 대자연을 통칭하는 것으로 이해해야 한다. 육친과 용신은 사주를 간명하는 데 가장 필요한 대입이다.

　육친이란 달리 육친골육(六親骨肉)이라 표현하는데 부모, 형제, 배우자, 자녀를 말한다. 사주를 간명하면 이 여덟 글자에 육친의 존재가 모두 들어 있다. 사주를 풀어갈 때 육친과 자신의 일간 대입은 매우 중요하고 밀접한 관계다. 육친의 대입이 원활해야 올바른 간명이 이루어진다. 육친을 비교 분석하여 친밀한 것은 길명(吉命)이고 그렇지 않은 것은 좋지 않다. 육친에 따른 재관인식(財官印食)의 사길신(四吉神)이 육친에 해당한다.

　흔히 단식으로 판단하면 인성(印星)은 부모요, 비겁(比劫)은 형제이고, 식상(食傷)은 자식이다. 재성(財星)은 아내이고 관성(官星)은 남편이다. 그러나 단순하게 이렇게만 적용할 수는 없다.

　육친을 대비하여 인(印)이 파(破)하거나 없으면 어머니나 조상의 음덕이 없고, 관(官)이 파하거나 없으면 여자를 위하는 착하고 가정적인 좋은 남편을 얻을 수 없으며, 자식도 불미하여 아름답지 못하다. 재(財)를 파하거나 재가 없으면 남자는 좋은 처를 얻을 수 없고 재산 축적도 기대할 수 없다. 식(食)이 파하거나 부족하면 여자는 현명한 자녀를 얻을 수 없다. 이렇게 살피면 단식법이다.

　육친은 다양한 역할을 한다. 육친은 단순히 친족이나 가족, 형제와 자매, 배우자를 지칭하는 것으로 그치지 않는다. 이 육친을 살펴 명예가 따르는지, 재산이 풍족한지 파악할 수 있다. 혹은 자식의 효도를 받을 수 있는지, 부부간 정리가 있는지, 지나친 정성을 받아 자식이 마마보이 성격이 있는지 알 수도 있다.

　각각의 오행은 육친에 해당하는 각각의 성격을 지니는 글자로 이루어진다. 즉 사주를 구성하는 글자는 모두 육친을 배정받는다. 일간은 본인이라는 역할을 하기에 아신(我身)이라고 하거나 본원(本元)이라고 표현한다.

　일간을 제외한 모든 글자는 육친을 부여받는다. 이렇게 부여받은 육친은 일간을 중심으로 해석의 실마리가 된다. 즉 육친이 어떤 형상으로 배치되어 있는지 혹은 상호 어떤 작용을 하는지 파악한다.

　때로는 육친 중 어느 하나가 지나치게 많거나 강할 수 있고, 때로는 반대로 전연 힘을 쓰지 못하거나, 아예 없는 경우도 있다. 지나치게 많은 육친이 병이고 문제이며, 없는 육친도 문제이고 병이다. 육친 중 고립되거나 사주에서 힘을 쓰지 못하고 극을 당해도 병이 되거나 문제가 된다. 이를 잘 소통하는 형태가 중화(中和)인데, 온전한 중화를 이룬 사주를 찾기는 쉽지 않다.

2. 육친의 이름 붙이기

육친은 천간 10개와 지지 12개에 모두 적용된다. 이 글자들은 육친의 적용을 받아 10개로 나뉘는데 비견(比肩), 겁재(劫財), 식신(食神), 상관(傷官), 편재(偏財), 정재(正財), 편관(偏官), 정관(正官), 편인(偏印), 정인(正印)이 그것이다. 이 중 정인은 달리 인수(印綬)라고도 한다.

이 용어들은 각각 두 개씩 묶어, 즉 비견과 겁재를 묶어 비겁(比劫), 식신과 상관을 묶어 식상(食傷), 편재와 정재를 묶어 재성(財星), 편관과 정관을 묶어 관성(官星), 편인과 정인을 묶어 인성(印星)으로 부르기도 한다. 어떻게 부르든 같은 이름이고 십신과 육친은 모두 사용하는 말이다.

천간이나 지지를 막론하고 사주를 구성하는 모든 글자는 육친의 범주에서 벗어나지 않는다. 모든 글자는 육친의 범주 안에 있다. 일간을 둘러

육친의 이름	
일간오행을 기준으로	육친 이름
일간과 같은 오행이면 비겁(比劫)	일간과 오행이 같고 음양이 동성이면 **비견** 일간과 오행이 같고 음양이 이성이면 **겁재**
일간이 생(生)해주는 오행이면 식상(食傷)	일간이 생해주고 음양이 동성이면 **식신** 일간이 생해주고 음양이 이성이면 **상관**
일간이 극(剋)하는 오행이면 재성(財星)	일간이 극을 하고 음양이 동성이면 **편재** 일간이 극을 하고 음양이 이성이면 **정재**
일간이 극을 당하는 오행이면 관성(官星)	일간을 극하고 음양이 동성이면 **편관** 일간을 극하고 음양이 이성이면 **정관**
일간을 생해주는 오행이면 인성(印星)	일간을 생해주고 음양이 동성이면 **편인** 일간을 생해주고 음양이 이성이면 **정인**

싼 모든 글자가 육친에 해당하는 이름을 가지고 역할을 수행한다.

육친의 이름이 정해지는 이치는 일간을 기준으로 한다. 일간을 생해주는 오행은 어머니와 같은데 인성, 일간과 같은 오행은 비겁, 일간이 생해주어 자식과 같은 오행은 식상, 일간이 극을 하는 오행은 돈과 여자를 나타내는 재성, 일간을 극하는 오행은 남편과 아들을 나타내는 관성이다.

3. 육친의 해석

육친은 일간인 나를 에워싸고 있으며 살아가는 관계에서 부모·형제(父母兄弟)를 포함하는 육친을 파악한다. 조금 확대해 친구 관계와 장모의 관계도 파악이 가능하다. 심지어 사회성의 역할도 파악할 수 있다.

오행에서 상생상극을 공부했듯이 사주의 주인인 일간과 나머지 글자의 상생·상극관계와 음양 차이를 가린다. 조상과 부모, 형제, 처자식 또는 남편과 같은 혈연관계뿐 아니라 사회적 지위도 파악이 가능하다. 이의 대입으로 사주에 나타나는 육친이 나에게 행하는 방법을 알 수 있다. 친구와 사회적 반향과 적응 혹은 활동반경도 알 수 있다.

육친은 인성(印星), 관성(官星), 재성(財星), 식상(食傷), 비겁(比劫)의 오성(五星)과 나를 포함하여 육친(六親)이 된다. 육친은 달리 십성(十星)이라고도 하는데 이는 다시 크게 나누어 10개가 되기 때문이다. 육친은 10개 구성으로 분할되는데 다시 정(正)과 편(偏)으로 구분된다. 정(正)이란 음양 배합이 바르게 되어 있음을 나타내고, 편(偏)이란 음양이 한쪽으로 치우쳐 편중(偏重)되어 있다는 뜻이다.

육친관계에서 정은 음양이 다른 것이다. 편이란 음양이 같은 것이다. 이는 치우침을 말한다. 편은 동성을 만나는 것이다. 남자가 남자를 만나는 것이다. 정은 이성을 만나는 것과 같다. 남성이 여성을 만나는 격이다.

어느 경우에도 가장 중요한 것은 일간이다. 모든 상황에서 일간이 기준이다. 천간은 열 글자로 이루어져 있다. 이 열 글자 중에서 일간은 하나다. 일간이 가지고 있는 오행을 바탕으로 육친을 분별한다. 결국 육친은 일간과 상관성이다. 이 육친의 관계에서는 일간을 돕거나 오행이 같이 돕거나 겨루고, 설기시키거나 극하고 제(制)하는 역할에 따라 육친이 분류된다.

먼저 인성(印星)을 살핀다. 일간은 달리 본원이라 한다. 본원을 생하는 것은 인성이라 한다. 즉 인성은 나를 도와주는 오행이다. 인성은 각기 편인과 정인으로 나누는데 정인은 달리 인수라고도 한다. 편인과 정인을 묶어 부를 때 인성이라고 한다.

사주를 살필 때 성(星)은 자리, 별, 역할을 나타낸다. 즉 풍수지리로 말하면 봉우리와 같은 것이다. 인성은 문서에 찍는 도장의 별이다. 인(印)은 도장을 의미한다. 따라서 인성에는 도장을 찍는 역할이 배정되어 있다. 도장은 아이가 찍는 것이 아니라 어른이 찍는다. 또 높은 지위에 오르는 사람이 사용한다. 도장을 찍는 것은 문서이므로 인성은 문서라는 의미가 있다.

도장을 찍는다는 것은 여러 가지 의미가 있다. 단순히 부모 역할이라는 의미에서 벗어나 도장을 찍어야 하는 모든 것의 의미가 깃들어 있다. 따라서 인성은 문서라는 의미가 있고 공부한다는 의미도 있다.

인성이 많은 사주가 있다. 이는 인성과다(印星過多)라고 한다. 인성이 많다는 것은 자신을 돌보는 어머니가 많다는 의미와 같다. 도와주는 사람이 많다는 의미가 된다. 자연히 게을러질 수밖에 없다. 따라서 인성과다는 게으른 사람이다. 또 인성은 말이 많고 칭얼거리는 성격이다. 어머니가 많으니 칭얼거린다고 생각하자. 여자의 경우 이 칭얼거림이 어릴 때는 부모를 힘들게 하지만 혼인하면 남편을 괴롭힌다.

인성(印星)		
인성	편인 (偏印)	편인은 치우친 것이다. 따라서 내 친부모가 아니라 나를 기르긴 해도 정성이 부족한 부모다. 친부모가 아니니 이를 편모, 계모라고 한다. 친부모도 치우치면 편인이다. 다시 범위를 넓히면 시부모, 고모가 해당된다. 사회적으로는 나를 핍박하거나 질시하는 직장상사가 되겠다. 내 아이디어를 뺏어가고 지시만 하는 상사쯤 된다.
	정인 (正印)	정인은 올바른 어머니이다. 내 친부모이니 나를 기르고 정을 쏟는 어머니이다. 이를 정모(正母)라고 부를 수 있다. 달리 인수(印綬)라고 한다. 넓히면 나를 도와주는 사회적 인간관계이다. 이모가 정인에 해당한다. 사회적으로는 나를 돕는 상사가 해당된다.

비겁(比劫)에 대해 논한다. 나와 오행이 같은 글자들은 비겁이라고 한다. 비겁은 비견과 겁재의 앞머리를 따서 붙인 것이다. 비견은 어깨를 나란히 한다는 의미이고, 겁재는 내 재산을 뺏어간다는 의미이다.

비견에 대해 논한다. 나와 어깨를 나란히 한다는 말은 어떤 의미인가? 나와 어깨를 나란히 하는 사람이란 나에게 도움이 되고 나와 평등한 사편인과 정인에 해당하는 친인척을 널리 살펴 배정하는 과정에서 독특한 이치를 살필 수 있다. 편인은 거친 어머니다. 편모, 시어머니, 의붓어머니가 해당한다. 그런데 이 편인에 고모가 해당한다. 이치적으로 나에게는 고모이지만 고모에게 나는 조카다. 표면적으로는 고모가 조카를 매우 사랑하는 듯 보이는데 왜 편인일까? 생각할 것이 많은 배치다.

그와 비교하여 정인은 어머니이다. 이 정인에 이모가 해당하는 이유가 무엇인가? 예부터 어머니가 일찍 죽었을 경우, 어머니 생각나면 이모 보러 간다는 말도 있다. 이모가 정인에 배정된다는 것이 자못 의미 있다.

람이다. 혹은 나를 돕는 사람이고 나에게 힘이 되어주는 사람이다.

비겁의 비(比)는 비견(比肩)이다. 비견이란 한 어머니의 몸을 빌려 태어난 형제를 의미한다. 그러나 확대 해석하면 어깨를 나란히 하니 친구이고 동창이며, 사회의 동료이고 또래가 포함된다. 이를 조금 더 확대 해석하면 지연, 혈연, 학연과 같은 사상이 연결될 수 있다.

겁재에 대해 논한다. 비겁의 겁(劫)은 겁재(劫財)이다. 겁재에서 겁(劫)은 한문이 그렇게 해석되듯 위협하다, 뺏는다는 의미이다. 겁탈, 겁박, 협박, 약탈, 위협, 탈취 등과 유사한 느낌을 주는 단어이다. 이 겁은 근본적으로 위협을 가하여 빼앗는 것을 말한다. 겁재의 재는 재(財)이다. 재산을 말한다. 따라서 겁재는 재산을 뺏는 대상이다. 사실 재산을 뺏는다는 의미가 있지만 다양한 해석이 가능하다.

조금 더 확대해보자. 강도가 들어와 칼을 들이대고 재산을 뺏으려고 할 때 버티면 어찌되는가? 강도가 칼을 휘두를 테니 몸을 다치거나 때로는 죽을 수도 있다. 이러한 해석이 사주의 풀이에 대입된다. 그래서 겁재는 내 재산을 빼앗아가는 사람이다.

그것으로 그치지 않고 몸이 아프다고 해석된다. 예부터 한 아버지의 자식이라 해도 어머니가 다르면 재산 다툼이 심했던 모양이다. 겁재는 배다른 형제를 뜻하는데 의미가 자못 심상치 않다. 결국 배다른 형제는 내가 힘이 떨어지면 언젠가 나를 해하고 아버지에게서 물려받은 재산을 훔쳐가거나 빼앗아가는 사람이라는 의미가 된다. 어쩐지 요즈음 사회를 보는 느낌이다.

비견과 겁재가 많으면 비겁과다(比劫過多)라고 한다. 형제가 넘친다는 의미이다. 형제가 넘치니 밥을 나누어야 한다. 돈을 벌어도 모이지 않는다. 나누자는 사람이 많다. 그러나 형제의 힘을 받으니 자신이 넘친다. 고집이 셀 수밖에 없다. 남의 말을 잘 듣지 않는다. 이 경우 바다를 건너면 좋을 수 있다. 비겁과다의 사주를 지닌 사람은 형제의 영역이 미치지 않는 곳인 다른 나라, 다른 지역으로 진출하면 성공할 가능성이 높아진다.

비겁(比劫)		
비겁	비견 (比肩)	어깨를 나란히 한다는 의미이다. 이는 형제를 말한다. 그중에서도 한 배에서 나온 친형제를 나타낸다. 적으면 힘이 되고 가진 것이 많으면 나누어 먹어야 하는 관계다. 사회적으로는 나를 돕는 동료이다. 회사 동료, 동문과 동창이 해당한다.
	겁재 (劫財)	재물을 겁탈한다고 하니 그다지 좋은 의미는 아니다. 아버지가 밖에서 낳아온 자식이니 외방자식이고 나와는 배다른 형제이다. 어릴 때는 모르지만 자라면 아버지 재산을 나누어야 하고, 내가 힘이 없을 때는 도움이 되지만 반드시 대가를 지불해야 한다. 나에게서 무언가 뺏어가는 동료이고 나를 질시하는 사람이다.

식상(食傷)에 대해 논한다. 인간은 사회적 동물로 계보(系譜)가 있다. 대를 이어 산다. 어미는 자식을 낳고 그 자식이 다시 자식을 낳는다. 인간사는 이런 연속성으로 유지된다. 인간뿐 아니라 모든 생물은 종(種)을 이어 살아간다.

나는 혼자 살지 않는다. 나이를 먹으면 자식을 낳는다. 자식을 낳는다는 것은 어미 몸에서 나오는 과정이다. 자식은 어미 몸을 축내고 나오는 것이니 많으면 어미가 몸이 아프다. 식상이 강하면 늘 몸이 아프다. 그래서 자식이 많지 않으면 몸에 도움이 된다.

모계사회에서도 특히 그렇지만 농경사회에서도 자식은 매우 중요하다. 가장 중요한 것은 근본적으로 자식은 노동력이라는 사실이다. 이 노동력으로 곡식을 기르거나 어업을 하여 어미를 먹여 살리니 내 몸에서 나온 자식은 식신(食神)이다. 즉 나에게 먹이를 대주는 신이라는 표현이다. 이는 자식을 낳아야 늙어서 굶어 죽지 않는다는 표현이다. 따라서 식신은 내가 낳은 자식이며 먹고사는 문제를 나타낸다.

자식이라고 모두 내가 낳은 것이 아니다. 내가 여자인데 혼인하여 내 자식을 낳으니 식신이다. 그런데 남편이 밖에 나가 자식을 낳아 들어오니 외방자식(外房子息)이다. 이 자식은 상관이다. 세상에는 크게 변하지 않는 것이 있다. 이러한 일은 지금도 일어난다. 세상이 변해도 이러한 일은 일어날 것이다. 이렇게 내가 낳은 자식이 아니고 남편이 타지에서 낳아서 데리고 들어온 자식이 있다.

상관은 내 자식이 아니지만 어쩔 수 없이 내가 데리고 살아야 한다. 상관의 상(傷)은 상처를 입힌다는 의미이고 관(官)은 명예, 자식, 남편이라는 의미이다. 이미 오래전 이 학문이 만들어졌을 당시에도 외방자식은 남자의 명예를 떨어뜨리는 일이었던 모양이다. 그랬기에 밖에서 낳아서 들어온 외방자식을 상관이라고 이름 지은 것이다. 남편이 밖에서 자식을 낳아서 들어오면 아내는 남편과 전쟁을 치러야 할 것이다. 모두 그렇다고 볼 수는 없지만 외방자식은 대부분 불효한다. 때로는 어머니를 괴롭힌다. 그래서 상관은 여자에게 가장 나쁜 역할을 한다.

식상이 많으면 말이 많다. 식신은 지식 습득과 관련된다. 상관은 행동력이다. 상관은 말의 기능을 이야기한다. 상관은 열정과 행동력을 강화한다. 상관은 예술성을 표현하기도 한다. 식신과 상관이 많으면 식상과다라고 한다. 식상과다가 되면 행동력이 강하고 자기 행동을 위안하거나 합리화하기 위한 거짓말이 생기기 쉽다. 또한 식상이 강하면 본원에 대한 설기가 강해지니 신약해지기 쉽다.

식상(食傷)		
식상	식신 (食神)	여자에게 자식이다. 나에게 힘을 불어넣어주고 늙으면 밥을 먹여주니 좋은 자식이고 음식의 신이다. 적은 수를 낳으면 효도를 받으나 많이 낳으면 몸이 나빠진다. 자식을 너무 낳아 골다공증에 걸리는 격이다.
	상관 (傷官)	남편이 밖에서 낳아온 자식이다. 어릴 때는 고분고분하지만 머리가 크면 대든다. 남편이 밖에서 낳아온 자식이니 이미 명성에 먹칠을 했다. 남편이 외방자식을 들이니 남편과 사이가 좋을 리 없다. 늘 다투고 견제하며 때에 따라서는 갈라서기도 할 것이다.

재성(財星)에 대해 논한다. 재성은 재산의 별이다. 재산을 모으는 별이다. 내가 힘이 생기면 일을 하거나 다른 사람을 억압해 재산을 모을 수

있다. 그런데 예부터 돈을 벌 때는 내가 일을 하기보다 남을 억압하는 것이 유리했던 모양이다. 따라서 재성이 강한 사람은 타인을 억누르려는 성향이 강하다. 사실, 재성이 무언가를 억누르려는 것이 아니라 내가 재성을 억누르려 한다는 표현이 어울린다.

지금 사회가 개선되고 여러 가지 제도적 장치가 마련되었다 해도 대체로 과거와 같은 그러한 흐름이 없어진 것은 아니다. 그랬기에 사주에서 재산을 의미하는 글자는 일간이 극을 가할 수 있는 대상이다. 이를 재성(財星)이라 한다.

재성은 내가 제재를 가하는 대상이다. 세상 이치가 이러한지 강자가 약자를 괴롭히는 갑질이 성행한다. 갑질이라는 행위가 어제오늘의 일이 아닌 모양이다. 어쨌든 사주에 재성이 강한 것은 재를 탐하는 것이다. 재를 탐한다고 해서 모두 가질 수는 없다. 재를 가지려면 내가 우선 건강해야 한다. 즉 신강(身强)해야 한다는 말이다.

내가 상대를 억압하는 것을 재성이라 한다. 재성은 다시 나누니 편재(偏財)와 정재(正財)이다. 남자에게 재성은 아내를 나타낸다. 억압하고 제재를 가할 수 있는 대상이라는 의미가 된다. 과거에는 남자가 여자를 제재한 것이 확실하다.

편재는 편향된 재산이라는 의미다. 기울어진 재산이라는 의미다. 무언가 치우친 결과로 얻은 재산이다. 혹은 불법적인 상황으로 벌어들였다는 의미가 있다. 편재라는 말에는 올바르지 않은 재산이라는 의미가 포함되어 있다. 그런데 명리가 만들어진 사회에서 올바르지 않은 재산이란 무엇인가? 아마도 이 시기는 농경사회였을 것이다. 우리의 농악에도 깃발에 쓰기를 '농자지천하대본(農者之天下大本)'이라고 한다. 농사짓는 것이 천하의 가장 큰 근본이라고 한다. 그렇다면 농사 이외에는 올바로 돈 버는 방법이 아닌 셈이다.

어디 돈을 버는 방법이 농사뿐인가? 어디 직업이 농사뿐인가? 어업도 있고 광업도 있다. 때로는 상업도 있고 거간도 있다. 이처럼 농사와 같이 일정하게 돈을 벌어들이는 직업이 아닌 다른 직업에서 벌어들인 돈은 모두 편재가 된다. 세상이 바뀌었으므로 불규칙하게 혹은 나쁜 방법으로 벌어들인 돈은 편재가 된다.

이런 관점에서 정재와 편재의 기준이 나뉜다. 농사와 같이 일률적으로 정성을 들여 벌어들이는 수입은 올바르니 정재라 이름 붙인다. 그러나 농업이 아닌 다른 모든 경제행위는 편재이다. 이것이 시간이 흐르니 정재는 일률적으로 벌어들이는 돈이라는 의미가 되었다. 따라서 지금의 산업형 사회에서 정재는 봉급이라는 의미를 지닌다.

일률적으로 벌어들이지 않는 돈도 있다. 사업을 하면 입출이 들쭉날쭉 일률적이지 않을 것이다. 주식투자를 했다거나 선물을 사고 또 판다면 일률적인 수익은 물 건너간 지 오래다. 그뿐인가? 도박이나 투기로 벌어들인 돈도 같은 의미가 될 것이다. 따라서 편재는 불규칙한 돈이다.

재성이 강하거나 많으면 재성과다(財星過多)라고 한다. 달리 재다신약(財多身弱)이라 한다. 지나치게 많은 돈이다. 이때 아신이 신강하면 재의 벼락을 맞는다. 많은 돈을 벌어들이거나 물려받을 수 있다고 본다. 그러나 내 몸이 약하다면 많은 돈을 지키기 어렵다. 많은 돈을 만져도 내 돈이 되지 않는 경우가 이에 해당한다. 은행원 같은 경우다. 우선 신강하고

		재성(財星)	
재성	편재 (偏財)	재물이란 힘이 있어야 얻어지는 것이니 내가 극을 가하는 대상이다. 내가 힘이 있어야 재물을 얻을 수 있다. 신강해야 재물도 잘 따른다. 불규칙하게 얻어들이는 돈이니 투기, 사기, 사업, 도박, 예기치 못한 돈이다.
	정재 (正財)	올바르게 번다는 것은 나쁜 짓을 하지 않고 열심히 일해서 땀으로 번다는 의미가 있다. 일률적으로 벌어들이는 돈이다. 이렇게 돈을 버는 사람들은 도박, 투기와는 거리가 멀다. 봉급처럼 일률적으로 벌어들이는 돈이다.

【집중】 신강(身强)

사주를 배우려고 입문하는 과정에서 여러 가지를 배우지만 먼저 접하는 것 중 하나가 신약(身弱)과 신강(身强), 신왕(身旺)에 관한 이치이다. 그 판단 기준은 일간이다. 일반적으로 인성 때문에 강해진 사주를 신강이라 한다. 비겁 때문에 강해진 사주를 신왕이라 하지만 본원, 편인, 정인, 비견, 겁재가 모두 합해 5개 이르면 일반적 개념에서 신강이라고 한다. 즉 인성과 비견으로 강해지면 통속적으로 신강이라 부르는 것이 일반적이다. 고전적 개념에서 사주 구분법으로 신약과 신강을 나누어서 본다. 신약과 신강이라는 단어는 사주의 학습이나 풀이 과정에서 아주 흔한 말 중 하나이며, 반드시 살펴야 하는 것이다. 즉 사주의 명식이 작성되면 아신의 힘을 파악하기 위해 제일 먼저 살핀다. 신약과 신강의 기준은 모두 내[日干]를 기준으로 한다. 흔히 월지가 생해주면 사령, 일지가 생해주면 득지, 세력이 강하면 득세라 하는데 넓은 의미에서 신강은 득세를 말하는 경우가 많다. 신강은 도움을 받아 강해지는 것이다. 나를 도와주는[生] 것이 많으면 당연히 내가 강해질 것이다. 편인과 정인, 비견과 겁재가 많은 것이다. 나를 설기시키거나 극하면 내가 약해진다. 나를 방해하는[剋] 것이 많으면 당연히 내가 약해질 것이다. 식신과 상관이 많아 나를 설기시키거나 재성이 많아 내가 극하기에 힘을 쏟아야 하거나 나를 극하는 관성이 많으면 나는 약해질 것이다. 내[日干]는 강해야 유리하다. 강해지려면 도움을 받아야 한다. 나를 도와주는[生] 것은 인성(印星)과 비겁(比劫)이다. 나를 극하거나 내 기운을 빼앗으면 나는 약해진다. 나를 방해하는[剋] 것과 기운을 빼는 것은 관성(官星), 재성(財星), 식상(食傷)이다.

볼 일이다.

관성(官星)에 대해 논한다. 관(官)에는 여러 가지 의미가 있다. 육친으로 보아서는 여자 사주에서는 남편, 남자라고 푼다. 사실 혼인하지 않은 여자에게는 관이 반드시 남편일 수는 없다. 따라서 관은 남자라고 해석이 가능하다.

관이 남자만 의미하는 대비는 아니다. 관이라는 것은 글자가 말해주듯 관청이다. 관청은 사람을 억압하는 기능이다. 예부터 관은 힘없는 백성을 억압하는 기능이지 보살피는 기능은 그다지 많지 않았다는 생각이 든다. 그랬기에 관이라는 의미가 억압한다는 의미로 변질된 것이 아닐까?

관성(官星)은 편관(偏官)과 정관(正官)으로 나뉜다. 편관을 논한다. 편은 치우친 것이니 좋은 직장이 아닐 것이다. 관이 관청이라는 원론적 근거를 들이댄다면 편관은 치우친 관청이다. 치우친 사람들이 지배하는 것이다. 이런 개념은 사람으로 그치지 않는다. 그곳에 근무하는 사람까지도 나타낸다. 치우친다는 의미는 무엇인가?

예부터 지배계급은 글을 다루고 사무를 보는 사람들이었다. 따라서 편관은 글을 다루기보다는 그 하부에서 거친 일을 하는 관원이었을 것이다. 지금으로 따지면 기술직이나 임시직이 이에 해당한다. 편은 기울다, 편협하다는 의미가 있다. 거친 직업이라는 의미가 될 수 있다. 선출직 공무원도 여기에 해당할 것이다.

편관과 비교하여 정관은 정직한 직업, 편안한 직업, 잘 갖추어진 직업이니 임용직에 해당하는 공무원 같은 직업이다. 일정하게 급여가 나오고 지배계층에 해당하는 직급의 경우 정관이라고 하는 의미가 통할 것이다.

그래서 현대적으로는 공무원 혹은 사무직에 해당한다고 볼 것이다.

여자에게 관은 남자라고 했다. 편은 편협되고 거친 것이니 편관은 거친 남편, 일하는 남편, 무엇이든 하는 남편, 지위가 높지 않은 남편이라고 해석해도 무리가 없다. 이와 비교해 정관은 올바른 남편이니 지위가 있는 남편, 정직한 남편, 부드러운 남편이 되겠다. 달리 판단하면 정관은 정직하고 온전하니 남편이고, 편관은 치우치고 거치니 애인이나 여자를 극하는 남자, 남편 이외의 남자로 해석하는 것도 좋겠다.

그뿐 아니다. 관은 아버지에게는 아들이다. 아들은 아버지의 명예이고 운명이다. 아들이 잘되어야 아버지가 명예를 얻는다. 그 예로 조선시대에 아버지가 아무런 공이 없이 벼슬을 얻지 못한 채 죽어도 아들이 잘돼서 등용되고 공을 세우며 높은 관직에 나아가면 그 부모에게 자식을 잘 낳았다고 추서하니 이것이 증직(贈職)이다. 조선시대의 묘비를 보면 '증(贈)'이라 쓰여 있는데 이를 보면 알 수 있다.

예전에는 장남·장손이 부모를 모셨으니 정관은 장남·장손이 될 수 있다. 차남이나 삼남 등은 아버지를 모시지 않고 분가하니 편관이 될 것이다. 아비가 늙으면 아들보다는 딸이 더 효도하니 딸은 정관이고 아들은 효도하는 정신이 떨어지니 편관이다.

관다신약(官多身弱)이라는 말이 있다. 달리 관성과다(官星過多)라고 할 수 있다. 몸이 약한데 나를 억압하는 사람이 많은 격이다. 관은 나를 억압한다. 남자는 관다신약이라면 직장이 불안하고 직장을 자주 옮길 수 있다. 여자의 경우 남자는 많은데 진정으로 좋은 남자가 없을 가능성이 매우 크다.

관성(官星)		
관 성	편관 (偏官)	거친 일이라는 의미이니 불규칙한 일이고 일률적이지 않은 일이다. 고정된 일이 아니고 기술직이며 임시직이다. 남편을 의미한다면 거친 남편이고 활동적인 남편이다. 근본적으로 애인의 개념이다.
	정관 (正官)	바른 일은 정적인 일이며 정규직이다. 일률적이고 변동이 없는 일이다. 고정된 일이고 고정직이다. 남편을 의미한다면 정직하고 참한 남편이다. 정적이며 변화가 적은 남편이다. 올바른 남편이다.

　육친은 의미가 같은 것으로 보더라도 편(偏)과 정(正)이라는 용어를 사용한다. 편은 치우치다, 거칠다는 의미가 있다. 정은 바르다, 얌전하다, 정직하다는 의미다. 그러나 확대 해석하면 편은 거칠고 활동적이며 거침없는 움직임을 나타내고, 정은 숙명적이며 조용하다는 의미가 있다.

　시대적으로 파악할 수도 있다. 과거에는 편이라는 개념을 나쁘게 보고 천하게 보았다. 그러나 세상이 변했다. 편은 활동적이고 주저함이 없는 것을 나타내는 의미로 해석이 가능하다. 그렇다면 편인은 활동적인 엄마가 된다. 아들딸을 좋은 대학에 보내려 애쓰고 치맛바람을 일으키는 엄마가 된다.

　편재는 기존 이론에서 거친 아내이거나 기술직으로 풀어 조금은 나쁜 이미지가 있었다. 현대식으로 해석하면 무엇이든 닥치는 대로 일하는 사람, 주식투자를 하는 사람, 장사를 하는 사람, 기술직에 종사하는 사람이다. 또 나가서 돈을 벌어오는 아내라는 뜻이 된다. 알다시피 이러한 사람들이 부를 축적할 가능성이 높다.

　편관에 대해 살펴보면 거친 남편이다. 거칠다는 것은 늘 빠르게 움직이고 활동적이라는 의미가 있다. 현재적으로 해석하면 무엇이라도 하는 남편이니 아내를 굶기는 일은 없을 것이다.

육친의 친족 적용 범위(확대)		
비견 (比肩)	남자	형제, 남매, 며느리, 사촌, 처의 외간 남자, 친구, 동료, 고모부, 처남의 아들, 남매의 시아버지, 조카
	여자	형제자매, 이복형제, 남편의 첩, 동서, 시아버지, 시아버지의 형제, 조카, 친구
겁재 (劫財)	남자	형제, 남매, 이복형제, 친구, 며느리, 처의 외간 남자, 고조모, 딸의 시어머니, 처남의 딸, 남매의 시아버지, 조카
	여자	형제자매, 이복형제, 친구, 남편의 첩, 시아버지, 동서, 아들의 장인, 시아버지의 형제남매, 조카, 며느리
식신 (食神)	남자	손자, 장모, 사위, 증조부, 조부, 외조부, 생질, 생질녀, 장인, 조카
	여자	아들, 딸, 조카, 증조부, 편조부, 손부, 사위의 아버지, 시누이의 남편, 손자의 첩, 손자
상관 (傷官)	남자	조모, 손녀, 외조부, 첩의 어머니, 증손부, 사위, 생질, 외숙모, 딸의 시동기
	여자	아들, 딸, 조모, 조카, 외손부, 시누이의 남편, 손자
편재 (偏財)	남자	아버지, 첩, 첩의 형제, 삼촌, 고모, 형제의 재혼한 처, 애인, 고손자, 형수, 제수, 외사촌, 자매의 시어머니
	여자	아버지, 삼촌, 자매의 시어머니, 외손자, 며느리의 어머니(사돈), 시어머니, 오빠의 첩, 오빠 첩의 오빠, 시외숙, 증손
정재 (正財)	남자	아내, 어머니의 외간 남자, 숙부, 고모, 이모부, 형수, 제수, 소손녀, 남매의 시어머니(사돈)
	여자	시어머니, 편시어머니, 어머니의 외간 남자, 오빠의 처와 첩, 숙부, 백부, 고모, 이모부, 외손녀, 증손, 시조부, 시이모

편관 (偏官)	남자	아들, 딸, 외조부, 증조부의 재혼한 처, 매부, 조카, 질녀, 고조부, 딸의 시아버지(사돈), 사촌형, 사촌동생
	여자	재혼남편, 외간 남자, 정부, 남편, 남편의 형제자매, 형부, 증조모, 며느리, 아들의 첩, 며느리의 오빠
정관 (正官)	남자	딸, 아들, 손부, 첩의 딸, 증조모, 외조모, 매부, 조카, 질녀
	여자	남편, 증조모, 형부, 제부, 사위의 어머니, 며느리의 형제자매, 며느리, 시동생, 시누이, 정부
편인 (偏印)	남자	계모, 이모, 유모, 서모, 숙모, 조부, 어머니, 처남의 처, 외삼촌, 증손자, 외손자, 며느리의 어머니
	여자	계모, 이모, 유모, 서모, 숙모, 조부, 어머니, 외삼촌, 사위, 손자, 시조모, 시외조부, 사위의 형제
정인 (正印)	남자	어머니, 이모, 장인, 외손녀, 증손녀, 조부의 자매, 백모, 숙모, 고손부, 처남의 처, 며느리의 편모, 외숙부, 조부
	여자	어머니, 이모, 백모, 숙모, 조부의 자매, 외숙부, 증조부, 손녀, 대고모, 사위의 여동생, 사촌형제

4. 천간육친 조견표

일간을 기준으로 천간 10개 글자는 각각 육친을 적용받는다. 일간이 무엇인가에 따라 각각의 천간은 육친이 변한다. 육친이란 상관성이다. 즉 어떤 일간이냐에 따라 글자는 각각 다른 육친으로 변하여 역할을 소화한다.

천간육친 조견표										
육친 일간	比肩 비견	劫財 겁재	食神 식신	傷官 상관	偏財 편재	正財 정재	偏官 편관	正官 정관	偏印 편인	正印 정인
甲	甲	乙	丙	丁	戊	己	庚	辛	壬	癸
乙	乙	甲	丁	丙	己	戊	辛	庚	癸	壬
丙	丙	丁	戊	己	庚	辛	壬	癸	甲	乙
丁	丁	丙	己	戊	辛	庚	癸	壬	乙	甲
戊	戊	己	庚	辛	壬	癸	甲	乙	丙	丁
己	己	戊	辛	庚	癸	壬	乙	甲	丁	丙
庚	庚	辛	壬	癸	甲	乙	丙	丁	戊	己
辛	辛	庚	癸	壬	乙	甲	丁	丙	己	戊
壬	壬	癸	甲	乙	丙	丁	戊	己	庚	辛
癸	癸	壬	乙	甲	丁	丙	己	戊	辛	庚

甲(木) 일간과 천간의 육친관계

甲은 甲(木) 일간과 같은 오행 같은 음양 .... 비견

乙은 甲(木) 일간과 같은 오행 다른 음양 .... 겁재

丙은 甲(木)이 생하는데 음양이 같으므로 .... 식신

丁은 甲(木)이 생하는데 음양이 다르므로 .... 상관

戊는 甲(木)이 극하는데 음양이 같으므로 .... 편재

己는 甲(木)이 극하는데 음양이 다르므로 .... 정재

庚은 甲(木)을 극하는데 음양이 같으므로 .... 편관

辛은 甲(木)을 극하는데 음양이 다르므로 .... 정관

壬은 甲(木)을 생하는데 음양이 같으므로 .... 편인

癸는 甲(木)을 생하는데 음양이 다르므로 .... 정인

乙(木) 일간과 천간의 육친관계

甲은 乙(木) 일간과 같은 오행 다른 음양 ┈┈┈┈┈┈ 겁재

乙은 乙(木) 일간과 같은 오행 같은 음양 ┈┈┈┈┈┈ 비견

丙은 乙(木)이 생하는데 음양이 다르므로 ┈┈┈┈┈┈ 상관

丁은 乙(木)이 생하는데 음양이 같으므로 ┈┈┈┈┈┈ 식신

戊는 乙(木)이 극하는데 음양이 다르므로 ┈┈┈┈┈┈ 정재

己는 乙(木)이 극하는데 음양이 같으므로 ┈┈┈┈┈┈ 편재

庚은 乙(木)을 극하는데 음양이 다르므로 ┈┈┈┈┈┈ 정관

辛은 乙(木)을 극하는데 음양이 같으므로 ┈┈┈┈┈┈ 편관

壬은 乙(木)을 생하는데 음양이 다르므로 ┈┈┈┈┈┈ 정인

癸는 乙(木)을 생하는데 음양이 같으므로 ┈┈┈┈┈┈ 편인

丙(火) 일간과 천간의 육친관계

甲은 丙(火)을 생하는데 음양이 같으므로 ┈┈┈┈┈┈ 편인

乙은 丙(火)을 생하는데 음양이 다르므로 ┈┈┈┈┈┈ 정인

丙은 丙(火) 일간과 같은 오행 같은 음양 ┈┈┈┈┈┈ 비견

丁은 丙(火) 일간과 같은 오행 다른 음양 ┈┈┈┈┈┈ 겁재

戊는 丙(火)이 생하는데 음양이 같으므로 ┈┈┈┈┈┈ 식신

己는 丙(火)이 생하는데 음양이 다르므로 ┈┈┈┈┈┈ 상관

庚은 丙(火)이 극하는데 음양이 같으므로 ┈┈┈┈┈┈ 편재

辛은 丙(火)이 극하는데 음양이 다르므로 ┈┈┈┈┈┈ 정재

壬은 丙(火)을 극하는데 음양이 같으므로 ┈┈┈┈┈┈ 편관

癸는 丙(火)을 극하는데 음양이 다르므로 ┄┄┄┄┄┄┄┄┄┄ 정관

丁(火) 일간과 천간의 육친관계

甲은 丁(火)을 생하는데 음양이 다르므로 ┄┄┄┄┄┄┄┄ 정인

乙은 丁(火)을 생하는데 음양이 같으므로 ┄┄┄┄┄┄┄┄ 편인

丙은 丁(火) 일간과 같은 오행 다른 음양 ┄┄┄┄┄┄┄┄ 겁재

丁은 丁(火) 일간과 같은 오행 같은 음양 ┄┄┄┄┄┄┄┄ 비견

戊는 丁(火)이 생하는데 음양이 다르므로 ┄┄┄┄┄┄┄┄ 상관

己는 丁(火)이 생하는데 음양이 같으므로 ┄┄┄┄┄┄┄┄ 식신

庚은 丁(火)이 극하는데 음양이 다르므로 ┄┄┄┄┄┄┄┄ 정재

辛은 丁(火)이 극하는데 음양이 같으므로 ┄┄┄┄┄┄┄┄ 편재

壬은 丁(火)을 극하는데 음양이 다르므로 ┄┄┄┄┄┄┄┄ 정관

癸는 丁(火)을 극하는데 음양이 같으므로 ┄┄┄┄┄┄┄┄ 편관

戊(土) 일간과 천간의 육친관계

甲은 戊(土)를 극하는데 음양이 같으므로 ┄┄┄┄┄┄┄┄ 편관

乙은 戊(土)를 극하는데 음양이 다르므로 ┄┄┄┄┄┄┄┄ 정관

丙은 戊(土)를 생하는데 음양이 같으므로 ┄┄┄┄┄┄┄┄ 편인

丁은 戊(土)를 생하는데 음양이 다르므로 ┄┄┄┄┄┄┄┄ 정인

戊는 戊(土) 일간과 같은 오행 같은 음양 ┄┄┄┄┄┄┄┄ 비견

己는 戊(土) 일간과 같은 오행 다른 음양 ┄┄┄┄┄┄┄┄ 겁재

庚은 戊(土)가 생하는데 음양이 같으므로 ┄┄┄┄┄┄┄┄ 식신

辛은 戊(土)가 생하는데 음양이 다르므로 ―――――――― 상관

壬은 戊(土)가 극하는데 음양이 같으므로 ―――――――― 편재

癸는 戊(土)가 극하는데 음양이 다르므로 ―――――――― 정재

己(土) 일간과 천간의 육친관계

甲은 己(土)를 극하는데 음양이 다르므로 ―――――――― 정관

乙은 己(土)를 극하는데 음양이 같으므로 ―――――――― 편관

丙은 己(土)를 생하는데 음양이 다르므로 ―――――――― 정인

丁은 己(土)를 생하는데 음양이 같으므로 ―――――――― 편인

戊는 己(土) 일간과 같은 오행 다른 음양 ―――――――― 겁재

己는 己(土) 일간과 같은 오행 같은 음양 ―――――――― 비견

庚은 己(土)가 생하는데 음양이 다르므로 ―――――――― 상관

辛은 己(土)가 생하는데 음양이 같으므로 ―――――――― 식신

壬은 己(土)가 극하는데 음양이 다르므로 ―――――――― 정재

癸는 己(土)가 극하는데 음양이 같으므로 ―――――――― 편재

庚(金) 일간과 천간의 육친관계

甲은 庚(金)이 극하는데 음양이 같으므로 ―――――――― 편재

乙은 庚(金)이 극하는데 음양이 다르므로 ―――――――― 정재

丙은 庚(金)을 극하는데 음양이 같으므로 ―――――――― 편관

丁은 庚(金)을 극하는데 음양이 다르므로 ―――――――― 정관

戊는 庚(金)을 생하는데 음양이 같으므로 ―――――――― 편인

己는 庚(金)을 생하는데 음양이 다르므로 ································ 정인

庚은 庚(金) 일간과 같은 오행 같은 음양 ································ 비견

辛은 庚(金) 일간과 같은 오행 다른 음양 ································ 겁재

壬은 庚(金)이 생하는데 음양이 같으므로 ································ 식신

癸는 庚(金)이 생하는데 음양이 다르므로 ································ 상관

辛(金) 일간과 천간의 육친관계

甲은 辛(金)이 극하는데 음양이 다르므로 ································ 정재

乙은 辛(金)이 극하는데 음양이 같으므로 ································ 편재

丙은 辛(金)을 극하는데 음양이 다르므로 ································ 정관

丁은 辛(金)을 극하는데 음양이 같으므로 ································ 편관

戊는 辛(金)을 생하는데 음양이 다르므로 ································ 정인

己는 辛(金)을 생하는데 음양이 같으므로 ································ 편인

庚은 辛(金) 일간과 같은 오행 다른 음양 ································ 겁재

辛은 辛(金) 일간과 같은 오행 같은 음양 ································ 비견

壬은 辛(金)이 생하는데 음양이 다르므로 ································ 상관

癸는 辛(金)이 생하는데 음양이 같으므로 ································ 식신

壬(水) 일간과 천간의 육친관계

甲은 壬(水)이 생하는데 음양이 같으므로 ································ 식신

乙은 壬(水)이 생하는데 음양이 다르므로 ································ 상관

丙은 壬(水)이 극하는데 음양이 같으므로 ································ 편재

丁은 壬(水)이 극하는데 음양이 다르므로 ──────── 정재

戊는 壬(水)을 극하는데 음양이 같으므로 ──────── 편관

己는 壬(水)을 극하는데 음양이 다르므로 ──────── 정관

庚은 壬(水)을 생하는데 음양이 같으므로 ──────── 편인

辛은 壬(水)을 생하는데 음양이 다르므로 ──────── 정인

壬은 壬(水) 일간과 같은 오행 같은 음양 ──────── 비견

癸는 壬(水) 일간과 같은 오행 다른 음양 ──────── 겁재

癸(水) 일간과 천간의 육친관계

甲은 癸(水)가 생하는데 음양이 다르므로 ──────── 상관

乙은 癸(水)가 생하는데 음양이 같으므로 ──────── 식신

丙은 癸(水)가 극하는데 음양이 다르므로 ──────── 정재

丁은 癸(水)가 극하는데 음양이 같으므로 ──────── 편재

戊는 癸(水)를 극하는데 음양이 다르므로 ──────── 정관

己는 癸(水)를 극하는데 음양이 같으므로 ──────── 편관

庚은 癸(水)를 생하는데 음양이 다르므로 ──────── 정인

辛은 癸(水)를 생하는데 음양이 같으므로 ──────── 편인

壬은 癸(水) 일간과 같은 오행 다른 음양 ──────── 겁재

癸는 癸(水) 일간과 같은 오행 같은 음양 ──────── 비견

5. 지지육친 조견표

천간 10자가 모두 육친을 부여받듯이 지지 12자도 모두 육친의 성정을 부여받는다. 적용의 법칙은 천간과 조금도 다르지 않다. 다만 지지는 진술축미의 토가 많다. 이 토의 적용은 오행의 법칙에 따르므로 다를 것은 없다.

지지육친 조견표										
육친 일간	比肩 비견	劫財 겁재	食神 식신	傷官 상관	偏財 편재	正財 정재	偏官 편관	正官 정관	偏印 편인	正印 정인
甲	寅	卯	巳	午	辰戌	丑未	申	酉	亥	子
乙	卯	寅	午	巳	丑未	辰戌	酉	申	子	亥
丙	巳	午	辰戌	丑未	申	酉	亥	子	寅	卯
丁	午	巳	丑未	辰戌	酉	申	子	亥	卯	寅
戊	辰戌	丑未	申	酉	亥	子	寅	卯	巳	午
己	丑未	辰戌	酉	申	子	亥	卯	寅	午	巳
庚	申	酉	亥	子	寅	卯	巳	午	辰戌	丑未
辛	酉	申	子	亥	卯	寅	午	巳	丑未	辰戌
壬	亥	子	寅	卯	巳	午	辰戌	丑未	申	酉
癸	子	亥	卯	寅	午	巳	丑未	辰戌	酉	申

갑(木) 일간과 지지와의 육친관계

寅은 甲(木) 일간과 같은 오행 같은 음양 ················· 비견

卯는 甲(木) 일간과 같은 오행 다른 음양 ················· 겁재

辰은 甲(木)이 극하는데 음양이 같으므로 ················· 편재

巳는 甲(木)이 생하는데 음양이 같으므로 ─────── 식신

午는 甲(木)이 생하는데 음양이 다르므로 ─────── 상관

未는 甲(木)이 극하는데 음양이 다르므로 ─────── 정재

申은 甲(木)을 극하는데 음양이 같으므로 ─────── 편관

酉는 甲(木)을 극하는데 음양이 다르므로 ─────── 정관

戌은 甲(木)이 극하는데 음양이 같으므로 ─────── 편재

亥는 甲(木)을 생하는데 음양이 같으므로 ─────── 편인

子는 甲(木)을 생하는데 음양이 다르므로 ─────── 정인

丑은 甲(木)이 극하는데 음양이 다르므로 ─────── 정재

* 巳午와 亥子는 체와 용을 바꾸어 사용한다.

을(木) 일간과 지지와의 육친관계

寅은 乙(木) 일간과 같은 오행 다른 음양 ─────── 겁재

卯는 乙(木) 일간과 같은 오행 같은 음양 ─────── 비견

辰은 乙(木)이 극하는데 음양이 다르므로 ─────── 정재

巳는 乙(木)이 생하는데 음양이 다르므로 ─────── 상관

午는 乙(木)이 생하는데 음양이 같으므로 ─────── 식신

未는 乙(木)이 극하는데 음양이 같으므로 ─────── 편재

申은 乙(木)을 극하는데 음양이 다르므로 ─────── 정관

酉는 乙(木)을 극하는데 음양이 같으므로 ─────── 편관

戌은 乙(木)이 극하는데 음양이 다르므로 ─────── 정재

亥는 乙(木)을 생하는데 음양이 다르므로 ─────── 정인

子는 乙(木)을 생하는데 음양이 같으므로 ⸺⸺⸺⸺⸺ 편인

丑은 乙(木)이 극하는데 음양이 같으므로 ⸺⸺⸺⸺⸺ 편재

* 巳午와 亥子는 체와 용을 바꾸어 사용한다.

丙(火) 일간과 지지와의 육친관계

寅은 丙(火)을 생하는데 오행이 같으므로 ⸺⸺⸺⸺⸺ 편인

卯는 丙(火)을 생하는데 오행이 다르므로 ⸺⸺⸺⸺⸺ 정인

辰은 丙(火)이 생하는데 음양이 같으므로 ⸺⸺⸺⸺⸺ 식신

巳는 丙(火) 일간과 같은 오행 같은 음양 ⸺⸺⸺⸺⸺ 비견

午는 丙(火) 일간과 같은 오행 다른 음양 ⸺⸺⸺⸺⸺ 겁재

未는 丙(火)이 생하는데 음양이 다르므로 ⸺⸺⸺⸺⸺ 상관

申은 丙(火)이 극하는데 음양이 같으므로 ⸺⸺⸺⸺⸺ 편재

酉는 丙(火)이 극하는데 음양이 다르므로 ⸺⸺⸺⸺⸺ 정재

戌은 丙(火)이 생하는데 음양이 같으므로 ⸺⸺⸺⸺⸺ 식신

亥는 丙(火)을 극하는데 음양이 같으므로 ⸺⸺⸺⸺⸺ 편관

子는 丙(火)을 극하는데 음양이 다르므로 ⸺⸺⸺⸺⸺ 정관

丑은 丙(火)이 생하는데 음양이 다르므로 ⸺⸺⸺⸺⸺ 상관

* 巳午와 亥子는 체와 용을 바꾸어 사용한다.

丁(火) 일간과 지지와의 육친관계

寅은 丁(火)을 생하는데 음양이 다르므로 ⸺⸺⸺⸺⸺ 정인

卯는 丁(火)을 생하는데 음양이 같으므로 ⸺⸺⸺⸺⸺ 편인

辰은 丁(火)이 생하는데 음양이 다르므로 ──────── 상관

巳는 丁(火) 일간과 같은 오행 다른 음양 ──────── 겁재

午는 丁(火) 일간과 같은 오행 같은 음양 ──────── 비견

未는 丁(火)이 생하는데 음양이 같으므로 ──────── 식신

申은 丁(火)이 극하는데 음양이 다르므로 ──────── 정재

酉는 丁(火)이 극하는데 음양이 같으므로 ──────── 편재

戌은 丁(火)이 생하는데 음양이 다르므로 ──────── 상관

亥는 丁(火)을 극하는데 음양이 다르므로 ──────── 정관

子는 丁(火)을 극하는데 음양이 같으므로 ──────── 편관

丑은 丁(火)이 생하는데 음양이 같으므로 ──────── 식신

* 巳午와 亥子는 체와 용을 바꾸어 사용한다.

戊(土) 일간과 지지와의 육친관계

寅은 戊(土)를 극하는데 음양이 같으므로 ──────── 편관

卯는 戊(土)를 극하는데 음양이 다르므로 ──────── 정관

辰은 戊(土) 일간과 같은 오행 같은 음양 ──────── 비견

巳는 戊(土)를 생하는데 음양이 같으므로 ──────── 편인

午는 戊(土)를 생하는데 음양이 다르므로 ──────── 정인

未는 戊(土) 일간과 같은 오행 다른 음양 ──────── 겁재

申은 戊(土)가 생하는데 음양이 같으므로 ──────── 식신

酉는 戊(土)가 생하는데 음양이 다르므로 ──────── 상관

戌은 戊(土) 일간과 같은 오행 같은 음양 ──────── 비견

亥는 戊(土)가 극하는데 음양이 같으므로 ┈┈┈┈┈┈┈┈┈┈┈┈┈┈ 편재

子는 戊(土)가 극하는데 음양이 다르므로 ┈┈┈┈┈┈┈┈┈┈┈┈┈┈ 정재

丑은 戊(土) 일간과 같은 오행 다른 음양 ┈┈┈┈┈┈┈┈┈┈┈┈┈┈ 겁재

* 巳午와 亥子는 체와 용을 바꾸어 사용한다.

己(土) 일간과 지지와의 육친관계

寅은 己(土)를 극하는데 오행이 다르므로 ┈┈┈┈┈┈┈┈┈┈┈┈ 정관

卯는 己(土)를 극하는데 오행이 같으므로 ┈┈┈┈┈┈┈┈┈┈┈┈ 편관

辰은 己(土) 일간과 같은 오행 다른 음양 ┈┈┈┈┈┈┈┈┈┈┈┈ 겁재

巳는 己(土)를 생하는데 음양이 다르므로 ┈┈┈┈┈┈┈┈┈┈┈┈ 정인

午는 己(土)를 생하는데 음양이 같으므로 ┈┈┈┈┈┈┈┈┈┈┈┈ 편인

未는 己(土) 일간과 같은 오행 같은 음양 ┈┈┈┈┈┈┈┈┈┈┈┈ 비견

申은 己(土)가 생하는데 음양이 다르므로 ┈┈┈┈┈┈┈┈┈┈┈┈ 상관

酉는 己(土)가 생하는데 음양이 같으므로 ┈┈┈┈┈┈┈┈┈┈┈┈ 식신

戌은 己(土) 일간과 같은 오행 다른 음양 ┈┈┈┈┈┈┈┈┈┈┈┈ 겁재

亥는 己(土)가 극하는데 음양이 다르므로 ┈┈┈┈┈┈┈┈┈┈┈┈ 정재

子는 己(土)가 극하는데 음양이 같으므로 ┈┈┈┈┈┈┈┈┈┈┈┈ 편재

丑은 己(土) 일간과 같은 오행 같은 음양 ┈┈┈┈┈┈┈┈┈┈┈┈ 비견

* 巳午와 亥子는 체와 용을 바꾸어 사용한다.

庚(金) 일간과 지지와의 육친관계

寅은 庚(金)이 극하는데 음양이 같으므로 ┈┈┈┈┈┈┈┈┈┈┈┈ 편재

卯는 庚(金)이 극하는데 음양이 다르므로 ──────── 정재

辰은 庚(金)을 생하는데 음양이 같으므로 ──────── 편인

巳는 庚(金)을 극하는데 음양이 같으므로 ──────── 편관

午는 庚(金)을 극하는데 음양이 다르므로 ──────── 정관

未는 庚(金)을 생하는데 음양이 다르므로 ──────── 정인

申은 庚(金) 일간과 같은 오행 같은 음양 ──────── 비견

酉는 庚(金) 일간과 같은 오행 다른 음양 ──────── 겁재

戌은 庚(金)을 생하는데 음양이 같으므로 ──────── 편인

亥는 庚(金)이 생하는데 음양이 같으므로 ──────── 식신

子는 庚(金)이 생하는데 음양이 다르므로 ──────── 상관

丑은 庚(金)을 생하는데 음양이 다르므로 ──────── 정인

* 巳午와 亥子는 체와 용을 바꾸어 사용한다.

辛(金) 일간과 지지와의 육친관계

寅은 辛(金)이 극하는데 음양이 다르므로 ──────── 정재

卯는 辛(金)이 극하는데 음양이 같으므로 ──────── 편재

辰은 辛(金)을 생하는데 음양이 다르므로 ──────── 정인

巳는 辛(金)을 극하는데 음양이 다르므로 ──────── 정관

午는 辛(金)을 극하는데 음양이 같으므로 ──────── 편관

未는 辛(金)을 생하는데 음양이 같으므로 ──────── 편인

申은 辛(金) 일간과 같은 오행 다른 음양 ──────── 겁재

酉는 辛(金) 일간과 같은 오행 같은 음양 ──────── 비견

戌은 辛(金)을 생하는데 음양이 다르므로 ──────────────── 정인

亥는 辛(金)이 생하는데 음양이 다르므로 ──────────────── 상관

子는 辛(金)이 생하는데 음양이 같으므로 ──────────────── 식신

丑은 辛(金)을 생하는데 음양이 같으므로 ──────────────── 편인

＊ 巳午와 亥子는 체와 용을 바꾸어 사용한다.

壬(水) 일간과 지지와의 육친관계

寅은 壬(水)이 생하는데 음양이 같으므로 ──────────────── 식신

卯는 壬(水)이 생하는데 음양이 다르므로 ──────────────── 상관

辰은 壬(水)을 극하는데 음양이 같으므로 ──────────────── 편관

巳는 壬(水)이 극하는데 음양이 같으므로 ──────────────── 편재

午는 壬(水)이 극하는데 음양이 다르므로 ──────────────── 정재

未는 壬(水)을 극하는데 음양이 다르므로 ──────────────── 정관

申은 壬(水)을 생하는데 음양이 같으므로 ──────────────── 편인

酉는 壬(水)을 생하는데 음양이 다르므로 ──────────────── 정인

戌은 壬(水)을 극하는데 음양이 같으므로 ──────────────── 편관

亥는 壬(水) 일간과 같은 오행 같은 음양 ──────────────── 비견

子는 壬(水) 일간과 같은 오행 다른 음양 ──────────────── 겁재

丑은 壬(水)을 극하는데 음양이 다르므로 ──────────────── 정관

＊ 巳午와 亥子는 체와 용을 바꾸어 사용한다.

癸(水) 일간과 지지와의 육친관계

寅은 癸(水)가 생하는데 음양이 다르므로 ──────	상관
卯는 癸(水)가 생하는데 음양이 같으므로 ──────	식신
辰은 癸(水)를 극하는데 음양이 다르므로 ──────	정관
巳는 癸(水)가 극하는데 음양이 다르므로 ──────	정재
午는 癸(水)가 극하는데 음양이 같으므로 ──────	편재
未는 癸(水)를 극하는데 음양이 같으므로 ──────	편관
申은 癸(水)를 생하는데 음양이 다르므로 ──────	정인
酉는 癸(水)를 생하는데 음양이 같으므로 ──────	편인
戌은 癸(水)를 극하는데 음양이 다르므로 ──────	정관
亥는 癸(水) 일간과 같은 오행 다른 음양 ──────	겁재
子는 癸(水) 일간과 같은 오행 같은 음양 ──────	비견
丑은 癸(水)를 극하는데 음양이 같으므로 ──────	편관

* 巳午와 亥子는 체와 용을 바꾸어 사용한다.

6. 천간지지육친 조견표

천간 10자와 지지 12자는 모두 오행을 지닌다. 일간을 기준으로 오행의 생극관계에 맞추어 육친이 정해진다. 일간을 기준으로 천간 10개의 글자는 각각 육친을 적용받는다. 일간이 무엇이냐에 따라 각각의 천간은 육친이 변한다. 육친이란 상관성이다. 즉 어떤 일간이냐에 따라 글자는 각각 다른 육친으로 변화하여 역할을 소화한다.

천간 10자가 모두 육친을 부여받듯이 지지 12자도 모두 육친의 성정을 부여받는다. 적용의 법칙은 천간과 조금도 다르지 않다. 다만 지지는 진술축미의 토가 많다. 이 토의 적용은 오행의 법칙에 따르는 것이므로 다를 것은 없다.

천간지지육친 조견표										
육친 일간	比肩 비견	劫財 겁재	食神 식신	傷官 상관	偏財 편재	正財 정재	偏官 편관	正官 정관	偏印 편인	正印 정인
甲	甲寅	乙卯	丙巳	丁午	戊辰戌	己丑未	庚申	辛酉	壬亥	癸子
乙	乙卯	甲寅	丁午	丙巳	己丑未	戊辰戌	辛酉	庚申	癸子	壬亥
丙	丙巳	丁午	戊辰戌	己丑未	庚申	辛酉	壬亥	癸子	甲寅	乙卯
丁	丁午	丙巳	己丑未	戊辰戌	辛酉	庚申	癸子	壬亥	乙卯	甲寅
戊	戊辰戌	己丑未	庚申	辛酉	壬亥	癸子	甲寅	乙卯	丙巳	丁午
己	己丑未	戊辰戌	辛酉	庚申	癸子	壬亥	乙卯	甲寅	丁午	丙巳
庚	庚申	辛酉	壬亥	癸子	甲寅	乙卯	丙巳	丁午	戊辰戌	己丑未
辛	辛酉	庚申	癸子	壬亥	乙卯	甲寅	丁午	丙巳	己丑未	戊辰戌
壬	壬亥	癸子	甲寅	乙卯	丙巳	丁午	戊辰戌	己丑未	庚申	辛酉
癸	癸子	壬亥	乙卯	甲寅	丁午	丙巳	己丑未	戊辰戌	辛酉	庚申

7. 육친별 특성과 성격

육친은 각각의 의미가 있으며 사회성에 해당하는 육친이 있다. 육친은 오행과도 연관이 있다. 오행으로 육친을 분별한다. 이 육친을 일간과 비교하여 역할과 강약을 살핀다. 육친은 친족 범위를 나타내기도 하지만 육친 이외의 상황에도 폭넓게 적용한다.

육친은 고유의 성정이 있어 많고 적음, 강하고 약함, 있고 없음에 따라 특징이 드러난다. 때로는 병을 나타내기도 하고 때로는 성격을 나타내기도 한다. 직업에 적용되기도 하고 사주를 분석할 때 어느 기둥에 나타났는지에 따라 근본적인 해석이 가능하다. 그뿐 아니라 해가 바뀌어 새로운 해[年]가 오면 그해에 오는 천간에 육친을 적용함으로써 그해의 운을 파악하고 점칠 수 있다.

1) 비견

비견(比肩)은 일간과 음양오행이 같은 것이다. 일간과 같은 글자이다. 갑이 갑을 보면 비견이고 을이 을을 보면 비견이다. 병이 병을 보면 비견이고 정이 정을 보면 비견이다. 무가 무를 보면 비견, 기가 기를 봐도 비견, 경이 경을 보거나 신이 신을 보면 비견이다. 임이 임을 보고 계가 계를 보면 비견이다.

비견은 일간과 같은 오행에 같은 음양을 지닌 것이다. 어깨를 견준다,

나란히 선다, 나와 비슷한 조건에서 살아간다는 뜻이다. 나와 가장 가까운 육친을 나타낸다. 주로 형제관계와 친구를 나타낸다.

① 육친(六親)

남자의 육친은 동성형제자매, 친구, 동료
여성의 육친은 동성자매형제, 친구, 동료

② 확장(擴張)

형제, 자매, 친구, 친척, 동료, 선후배, 동업자, 동창생, 이웃, 동네사람, 친목회원, 동지, 각종 모임, 조직, 사회단체, 조합, 정당, 시민, 국민, 민족, 동포, 인류, 동맹국

③ 성정(性情)

비견이 강하면 자존심이 강하고 타인의 지배나 간섭을 받기 싫어한다. 비견이 강할수록 독불장군 스타일이 된다. 비견이 없다는 것은 친구나 동료가 없는 것이나 같다. 비견이 강하거나 많으면 남에게 지거나 뒤처지는 것을 싫어하고 굴복하는 것을 죽기보다 싫어하는 성격이다. 모든 상황에서 항상 남보다 앞서 가려는 특성이 있다. 의지가 굳고 자존심이 강하며 정신이 투철하여 다른 사람에게 의지하지 않고 매사를 자기 의도대로 한다. 융통성이 없어 때로는 고집쟁이의 성정을 드러내고 자기주장만 고집하며 남의 의견을 무시하는 경향도 있다.

④ 직업(職業)

고용직보다는 독립하는 것이 바람직하다. 기자, 소개업, 컨설팅, 교수, 강사, 교사, 연구직, 작가, 예술직이 좋다. 비견이 강한 사주는 독립성이 강하다. 따라서 남과 같이 일할 때는 주장으로 부딪칠 가능성이 높고 자존심에 상처를 입으면 참기 어려우므로 혼자서 할 수 있는 독립적인 일을 선택하면 유리하다.

⑤ 년운(年運)

그해에 비견운(比肩運)이 오면 비견이 지니는 육친에 문제가 생길 가능성이 높다. 형제자매, 친구나 동료, 배우자와 재산상 문제가 발생한다. 그러나 비견이 용신이라면 비견운이 온다 해도 크게 문제되지 않는다.

- **년주비견(年柱比肩)** : 년주에 비견이 있다. 가난하지만 나름 명망 있는 양반집에서 출생했다. 부모의 비호를 받으며 양육되었지만 형제가 많으니 밥 한 그릇에 수저를 여러 개 놓아야 한다. 형제들 중에서 제일 못산다. 일찍이 고향을 떠나 객지에서 생활한다.
- **월주비견(月柱比肩)** : 월주에 비견이 있다. 월에 비견이 자리하면 참지 못하고 불같은 성격을 드러내니 어이할까. 그 성격이 인품을 떨어뜨리고 형제간의 불화를 가져온다. 형제와 동기간에 불목하고 화합하지 못하니 밥 먹기도 어렵다. 성격을 잡으려고 해도 어렵고 순간적인 폭발이 두렵다. 인생에 굴곡이 많고 빚을 지고 살 팔자니 애달프기만 하다.

- **일주비견(日柱比肩)** : 일주에 비견이 있다. 일지(日支)에 비견을 까니 매사가 자기주장이다. 형제가 불목하고 형제 중에는 가산을 탕진하기도 한다. 집안에 재물이 있어도 탕진하니 내 손에 쥐어지는 것이 단 하나도 없다. 고집이 문제다. 간여지동(幹如支同)이니 막무가내 고집을 피운다. 느지막하게 결혼하여 안정을 찾으려 했더니 상부상처(喪夫喪妻)하고, 그나마 견디면 독신이거나 별거하니 신세가 참으로 처량하다.

- **시주비견(時柱比肩)** : 시주에 비견이 있다. 늘 짜증이다. 평소에 신경질이 있고 바람기가 있으니 평생 안정감이란 찾을 수 없다. 남녀 모두 좋은 인연하고는 거리가 멀다. 자식이 없어 양자(養子)를 두는가 했더니 사생아(私生兒) 자식을 두게 된다. 남자는 지나친 성욕을 잠재워야 한다. 주거의 변동이 잦아 안정을 찾기가 어렵고 형제들이 일찍 죽으니 인생이 덧없다.

2) 겁재

겁재(劫財)는 재물을 빼앗긴다, 재물을 위협한다는 뜻이다. 겁이란 빼앗는다는 의미이고 강제적인 개념이 들어 있는 표현이다. 재물을 빼앗는 것으로 그치지 않고 몸을 아프게 하는 요소가 있다. 강제로 빼앗으려면 생기는 현상이다. 형제자매의 다른 의미이므로 비견과 비슷하지만 좋지 않은 것을 더 많이 내포하고 있다. 달리 말하면 재물을 겁탈하는 자이다.

형제라 해도 좋은 사이가 아니다. 따라서 배다른 형제라 한다. 한 어머니 배에서 태어나도 내 재물을 탈취하려는 자는 겁재와 같다. 형제자매가 많으면 서로 유산을 물려받으려는 것과 같다. 어쩐지 요즈음 세상을 보는 것처럼 섬뜩하다. 겁재가 많으면 밥그릇 하나를 두고 나눠먹으려고 다투는 격이다. 이복형제와 같은 것으로 화합보다는 투쟁, 재물의 약탈, 겸손보다는 무뢰감이 넘친다. 불화와 이별을 내포한 육친으로 이별과 고초를 면하기 어렵고 동업에는 부적당하다.

① 육친(六親)

남녀 공히 이복형제다. 내 재산을 빼앗으려는 자이며 상황이다.

② 확장(擴張)

채권자, 사기, 협박, 손재, 불화, 배신, 투쟁, 강제, 폭력, 압류, 부도, 강도, 깡패, 투기, 변덕, 군인, 재벌, 도박

③ 성정(性情)

겁재는 성격 면에서 많으면 많을수록 나쁘다. 형제가 하나도 없을 때는 이복형제도 도움이 되지만 많으면 배반하여 나를 골탕 먹인다. 그러나 평소에는 더할 수 없이 고분고분하고 대함이 미려하다.

자신의 발톱을 드러낼 때까지는 나쁘지 않다. 비견과 마찬가지로 자존심이 강하고 고집이 세다. 그러나 비견이 양성적이라면 겁재는 음성적이다. 따라서 자존심을 노골적으로 나타내지도 않고 겉으로는 자신을 숨기

고 행동하므로 대인관계도 비교적 원만하다. 그러나 이는 지극히 음성적이고 지하의 그림자적인 성향이다.

평소에는 강한 성정을 지닌 비견처럼 자기주장을 노출하지 않고 어떤 경우에도 서슴없이 양보하여 표면적으로 수양이 잘된 듯 보인다. 그러나 그 속은 비견과 같이 자존심이 강하고 독선적이다. 자신을 속이는 성격이 강하고 음험하다. 자신을 드러내지 않는 것처럼 냉혹하기도 하고 집념이 강하다. 타인을 무시하는 경향이 있지만 끝까지 자신을 속이는 음험함이 두렵다. 강자에게 순종하는 듯 보이나 불만이 있으며 약자에게는 절대로 자기주장을 양보하지 않는다.

직장이나 밖에서는 무난한 사람으로 통하지만 가정에서는 폭군(暴君)이다. 양일간(陽日干)이며 지지에 겁재를 깔고 있으면 양인(羊刃)이다. 폭군적인 기질이 강하고 책임을 지지 않으며 겉으로만 좋은 사람이다. 독선적이거나 권위적이며 자기본위이다. 수단이 좋아서 돈 걱정은 안 하지만 낭비가 심하다.

④ 직업(職業)

고용직보다는 독립하는 것이 바람직하다. 기자, 소개업, 컨설팅, 교수, 강사, 교사, 연구직, 작가, 예술직으로 비견과 비슷하지만 겉으로 드러나지 않는다. 독립적인 직업이 어울린다. 동업은 불가능하다.

⑤ 년운(年運)

부부 불화, 이별수, 실물, 손재수, 사고, 병환, 악화

• **년주겁재(年柱劫財)** : 년주에 겁재가 있다. 부모와 일찍 이별하니 정이 없고 외롭기 그지없다. 아버지가 외도를 하였다. 이복형제가 있고 복잡한 형제관계가 족보를 어지럽힌다. 매사에 구설이 있고, 물러서지 않아 투쟁이 있으니 삶이 팍팍하다. 몸이 아프고 심적으로 지쳐 있으니 쉬어야 하건만 늘 바쁘게 움직이니 쉴 틈이 없다.

• **월주겁재(月柱劫財)** : 월주에 겁재가 있다. 월주는 부모의 운을 나타낸다. 부모의 운이 없다. 월지는 궁합(宮合)을 본다. 부부의 운이 없어 이별하고 별거에 든다. 동기간에는 해를 끼치니 인덕(人德)도 없다. 형제의 돈을 빌려 투기하지 마라. 손재가 따르니 늘 괴롭고 심신이 안정되지 않으며 생활의 기복이 심하다. 친구는 물론이고 형제와 동업하면 재산도 날리고 의리도 사라진다.

• **일주겁재(日柱劫財)** : 일지에 겁재가 있다. 간여지동이니 성깔과 고집만 남았다. 고집이 모든 것을 망친다. 인덕은 눈을 씻고 보아도 찾을 수 없다. 부부 자리에 형제가 앉았으니 부부간에 정도 없고 동기간은 손해만 끼친다. 상해(傷害)로 흉터가 생기니 마음이 아프고 하루하루가 근심이 떠나지 않는다.

• **시주겁재(柱時劫財)** : 시주에 겁재가 있다. 요행심을 부리지 마라. 투기심으로 투쟁하고 욕심 부리지 마라. 결국 모두 잃고 신용도 잃는다. 자식 자리에 형제가 자리 잡았다. 형제가 아니라 자신의 고집이다. 고집이 강해 자식을 극하니 안타깝고 사생아 자식을 두니 매사가 불안하고 안정되지 않는다. 질병이 발생하니 건강에 힘써야 한다.

3) 식신

일간이 생하는 오행이다. 일간과 음양은 같으나 일간의 기운을 빼가는 것이 식신(食神)이다. 자식이며 먹을 복이다. 여자에게는 자식이다. 자신이 낳은 자식이다. 많이 낳으면 몸이 아픈 것처럼 원국에 식신이 많으면 여자는 몸이 마르고 늘 아프다.

식신은 먹는 것과 관련되어 있다. 내 힘을 밖으로 작용하도록 하니 내가 강하면 기쁘나 약하면 탈진한다. 식신은 먹을 복이니 하나 정도가 적당하다. 많으면 식상과다(食傷過多)가 된다. 지나치게 많으면 입은 하나인데 많은 밥을 먹어야 하니 탈이 난다. 식상은 월주(月柱)에 있으면 길하나 많으면 천박해지고 처신에는 좋지만 색정에 빠지기 쉽고 내적으로 고독하다.

① 육친(六親)

남자는 손자, 여자는 딸이다. 보통 여자에게는 자신이 낳은 자식을 의미한다.

② 확장(擴張)

긍정적, 낙천적, 식복, 지혜, 장수, 태양, 공기, 물, 불, 흙, 곡식, 연료, 식량, 유방, 자궁, 생식기능, 교육, 예술, 문화, 복지사업, 식품제조, 판매업, 의류, 연료생산, 과수, 목장, 농장, 의약, 병원

③ 성정(性情)

예술적인 면에 재능이 있어 다재다능하다. 먹을 복이 있어 걱정이 없다. 긍정적이고 낙천적이어서 다분히 향락적으로 보이지만 현실 위주에 실리를 추구하는 정도이다. 젊었을 때는 말랐던 사람이 중년부터 갑자기 살이 찌는 경향이 있다. 선천적으로 관용의 덕을 지녀 여간해서는 남을 원망하지 않는다. 화를 내도 타인에게 상처를 주거나 원한을 남기지 않는다. 남의 부탁을 거절하지 못하는 성격으로 타인에게 호감을 받고 남에게 피해를 주지 않는다. 학습능력이라는 측면에 국한하면 배우고 익히는 학습 부분이 뛰어나지만 사용하는 측면은 식신 영역이 아니다.

④ 직업(職業)

육영, 교육, 학계, 예술, 종교, 요식업, 유흥업, 서비스업. 배우고 익히는 데 능하므로 직업에 적용이 가능하다.

⑤ 년운(年運)

건강, 재산, 주색, 이성문제. 남자는 직장·자녀 문제, 여자는 남편·자녀 문제가 발생한다.

- **년주식신(年柱食神)** : 년주에 식신이 있다. 장수한 양반가문으로 대대로 수명이 길었다. 선대가 양반가문이었으니 가문이 번창하고 인덕이 있었다. 조상의 덕이 있어 지혜가 뛰어나고 인물이 수려하다. 신장(腎臟)과 비장(脾臟)을 다치고 병이 생기면 회복이 느리며 고생이

심하니 늘 신경 써야 한다.

- **월주식신(月柱食神)** : 월주에 식신이 있다. 서둘러 결혼하지 마라. 늦게 결혼하면 효자 자식을 둔다. 공부보다는 몸으로 나서라. 신체는 건강하지만 공부에는 재주가 없다. 사람 사이에서 고집을 피우거나 피해를 주어 원한관계를 맺지 마라.

- **일주식신(日柱食神)** : 일주에 식신이 있다. 체격이 좋은 배우자라고 안심하지 마라. 남편 건강에 늘 신경 써야 한다. 건강은 체격과 다르다. 상부상처(喪夫喪妻)하니 마음이 안타깝다. 자식은 많지도 않은데 하나하나가 모두 근심덩어리다.

- **시주식신(時柱食神)** : 조상으로부터 유산을 물려받는다. 먹을 복은 지천으로 널렸으니 자식을 많이 두고 풍요롭게 살 수 있겠다. 남자는 자식 때문에 근심하고 아파하지만 여자는 효자를 둔다. 명성이 있고 건강하게 장수하니 기쁘지 않은가!

4) 상관

상관(傷官)은 벼슬에 상처를 낸다는 말이다. 아울러 남편에게 상처를 준다는 말이다. 명예에 상처를 입힌다는 말이다. 육친을 따지면 자식인데 식신과 달리 배다른 형제이다. 머리가 비상하고 총명하며 남을 부리거나 호령하는 기품이 있다. 사치와 자유분방이 따르며 모략과 지략에 능하다. 솔직한 면이 보이며 유머도 있다. 신약하면 흉이 커지고 신강하면 강한 기질이 발휘되는 직업이 좋다.

상관은 일간의 기운을 빼간다. 상관은 활동성이다. 일간과 음양이 다르고 일간이 생하며 음양이 다르니 유정하지만 정을 통하니 무한정 기운을 주므로 나쁘다. 식신은 온후하고 인정이 많지만 상관은 사교성과 비교해 교만, 방해, 소송, 투쟁을 의미한다.

여자 사주에서 월상에 상관이 자리하면 일간으로부터 설기시키고 남편을 극한다. 어느 사주에 자리하든 편관이나 정관을 바라보면 상관견관(傷官見官)이라 남편의 명예를 떨어뜨리고 어떤 일을 하든 결과가 좋지 않다. 상관이 많은 여자는 결코 좋은 남자를 만나기 어려우며, 혹 만난다 해도 그 끝이 오래가지 못한다.

① 육친(六親)

남자는 손녀, 장모, 조모이고 여자는 아들, 조모이다.

② 확장(擴張)

천재성, 손재주, 예술, 고독, 유흥, 언론, 방송, 비판, 파격, 불화, 경쟁, 방해, 반항, 불만, 소모, 지출, 환상, 구설, 시비, 관재, 송사, 교육, 연출, 기획, 저술, 출판, 광고, 폭풍, 태풍, 해일, 홍수

③ 성정(性情)

강한 운동성을 지니고 있다. 활동성이 뛰어나고 언변도 좋다. 표면으로 드러내려는 욕구이다. 자존심이 강하고 남을 누르는 기상이 있으나

폭력성(暴力性)도 있다. 두뇌가 명석하고 감정이 예민하여 예술 방면에 재능이 있다. 말이 좀 많고 비판적이며 관여하기를 좋아하고 수단 방법을 가리지 않고 남을 이기려고 한다. 자신을 누르려고 하면 무작정 돌진해 적이 많다. 보스 기질도 있어 넓은 아량을 베풀고 희생정신과 봉사정신, 동정심도 있다. 천재성을 지녔으며 공상가나 비평가가 많다.

특히 여자 사주에서 상관이 월간이나 시간에 나타나면 남편을 극하니 매우 불길하다 하고 일지에 있으면 남편을 망가뜨린다고 한다.

④ 직업(職業)

육영, 예술, 기술, 학문, 군인, 종교, 서비스업, 경찰, 법조계. 말로 하는 직업이 좋다. 상관은 활동성이라 활동적인 직업이 좋다.

⑤ 년운(年運)

재산, 건강, 주색, 유흥, 이성문제, 관재, 질병, 산액. 남자는 직장 문제와 자녀 문제가 있고 여자는 남편과 자녀 문제가 생긴다.

• **년주상관(年柱傷官)** : 년주에 상관이 있다. 자손이 끊긴 가문이다. 어찌하여 살아남았는지 운도 따랐다. 가문에는 대대로 청년기에 죽은 귀신이 많다. 무식한 가문이니 학문을 익히지 못한 기술자의 조상이다. 아버지와 이별하기 쉬우며 혈광액사(血狂縊死)가 있으니 신중히 행해야 한다. 년상(年上)에 천간으로 뜨면 나가서 활동하고 어른 역할을 해야 한다.

- **월주상관(月柱傷官)** : 월주에 상관이 있다. 아쉽게도 부모와 인연이 박하다. 육친 간에 골육상쟁하니 얼마나 가슴 아픈가? 부친과도 일찍 이별하고 습관적으로 가출하니 버릇을 고쳐라. 성격이 정직하지 못하고 여자는 남편을 극한다. 여자 사주에서 상관이 월상에 자리하면 남편을 극하니 앞날이 비참하다.

- **일주상간(日柱傷官)** : 일지에 상관이 있다. 지지에 상관을 깔았다는 말이다. 예능에 뛰어나고 모험심도 있으니 타고난 예술가지만 자주 피어나는 관재수는 어이할까! 친척과 동업이나 직업 의논은 질투만 불러온다. 직업에도 차질이 생기니 친척과 상의도 하지 마라. 남자들은 미인 아내를 두니 행복하다. 여자는 남편과 이별수가 있다. 여자 사주에서 일지 상관은 남편을 극하므로 혼인이 편치 않고 자꾸만 결혼이 깨지며 남편을 아프게 하니 불행하다.

- **시주상관(時柱傷官)** : 시주에 상관이 있다. 세상에 되지 않는 일이 자식 농사라고 했던가? 자식이라고 불효하는 것으로 모자라니 참으로 어리석다. 말년에 질병으로 고생하니 지난날 영화가 모두 헛것이다.

5) 정재

정재(正財)는 일정한 급여와 같은 돈을 말한다. 월급처럼 안정적인 재물을 말한다. 차분하고 지나침이 없다. 정재는 음양이 다르고 내가 극하는 것이다. 내가 공격하는 상대이다. 음양이 다르니 유정하지만 심하지 않다. 아무리 극을 하는 관계라 해도 음양이 다르면 남녀와 같아 지나치지 않다. 아무리 극하는 사이라도 남자가 여자를 함부로 하지 않는 것과 같다.

사주원국에 정재를 가지면 노력한 만큼 소유할 수 있다. 자산, 아내, 명예를 의미한다. 신강하면 여자와 재산을 거느리나 신약사주는 오히려 가난하다. 정재가 많고 신약하면 신약재다(身弱財多)라고 하며 처첩궁(妻妾宮)에 흉이 될 수 있다. 아울러 남자 사주에 신약하고 재가 많으면 재다신약(財多身弱)이니 돈은 많이 만지나 내 것이 없고, 여자도 많으나 내 아내는 별 볼일 없다.

근면, 성실, 부지런하고 재물에 대한 집착이 강하다. 차분함이 일정한 수익을 보장한다. 명랑한 듯하지만 인색하고 의심이 많다. 조심성이 있으며 정직하고 신용이 있다. 신약 사주는 먹고사는 문제는 해결되지만 일반적으로 부자가 되기에는 약하다.

① 육친(六親)
부친의 형제자매, 남자는 처, 여자는 시부모의 형제

② 확장(擴張)
책임감, 노력, 인색, 보수적, 절약, 구두쇠, 금융, 봉사, 현금, 유가증권, 금, 은, 곡식, 가구, 상품, 부동산, 고정자산, 봉급자, 금융인, 상인, 사업가

③ 성정(性情)

성실과 안정 그리고 신용을 중요하게 생각하므로 약속을 어기지 않고 약속을 지키지 못할 경우에는 미리 연락하고 해명한다. 일반적으로 착하고 일을 잘하며 고지식하고 차분하다. 섬세하고 자상하지만 상황에 따라 도리어 거추장스럽게 생각하는 사람도 있다. 고지식해서 애인으로는 재미없으나 남편이나 아내로서는 최고다. 가정에 헌신하고 가정을 깨지 않는다. 여간해서는 가정을 저버리거나 등한시하지 않는다. 정의감과 봉사 정신이 있으며 주변 사람을 돌본다.

④ 직업(職業)

재정, 금융, 상공업. 투기와 사채는 금물

⑤ 년운(年運)

사업, 매매, 금전, 처첩, 여자, 결혼, 연애, 부모, 친척. 문서에 문제가 생긴다.

- **년주정재(年柱正財)** : 년주에 정재가 있다. 선대는 양반이었을 것이다. 조상 덕도 있으니 물려받을 수 있는 유산도 있겠다. 그러나 집안에는 늘 근심이 있다. 다행히 두뇌가 뛰어나니 총명하고 자수성가한다. 장남이 아니라도 장남 노릇을 해야 하고 생활은 순탄하다. 적당하게 돈도 벌고 저축성도 있으니 필요한 돈은 번다.
- **월주정재(月柱正財)** : 월에 정재가 있다. 효도하는 가풍이 보인다. 대대

로 장수하는 집안에서 출생했다. 애처가이며 아내가 보물이다. 아내도 부잣집에서 태어났으니 처갓집에서 자산을 상속한다. 다만 수전노(守錢奴)이고 자립심이 강하다. 공부를 좋아하고 인생항로에 그다지 고생 없이 대길하다.

• **일주정재(日柱正財)** : 일지에 정재가 있다. 남편으로서는 가장 좋은 아내이다. 남자는 처가편이 되고 여자는 또한 운이 있는 편이라 시부모가 인정이 있다. 다만 부부간에는 늘 고충이 따르니 마음을 열어라. 인색하지만 알부자이다. 늘 돈을 벌어들이고 앉은자리가 돈이다. 돈에 대해 눈을 뜨니 돈을 잘 번다. 죽기 전에 쓰고 죽어라.

• **시주정재(時柱正財)** : 시주에 정재가 있다. 후손이 많다. 아들딸을 많이 낳고 중년에 부귀하며 말년에 벼슬한다. 가정이 편안하고 크게 번창한다.

6) 편재

편재(偏財)는 치우친 재물이라고 한다. 불규칙하게 벌어들이는 돈이다. 거칠게 번 돈이다. 투기성이다. 남의 자산이며 내 호주머니에 들어와도 곧 나간다. 항상 바쁘고 씀씀이가 헤프다. 편재는 일간과 같은 음양이니 극하는 정도가 강하다. 노력한 것 이상으로 벌어들일 수도 있지만 그 이하로 벌어들일 수도 있다. 대박이 날 수도 있고 쪽박이 날 수도 있다. 대단히 불규칙하고 예측하기가 어렵다. 활동적이며 욕심으로 투기성도 있다. 신강하면 큰돈을 만져 인생이 즐거우나 신약하고 편재가 많으면 재물에 인정이 상한다.

편재가 많으면 조실부모(早失父母)하고 처가 둘 이상일 수 있다. 편재가 많으면 여자는 많은데 진정으로 내 여자가 없다. 여자는 편재가 많으면 재가할 가능성이 크다. 편재가 많다는 것은 돈과 여자의 복을 의미하기도 하지만 반대로 돈에 곤란을 당할 수도 있다.

① 육친(六親)

남자는 부친, 첩, 처의 형제자매이고 여자는 부친, 시아버지

② 확장(擴張)

전국 무대, 투기성, 낭비성, 사업성, 융통성, 욕심, 술꾼, 수단가, 투자, 성급, 이성문제, 봉사정신, 총명, 증권, 사채, 편법, 사기, 협박, 불법, 도박, 뇌물, 횡령

③ 성정(性情)

마음속으로 재물과 애정 문제가 큰 비중을 차지하여 돈과 여자에 탐을 낸다. 사교성이 좋고 의협심과 동정심이 있으나 풍류와 낭비벽도 심하다. 편재가 많은 여자는 친구나 애인으로 사귀기에는 좋으나 부인으로는 좋지 않다. 편재가 강하면 금전에 대한 집착이 강하고 이권쟁취에서는 수단과 방법을 가리지 않으므로 비난의 대상이 된다. 간혹 남의 돈으로 큰 사업을 일으키는 경우도 있다.

재다신약(財多身弱)이라는 말이 있다. 사주원국에 재가 4개 이상으로 많고 신약한 일간을 지닌 사주를 이르는 말이다. 신약하니 많은 재를 모두 소유할 수 없고 재에 치인다. 재는 돈과 여자를 이르니 여자는 많아도 내 여자가 없거나 변변한 여자가 아니며, 돈은 많이 만지지만 진정으로 내 돈이 아니다.

④ 직업(職業)

상공업, 투기, 무역, 금융업

⑤ 년운(年運)

금전, 여자, 연애, 결혼, 사업, 부동산, 문서, 부모, 처첩. 시어머니에게서 문제가 일어난다.

- **년주편재(年柱偏財)** : 년주에 편재가 있다. 조상은 부자였나 보다. 그러나 부모 대에 이르러 끝없이 몰락하였으니 아쉽기만 하다. 선친은 혈혈단신이다. 양반집에서 태어났으나 가난하여 먹을 것이 없어 다른 집에 입적될 것이다.

- **월주편재(月柱偏財)** : 월주에 편재가 있다. 마음이 넓은 것이라고 할까? 선심공세에 능하고 물질을 경시한다. 부모 때문에 근심이 끊이지 않고 주색을 즐기니 패가망신할 수밖에 없다. 배짱이 있어 주위에 신경 쓰지 않고 잘사는 것 같지만 외부적으로 부자여도 내심으로는 가난하다. 연애결혼하는 운이나 주변에 편재가 많으면 별 볼일 없는

여자를 만난다.

- **일주편재(日柱偏財)**: 일지에 편재가 있다. 처가와 화목하지 못하고 다투니 원수 같다. 처와 화목하지 못하니 깔아뭉개는 성정이다. 아내와 만족을 못하니 밖에서 여자를 만나 감정을 푼다. 바람기가 심하니 금전을 낭비하고 약자를 무시한다. 연애결혼을 한다고 해도 부부간에 풍파가 있고 산재 망신하겠다.

- **시주편재(時柱偏財)**: 시주에 편재가 있다. 자수성가에 처덕도 있다. 빚이 있어도 두려워하지 않으며 통이 크니 결국 성공한다. 초년부터 고생하지만 말년에 이르면 부귀를 누리며 행복이 보장된다. 그러나 세상의 이치가 어디 뜻대로 되나? 간혹 가난한 사람도 있다.

7) 정관

정관(正官)은 나를 지배하는 바른 자이니 바른 관직이다. 국가이며 회사이다. 관이라는 것은 일간을 극하니 일간을 통제하는 정당한 지배자이다. 정관은 일간의 경쟁자인 겁재를 극하여 일간의 재물을 지켜준다. 여자의 지배자이니 곧 남편이다.

정관은 신용, 자비, 명예, 덕성을 내포하며 남자에게는 자식이고 여자에게는 남편이다. 따라서 정관이 지나치게 많으면 배다른 자식이 있을 수 있고, 여자에게는 남편 같은 남자가 많아진다는 것이니 의미심장하다. 여자 사주에 관이 많다는 것은 남자가 많다는 것이다. 남편이 많다는 것은 올바른 남편이 없다는 의미다. 관이 적고 오로지 하나만 있다면 공명정직하고 신용과 덕망이 있다. 근면성실하고 자애로우니 단정하고 군자풍 남편이다.

① 육친(六親)

남자의 경우 자식, 조상, 상사이고 여자는 남편

② 확장(擴張)

보수적, 행정기관, 안정성, 규범, 질서, 모범, 신용, 품위, 단정, 명예, 권위, 인덕, 발전, 도덕, 제도, 질서, 책임, 윤리, 법, 정치, 관료, 직장, 공문서, 자격증

③ 성정(性情)

준법적인 생활을 하는 사람으로 형제간에 우애가 있으며 부모님에게는 효도하고 자녀에게는 자상하지만 자신에게는 엄한 사람이다. 모범사원이고 모범가장이니 용모가 단정하고 정신이 순수하고 준수하다. 명예를 중히 여기고 원리원칙을 고수하여 딱딱한 면이 있다. 자존심이 강하며 다른 사람과 어울리는 과정에 불화가 있을 수 있으나 명랑하고 대범하다. 신용과 책임을 중히 여기니 무책임한 행동과 남에게 폐를 끼치는 일은 하지 않는다. 신중하고 꼼꼼하며 마음을 감추고 비밀을 지켜 냉정한 인상이다.

④ **직업(職業)**

공무원, 문관, 행정직, 기술계통

⑤ **년운(年運)**

직업, 전업, 전직, 명예, 법률문제. 남자는 조상 문제와 상사, 자녀 문제가 발생할 수 있고 여자는 남편이나 이성문제가 생긴다.

- **년주정관(年柱正官)** : 년주에 정관이 있다. 혈통 좋은 양반가문 출신이다. 대대로 벼슬을 한 집안 출신이다. 공부를 좋아했으니 중요한 자격을 얻었음을 알겠다. 매사에 노력하고 정진한다. 품위를 지키려고 노력한다. 어쨌거나 늘 아프고 신체적 장애 등이 염려된다.

- **월주정관(月柱正官)** : 월주에 정관이 있다. 공부를 즐기고 명예욕이 강하고 봉사정신이 지나치게 투철하다. 관직으로 나아간다고 해도 대길할 것으로 보며 장사는 패망하기 쉽다. 정관은 명예를 나타내는 것이니 사업적인 면에서는 손해가 난다. 월주에 정관이 자리하면 부모가 공명정대하고 정직한 사람이다.

- **일주정관(日柱正官)** : 일지에 정관이 있다. 명예욕이 강하고 처가는 양반집이다. 정직함을 추구하지만 지나치게 딱딱한 사고로 스스로 힘들게 살까 두렵다. 부부 사이가 다정하기 그지없고 부부가 맞벌이를 한다. 여자가 정관을 일지에 깔면 남편을 종 부리듯 하고 무시한다. 그것으로 불화가 일어날 수 있으므로 늘 주의해야 한다.

- **시주정관(時柱正官)** : 배경이 없는데도 운이 따라 출세하여 늦은 나이

까지 직업을 가진다. 돈이 없다 해도 자식은 효자를 두고 말년은 청수함이 돋보인다. 자손의 학문이 두드러지고 훌륭하다.

8) 편관

편관(偏官)은 달리 칠살(七煞)이라고 하는데 완강함, 투쟁, 성급한 지배자이다. 거친 사람이다. 거친 일이다. 행동력이 뛰어나다는 의미에 부합한다. 자리에 앉아 일하는 직업이 아니라 돌아다니거나 기술직이다.

일간의 관계에서 음양이 같으니 일방적으로 극을 한다. 관이 일간을 통제하는데 일방적으로 통제를 하는 격으로 도리에 맞지 않아도 편관이 시키는 일을 해야 한다. 편관은 무관(武官)과 같고 거칠며 강력한 권위를 상징한다. 군대 문화와 같은 획일주의이며 강제자이다. 힘으로 세상을 지배하려는 독재자이니 일간의 재물을 탐하는 겁재를 치지 않고 일간을 극하니 상당히 불길하다.

① 육친(六親)
남자는 자식이고 여자는 남편, 남편의 형제자매, 정부(情夫), 애인

② 확장(擴張)
투쟁성, 권력, 정치성, 강제성, 개혁, 혁명가, 의협심, 영웅심, 특수직, 무관, 검찰, 군인, 경찰, 호승심, 반역, 고통, 질병, 재난, 형액, 파산, 단명, 편

법, 투쟁, 폭력, 살상, 법관, 검사, 수사관, 감사관, 세관원, 깡패, 죄수, 협객, 무법자, 환자, 시체, 무기, 흉기, 위험물, 폭발물, 고문기구, 구속영장, 교도소

③ 성정(性情)

자만심이 강하고 자기중심적이며 격하지만 나름 의리와 인정을 소중하게 생각한다. 의협심과 투쟁심이 강하여 약자를 도울 때는 강한 자를 막론하고 돌진하는 강인한 점이 있다. 영웅적이거나 보스적인 기질이 있으며 상대방이 자신을 이용하거나 억압하면 반드시 대든다. 머리가 좋아 책략(策略)을 쓰기 좋아하고 사람을 쓰는 솜씨가 뛰어나다. 지략가이며 행동가이다.

④ 직업(職業)

직업군인, 검찰, 경찰, 건축업

⑤ 년운(年運)

투쟁, 질병, 관재, 구설, 수술, 직업 변동, 이사. 남자는 자녀와 형제 문제가 있고 여자는 남편과 형제자매, 시숙과 문제가 생긴다.

• **년주편관(年柱偏官)** : 년주에 편관이 있다. 기술직 가문이니 조상의 덕은 전혀 없다. 양반가문이 아니니 남긴 것도 없다. 동기간이 바람처럼 흩어지고 족보에는 수치스러움을 남긴다. 질병이 떠나지 않으니

늘 괴롭고 고독하고 아프다.

- **월주편관(月柱偏官)** : 월주에 편관이 있다. 조상이 무관이다. 조상의 덕이란 기대조차 할 수 없는 가문 출신이다. 일정한 주거가 없어 떠돌이다. 주거를 전전하니 애가 탈 뿐이다. 겨우 고학을 하였으나 사회생활에 도움이 될 정도는 아니니 학력이 짧다. 기골이 장대하고 힘이 강하나 이는 모두 빛 좋은 개살구다. 겉은 강하고 튼실하나 속이 텅 빈 오동나무가 따로 없다. 약을 떠나서는 한시도 못 살 팔자다.

- **일주편관(日柱偏官)** : 일지에 편관이 있다. 운이 있어 국가 고위직에 오른다고 해도 자기 전공을 지키지는 못한다. 다행히 운이 있어 똑똑한 배우자를 얻지만 형제간에는 화합하기 힘들다. 데모, 선동은 물론이고 혁명 기질이 있으며 수술, 부상 등 신체적 장애가 따르는 것은 어찌할 수 없다.

여자는 일지에 편관을 깔면 남편 복을 기대하기 힘들다. 스스로도 남편을 안하무인으로 깔보는 성향이 있지만 여자 원국에서 일지에 편관을 깔며 변변치 않은 배우자의 표상이라 할 만하다.

- **시주편관(時柱偏官)** : 시주에 편관이 있다. 아들을 적게 두지만 복이 있어 출세하는 자식이 있다. 몸 관리에 신경 써야 한다. 수술, 부상 등의 장애가 따른다.

9) 정인

정인(正印)은 편안하다. 포근한 어머니 품이다. 나라에서 쓰는 도장으로 지혜, 학문, 총명, 덕성, 자비, 종교를 뜻한다. 행복을 암시하는 육친으로 나를 돌보는 어머니 같다. 육친으로는 나를 낳아준 어머니다. 친어머니이고 모정이 있다.

사주에 인수가 지나치게 많으면 어머니가 많아 잔소리를 하고 편모(偏母)가 생기는 격이다. 또한 어머니가 많으니 온후하고 자비로우나 의지하는 바가 커서 지나치게 게으르고 어머니에게 너무 의지하니 무사안일한 성격이 된다. 일간을 생하며 음양이 다르니 생이 잘된다. 일간은 정인의 기운을 빼가는 것인데 일간을 생하니 바르다. 따라서 정인을 어머니로 표현한다.

① 육친(六親)

모친이다.

② 확장(擴張)

선비, 의무, 책임, 학위, 명예, 학문, 문서, 인허가, 근원, 뿌리, 출발점, 시작, 종자, 젖줄, 후원자, 귀인, 스승, 책, 도장, 서류, 지혜, 지식, 진리, 진실, 족보, 예술, 교육, 자선, 육영사업

③ 성정(性情)

자존심이 강하고 집중력이 좋지만 의타심으로 결정력이 부족하다. 학자와 선비 타입으로 두뇌가 명석하며 탐구심이 강하고 노력가이지만 선량하고 까다롭다. 예절과 덕망을 갖추나 너무 정통성을 따지고 외골수이다. 변덕이 있어 한번 기분이 틀어지면 오래가며 칭찬하고 인정하면 매진하나 자존심을 건드리거나 무시하면 극단적으로 싫어한다. 다양한 덕성으로 남들에게 존경을 받지만 자기중심적이거나 자기를 우선하기에 주의해야 한다.

④ 직업(職業)

학자, 문인, 교육, 문화사업, 출판, 문방구, 의료, 수예, 가구, 언론

⑤ 년운(年運)

매매, 계약, 건축, 개축, 진학, 시험, 보증, 돈 문제가 생긴다.

- **년주정인(年柱正印)** : 년주에 정인이 있다. 학문을 의미하는 글자이니 선비가문 출신이다. 조상이 학자일 가능성이 있고 의사나 예술가일 가능성도 매우 높다. 외가도 매우 훌륭하다. 그러나 천재성을 지녔지만 고독을 느끼며 살고, 자식도 늦고 허약하다.

- **월주정인(月柱正印)** : 월주에 정인이 있다. 편모, 편부 슬하일 가능성이 높다. 월지에 정인을 두면 어머니의 복이 충분하다. 후배를 많이 거느리니 적당한 리더십도 있다. 두뇌는 매우 총명하다. 학업이 발

전하니 신분이 상승할 것이다. 자식은 늦게 두면 게을러져 걱정이
생긴다.

- **일주정인(日柱正印) :** 일지에 정인이 있다. 배우자 가족을 내 가족처럼
  모시니 칭송이 있다. 자식 인연이 늦은 것이 안타깝다. 재물에 욕심
  이 있고 생활의 기복이 심하다. 이웃에도 전념하지 못하고 힘이 없
  으니 애석하다. 남자는 일지 정인이면 효도를 다한다. 그러나 효도가
  지나치면 아내와는 틈이 벌어지는 법이다. 일지에 정인이 자리했으
  니 아내 자리를 어머니에게 준 격이라 아내는 설 곳이 없고 결국 아
  내와 시어머니가 다툴 것이다.

- **시주정인(時柱正印) :** 시주에 정인이 있다. 자식이 늦으니 안타까운데
  어리니 걱정이 태산이다. 학문이나 예술의 성취도 더디니 더욱 문제
  가 있어 마음이 쓰인다. 간간이 파고드는 병이 심신을 괴롭히지만
  수명은 길다. 정신적으로 고독하고 양자를 두기도 한다.

10) 편인

편인(偏印)은 복(福)과 수명을 해치는 불길한 존재이다. 모친이라 해서
모두 즐겁고 도움이 되는 것은 아니다. 편모다. 의붓어머니다. 잔소리다.
지배하려고도 하고 부리려고도 한다. 고독, 이별, 색난 자체를 나타내기
에 도식(倒食)이라 한다.

변덕이 심하고 일을 해도 용두사미(龍頭蛇尾)다. 신강하면 오히려 나쁘

고 신약하면 도움이 된다. 시작은 있으나 끝이 없고 신의가 약하다. 일간을 생하는데 음양이 같으니 생이 힘들다. 지독히도 무정하니 계모를 상징한다. 사주에서 밥그릇은 식신인데, 이것을 극하는 것이 편인이다.

인성과다(印星過多)라는 용어가 있다. 편인과 정인이 지나치게 많다는 것이다. 인성이 많으면 도와주는 사람이 많으니 매사에 게으르다. 또한 자신을 합리화하기 위해 말을 그럴듯하게, 과장되게 하여 결과는 사기성으로 발전한다.

① 육친(六親)

남자는 조부, 계모, 장인이고 여자는 시조모

② 확장(擴張)

효신(梟神)이라고도 하고 도식이라고도 한다. 효신은 올빼미를 말하며 낮에는 자고 밤에는 움직이는데 자기 자식을 잡아먹고 부모에게는 불효하는 새이다. 도식은 밥그릇을 엎어버린다는 뜻이니 배신이나 실패, 사기, 재난, 질병, 부도, 파직, 실직을 말한다. 신통력, 변덕, 이별, 고독, 예술, 문서, 속임수, 발명, 종교, 스포츠, 기술, 의약, 계모, 역술인, 연예인, 도둑, 사기꾼, 언론인, 의사, 기능인, 체육인

③ 성정(性情)

사교성이 부족하고 즉흥적이며 주관이 없다. 때로 허세를 부리고 종교에 빠지거나 특이한 일에 심취하기도 한다. 특히 편인은 종교성이고 철

학성이다. 편인이 강하면 종교에 빠지거나 철학에 심취한다.

성격이 독특하고 타당성이 떨어진다. 남에게는 없는 독특한 성격을 말한다. 성질도 예측을 불허한다. 머리 회전은 빨라 상황에 재빨리 대책을 강구하는 임기응변의 명수이며 결정하면 어떤 경우에도 밀어붙인다. 여러 방면에 재능이 있지만 어느 정도 이루면 다른 일을 생각한다. 눈치가 빠르고 만능 재주꾼이며 팔방미인이다.

④ 직업(職業)

학문, 문화, 예술, 의술, 역술, 간호사

⑤ 년운(年運)

매매, 건축, 개축, 문서, 학술, 시험. 입학에 문제가 생긴다.

- **년주편인(年柱偏印) :** 년주에 편인이 있다. 학식 없는 조상을 두었으니 양반의 후손은 아니다. 절손된 경험이 있으니 양자를 들인 자손이다. 부모가 가난하고 내과적 병이 떠날 줄 몰라 자식들이 부담으로 불복한다. 조상의 조업이라고는 없으니 이을 업도 없다.
- **월주편인(月柱偏印) :** 월주에 편인이 있다. 부모 혈통이 혼잡하니 양반은 아니다. 혹은 난삽한 가문의 후손이다. 내 아버지가 진짜 부모인지도 모를 정도다. 자식이 없거나 늦게 둔다. 사업 시작은 신중하게 하라. 시작은 좋으나 실패할 확률이 있으며 실패가 잦고 부양의 의미가 따른다.

• **일주편인(日柱偏印)** : 일지에 편인이 있다. 성질이 급하니 손해가 많다. 매사 일이 중단되거나 이루어지는 경우가 지나치게 약하다. 혼인하였지만 인연이 부족하여 불화한다. 남의 말을 듣지도 않고 믿지도 않으니 폐쇄적이다.

효신살(梟神殺)이다. 효신은 올빼미다. 올빼미는 알을 낳아 기르다가 둥지가 좁으면 새끼 한 마리를 밀어 둥지에서 떨어뜨린다. 다행히 살아남은 새끼는 자라서 날아올라 어미의 가슴을 쪼아 죽인다. 효신살이 있는 사주는 어머니와 떨어지면 그리워하고 가까이 있으면 싸운다. 남자는 마마보이 성격이 있고 늘 아내에게 자기 어머니를 모시라고 강요하여 불신이 생기고 부부싸움을 한다.

• **시주편인(時柱偏印)** : 시주에 편인이 있다. 자식이 없거나 늦다. 있어도 뿔뿔이 흩어진다. 말년으로 접어들면 이유 없는 병이 발동하여 고생하고 고독하다. 배우자와도 인연이 나빠지므로 덤덤해진다. 양자를 두기도 하지만 생식기 질환을 조심해야 한다.

집중
명리학의 고전(古典)과 역사

당(唐)	이허중의 삼주(생년, 생월, 생일) 이론
송(宋)	서자평의 《낙록자삼명소식부주》, 서자평의 일간 위주 간명법을 정하여 명리학의 최대 전환점이 이루어지기 시작 경도의 《적천수》 서대승 《연해자평》, 근묘화실과 억강부약론 주장
명(明)	장남의 《명리정종》 만민영(만육오)의 《삼명통회》, 명리학 최초의 백과사전 유백온이 《적천수》에 주석을 달음

청(淸)	작자미상의《궁통보감》,《난강망》이라고도 하며 자연과학적 요소 반영
	진소암의《명리약언》
	심요첨의《자평진전》
	여춘태가《궁통보감》간행
	서락오《적천수징의》,《궁통보감평주》,《자평진전평주》,《자평수언》
중화민국	원수산의《명리탐원》,《명보》
	위천리의《팔자제요》,《명학강의》
	오준민의《명리신론》,《명학신의》

※ 대만 하건충의《팔자심리학》

　일본 아부태산의《사주 추명학 전집(아부태산 전집)》과 고목승의《사주 추명학》

　한국에서는 자강 이석영의《사주첩경》과 도계 박재완의《명리요강》,《명리사전》

※ 당사주(唐四柱)는 당나라 사주가 아니라 조선 후기에 생겨남. 이 시기에 토정비결도 등장

【앗, 잠깐!】　　　　　　　　　　　　　　　　　　　생극의 불균형

사주팔자는 생극의 원리로 해석한다. 그러나 때로는 지나치게 많은 힘으로 생하거나 지나치게 많은 힘으로 설기(泄氣)하기도 한다. 이것을 생극의 불균형이라고 한다. 생극의 불균형을 다룬 고서는 아주 많다. 그중에서도 명리학을 배우는 사람이라면 반드시 읽어야 할 책의 하나인 명대(明代) 유백온(劉伯溫)이 지은《적천수(滴天隨)》와 송대(宋代) 서자평(徐子平)이 지은《연해자평(淵海子平)》에서 기술한 내용을 참고한다. 태과(太過)와 불급(不及)에 따른 사항으로 논의할 수 있다. 생극의 주체와 객체가 다른 견해를 보일 수 있다.

1) 생하는 오행이 태과하다면

　－ 목다화식(木多火熄): 나무가 지나치게 많으면 불이 꺼져버린다.

　－ 화다토조(火多土燥): 불이 너무 강하면 땅이 말라버린다.

　－ 토다금매(土多金埋): 흙이 지나치면 금은 땅에 묻히고 만다.

　－ 금다수탁(金多水濁): 쇠가 많으면 물이 흐려지기 마련이다.

　－ 수나목부(水多木浮): 물이 지나치면 나무는 둥둥 뜨게 된다.

2) 생을 받는 오행이 태과하면

   - 목다수축(木多水縮): 나무가 많으면 물이 말라버린다.

   - 화다목분(火多木焚): 불이 많으면 나무는 모두 타버린다.

   - 토다화식(土多火熄): 흙을 많이 덮으면 불은 꺼진다.

   - 금다토박(金多土薄): 쇠가 많으면 흙의 두께는 얇아진다.

   - 수다금함(水多金陷): 물이 많으면 쇠가 가라앉는다.

3) 극하는 오행이 태과하면

   - 목다토붕(木多土崩): 나무가 지나치면 흙이 무너진다.

   - 화다금용(火多金鎔): 불이 강하면 쇠는 녹아버린다.

   - 토다수색(土多水塞): 흙이 많으면 물을 막는다.

   - 금다목절(金多木折): 쇠가 강하면 나무는 잘린다.

   - 수다화멸(水多火滅): 물이 많으면 불은 꺼지고 만다.

4) 극을 받는 오행이 태과하면

   - 목다금둔(木多金鈍): 나무가 강하면 쇠는 무뎌진다.

   - 화다수고(火多水枯): 불이 강하면 물은 증발하고 만다.

   - 토다목절(土多木折): 흙이 강하면 나무는 굴절된다.

   - 금다화소(金多火消): 쇠가 강하면 불길은 약해진다.

   - 수다토몰(水多土沒): 물이 많으면 흙은 잠겨버린다.

2장

근묘화실

사주를 분석하는 방법은 아주 많다. 수많은 방법 중 육친을 대입하는 방법의 한 가지가 근묘화실(根苗花實)이다. 이 이론은 간명(看命)에서 가장 먼저 사용하지만 무시하는 경우도 아주 많다. 너무 당연해서일지도 모른다. 그다지 중요하지 않다고 생각하는 사람도 많지만 사주명식에서 가장 먼저 정리하고 적용해야 하는 방법의 하나이다. 근묘화실의 관계에서 육친을 대입하는 것이 간명의 시작이기 때문이다.

　근묘화실은 사주팔자를 적으면서 바로 해석이 가능하게 만드는 관법(觀法)에 해당한다. 격용(格用)에서는 별로 사용하지 않는 부분이기는 하다. 그러나 일부 학자나 연구가들은 가장 중요하게 사용해야 한다고 주장한다. 중요한 것은 사주를 적어 내려가며 그 흐름을 파악하기가 가장 용이한 기법이라는 점이다.

　근묘화실은 같은 육친이라도 어느 자리에 배치되어 있는지 살피는 것이다. 즉 년주, 월주, 일주, 시주에서 일어나는 현상과 작용이 다르므로 육친의 대입을 살펴 구별하는 가장 기초적인 적용이다. 따라서 근묘화실을 반드시 이해해야 하고 네 기둥에 해당하는 통변을 이어가는 것이 원국을 가장 정확하고 빠르게 간명하는 방식이다. 육친이 8개 글자에서 어느 위치에 포진하느냐를 살펴 해석하는 것으로 간단하지만 명쾌하게 해석할 수 있다.

근묘화실은 단순히 년월일시 자리에 육친으로 대입하는 어떤 오행이 자리하는 것이 가장 좋은지를 설정하는 것이다. 따라서 반대가 되는 육친이 자리하는 경우를 상정한다. 이에 따라 여러 가지 현상을 파악할 수 있다.

예를 들어 남자 사주에서 일지는 배우자 자리이다. 남자 사주라면 일지가 배우자를 나타내는 재(財)가 좋을 것이다. 여자 사주라면 배우자를 나타내는 관(官)이 좋을 것이다. 이 자리에 어떤 육친이 좌하느냐에 따라 배우자의 풀이가 달라진다.

일반적인 간명에서 남자 사주의 일지는 배우자 궁이므로 정재(正財)가 자리해야 가장 좋다. 달리 마땅하다고 볼 수 있다. 그러나 정재를 극하는 비겁이 있다고 가정하자. 비겁은 정재를 극한다. 당연한 결과이지만 배우자와 인연이 박하다고 봐야 한다. 배우자 운이 박한데 아내가 나를 괴롭게 한다고 타박할 일도 아니다.

여자 사주를 살펴보자. 여자 사주에서 일지 상관이면 배우자 운이 없다고 한다. 배우자 자리이므로 여자 사주에서는 당연히 남편을 의미하는 정관이 자리하는 것이 최상이다. 그런데 사주가 어디 사람 마음대로 구성되는가? 일지에 정관을 극하는 상관이 자리하는 경우가 있다. 이는 남편과 인연이 좋지 못함을 보여주는 구성이다. 즉 배우자 자리에는 배우자를 나타내는 육친이 자리하는 것이 최상이다.

육친은 각각의 의미를 나타낸다. 또 각각의 자리에 어울리는 육친이 있다. 각 자리에 어느 육친이 배치되어 있는지에 따른 해석은 가장 빠른 간명에 해당한다. 각각의 자리가 어떤 육친을 나타내는지를 살피는 것이 궁론(宮論)이다. 궁론에 어울리는 육친이 자리하는 것이 가장 이상적이다. 즉 사주팔자를 적으면서 보이는 그대로 풀이가 가능한 간법이 바로 근묘화실론이다.

1.《연해자평》의 의미 분석

사주는 년월일시 네 기둥을 4간4지의 여덟 글자로 구성했기 때문에 사주팔자라고 한다. 사주를 이루는 네 기둥에 의미를 부여할 때 인간의 생로병사(生老病死)를 부여하고 조부현손(祖父現孫)을 배정한 것이 근묘화실이다.

《연해자평(淵海子平)》이 나오기 전에는 지금과 다른 방법으로 간명이 이루어졌다. 즉 년주(年柱)를 기준으로 간명하니 정확성이 많이 떨어졌다. 지금 사용하는 자평명리는 일간을 기준으로 간명한다. 남송(南宋)의 서승(徐升)이 《연해자평》을 저술하며 사주 네 기둥에 근묘화실(根苗花實)이라는 개념을 도입하였다.

근묘화실이란 년(年)은 근(根)으로 조상, 월(月)은 묘(苗)로 부모, 일(日)은 나와 배우자로 화(花), 시(時)는 실(實)로 열매를 대입하여 해석의 기틀을 마련했다. 당시 이어지던 간명을 뒤엎은 서자평(서승의 호)의 혁명적

발상이라 아니할 수 없다.

《연해자평》은 혁신적인 명리학의 고전으로, 이 책에 근묘화실의 적용을 이해할 수 있는 글이 있다. 이 글에 따르면 다양한 해석이 가능해지는데 근묘화실에 대해서는 간단하게 요약해볼 수 있다.

- 년(年)은 근원(根源)이 되고, 월(月)은 싹[苗]이며, 일(日)은 꽃[花]이 되고, 시(時)는 열매[實]가 된다. 년은 조상이고, 월은 부모이며, 일은 나이고, 시는 자손이 된다. 이는 인간의 세계(世系)와 같다.

- 일간(日干)을 위주로 하여 사주를 분석한다. 이전까지는 년주를 기준으로, 띠를 중심으로 간명하였는데 정확성이 매우 결여되었다.

- 천간(天干)은 하늘이 되고, 지지(地支)는 땅이 되며, 지지 속에 감추어진 것[地藏干]이 인원(人元)이 된다.

- 년(年)은 조상이 되고 선대의 종파(種派)가 성(盛)하고 쇠(衰)하는 이치이다. 즉 년을 살펴 조상을 살필 수 있다. 년주에 정격에 해당하는 식신, 정재, 정관, 정인이 배치되면 길하고 훌륭한 조상이다.

- 생년(生年)은 조상의 궁(宮)이다. 형충파해를 꺼리니 상처를 입으면 비록 음덕(蔭德)이 있어도 의지할 곳이 없다. 조상을 나타내는 년주에 좋은 육친이 배치되어 있다 해도 충(冲)에 깨지거나 형(刑)에 걸리면 상처를 입는 것이다.

- 월(月)은 부모이다. 부모의 덕과 명리를 파악한다. 년주와 같은 개념으로 분석하는데 형충파해에 걸려 깨지면 비록 좋은 육친이 배치되어 음덕이 있어도 부모에게 의지할 수 없다.

- 월은 형제의 궁이기도 하다.
- 일(日)은 자신이 되는데 일간을 주체로 삼아 다른 일곱 개 글자와 대조하여 생극의 근원으로 삼는다. 일간이 약하면 생왕(生旺)의 기를 얻어야 하고 왕하면 기운을 덜어주어야 한다. 이를 중화라고 한다.
- 일지(日支)는 처첩(妻妾)의 궁이다. 여자에게는 남편의 궁이다. 형충파해는 꺼린다. 일지가 형충파해를 당하면 배우자 복이 없다.
- 시주(時柱)는 자식의 궁이다. 자식의 별자리가 사절지(死絶地)를 의미하면 자식 수가 적다.

【집중】 《연해자평(淵海子平)》

세상에는 명리서적이 무수히 많은데 《연해자평》은 백미에 해당한다고 할 수 있다. 명리를 배운다면 반드시 읽어야 하는 책이다. 혹은 알고는 있어야 하는 책이다. 시중에는 명리학 서적이 많은데 이 모든 서적이 대부분 《연해자평》이라는 책을 비켜가지 못한다. 그 이유는 이 책이 현재 명리학의 중시조역이고 달리 말하면 모든 기틀을 제공하기 때문이다.

《연해자평》은 그 시원이 제법 오래된 책이다. 현재 우리가 살펴보는 명리학 서적이 중국 청나라시대에 저술된 것이 많은데 《연해자평》은 그 연대가 매우 오래되었다. 《연해자평》은 중국 남송의 서승(徐升)이라는 학자가 획기적으로 명리학을 발전시키고 서거이(徐居易)가 체계화한 자평법(子平法) 명리학 이론을 계승한 《연해(淵海)》를 근간으로 하여 명나라 때 당금지가 주석집 《연원(淵源)》을 합해 편찬하였다. 서승은 일간(日干)을 중심으로 생극(生剋)관계를 분석하는 육신법(六神法) 이론을 체계화하여 발전시켰으며 《삼명연원(三命淵源)》, 《정진론(定眞論)》, 《연해》 등을 저술하였다.

《연해자평》은 현재 자평명리를 사용하는 학자들이나 학인들이 사용하는 명리학 기법의 토대를 제공한다. 사람이 출생한 년월일시(年月日時)의 간지(干支)를 적어 여덟 글자에 나타난 음양과 오행의 배합을 보고 그 사람의 부귀와 빈천, 성쇠과 길흉 등의 제반 사항을 판단하는 '팔자명리학(八字命理學)'에서 가장 근간이 되는 저작이다.

《연해자평》은 모두 5권으로 되어 있다. 1권과 2권에는 음양오행(陰陽五行)의 기본 원리와 천간지지(天干地支), 육십갑자(六十甲子), 신살론(神煞論)과 격국론(格局論) 등을 서술했다. 3권에서는 육친론(六親論)과 소아(小兒), 여명(女命), 성정(性情), 질병(疾病) 등에 관해 논한다. 4권에는 신약(身弱), 과갑(科甲) 등 인감(人鑑)과 열두 달의 건후(建候) 등이 기록되어 있고 5권은 앞의 내용들을 암송하기 쉽게 시결(詩訣)로 만든 내용이다. 《연해자평》은 후대에 미친 영향력이 크다. 이후 《연해자평》을 바탕으로 다른 명리학 서적들이 저술된다. 《연해자평》은 오늘날에도 명리학의 진수를 담은 최고 고전으로 꼽힌다.

2. 근묘화실 각 주의 의미

근묘화실을 적용할 때는 육친뿐 아니라 나이도 적용한다. 시기와 나이를 적용하는 방식은 기둥마다 15년을 배정하는 것인데, 년주(年柱)부터 배정한다.

- 근(根), 년의 기둥은 년주라 하고 초년운(初年運) 15년에 해당한다.
- 묘(苗), 월의 기둥은 월주라 하고 청년운(靑年運) 15년에 해당한다.
- 화(花), 일의 기둥은 일주라 하고 중년운(中年運) 15년에 해당한다.
- 실(實), 시의 기둥은 시주라 하고 말년운(末年運)을 포함하여 이후가 모두 해당한다.

근묘화실 각 주의 의미				
	실(實)	화(花)	묘(苗)	근(根)
사주(四柱)	시주(時柱)	일주(日柱)	월주(月柱)	년주(年柱)
육친(六親)	장남(長男)	자신(自身)	부친(父親) 형제(兄弟)	조부(祖父)
	장남 외 모든 자식	처첩(妻妾)	모친(母親) 자매(姉妹)	조모(祖母)
년령(年齡)	46~60세	31~45세	16~30세	1~15세
사기(四氣)	노년(老年)	장년(長年)	청년(青年)	유년(幼年)
사세(四世)	후세(後世)	현세(現世)	근세(近世)	전생(前生)
사상(四象)	동(冬)	추(秋)	하(夏)	춘(春)
사식(四食)	밤(夜)	저녁(夕)	점심(晝)	아침(朝)
사격(四格)	정격(貞格)	이격(利格)	형격(亨格)	원격(元格)

근묘화실은 겉으로 드러나는 의미보다 깊은 적용이 가능하다. 년주(年柱)는 근(根)이다. 뿌리가 되고 뿌리가 있어야만 만물이 생한다. 이는 인간사의 조상과 같은 의미가 된다. 조상이 있어야 세계(世系)를 이어 대가 이어지는 법이다. 이 경우 년의 기둥은 조상이라는 의미이니 할아버지와 할머니이다. 세분하면 년상은 할아버지이고 년지는 할머니이다. 년상과 년지에 어떤 육친과 어떤 오행이 배치되었느냐에 따라 조상의 복과 덕을 살필 수 있다.

월주(月柱)는 묘(苗)라 하니 곧 새싹은 뿌리가 있어야 출상(出上)한다. 년주의 뿌리를 바탕으로 월주에서는 싹을 틔워 자라나니 드디어 꽃을 피우고 열매를 맺을 준비가 된 것이다. 나를 잉태시키는 젖줄이니 부모이고 기둥이다. 나무로 치면 수간(樹幹)이며 인간사의 흐름으로 치면 아버지·어머니에 해당한다. 월상은 아버지로 적용하고 월지는 어머니로 적용한다.

일주(日柱)는 나이다. 피어난 꽃이다. 화(花)로 표현한다. 나무가 자라면 가지가 벌고 잎이 나며 푸름을 유지하여 날씨가 청명하면 비로소 꽃이 핀다. 이 꽃이 나 일간이다. 일간이 바로 나이고 사주의 주체이다.

꽃은 새싹이 나지 않았다면 피지 못했을 것이다. 새싹이 나려고 해도 지나치게 추우면 얼어버릴 테고 햇살이 너무 뜨거우면 말라죽고 말 것이다. 물이 지나치면 물속에 잠기거나 뿌리가 썩으니 꽃을 피울 수 없다. 지나치게 강한 쇠붙이라면 낫이 되고 가위가 되어 자르니 꽃을 피우기 어렵다. 새싹이 힘차게 자라 꽃을 피우고자 하면 적당한 수분과 햇빛이 있어야 한다. 비옥한 토양에 충분한 일광을 받으면 훌륭한 꽃을 피울 수 있다.

시주(時柱)는 후손이다. 열매와 같으니 실(實)이라 쓴다. 꽃이 피고 나면 열매가 맺힌다. 열매는 꽃이 없으면 맺힐 수 없는 존재이다. 열매가 결실을 이루려면 꽃이 필 때 온도와 일광(日光)이 맞고 수정이 잘되어야 한다. 따라서 배우자의 존재가 중요해진다. 열매를 잘 맺으려면 시의 기둥이 올발라야 한다. 사람의 운명도 이와 같아서 시주는 자식의 기둥이다. 시의 기둥이 어떤 오행으로 이루어졌느냐에 따라 자식의 운을 살필 수 있다. 시상은 장남을 말하고 시지는 나머지 자식을 말한다.

이처럼 사람의 운명도 기상학적 관점에서 살필 수 있다. 이는 사주의 한난조습(寒暖燥濕)으로 따진다. 기상의 관점으로 인간사를 살피면 자연의 성장과정이나 이치와 크게 차이나지 않는다.

근묘화실은 계절과도 관계가 있다. 이는 사계절을 의미하기도 한다. 보통 성명학(姓名學)에서도 사용하는 방식으로 원형이정(元亨利貞)이라는 용어가 쓰인다. 근묘화실과 크게 다르지 않다. 달리 보면 봄, 여름, 가을, 겨울 사계절이 인간사 생로병사의 단계와 다르지 않다.

근묘화실은 나고 자라며 성장하고 죽는 단계를 말한다. 만물이 생성되어 나고 자라며 거두어들이고 쉬는 일련의 과정을 의미하는데 사주의 각 기둥이 이런 과정을 나타낸다.

1) 년주의 의미 조견표

년주는 사주에서 시작, 조상, 근본을 나타낸다. 즉 내가 자라고 살아가는 근본 바탕이라고 할 수 있다. 내 뿌리를 파악할 수 있다. 15세 이전의 어린 시기를 보여주는 기둥이다. 근본적으로 조상을 의미하기도 한다. 아울러 내가 어떤 일을 하고자 할 때 성장을 보여주는 기둥이기도 하다.

년주에 있는 육친은 사주 주인의 어린 시기를 말해준다. 살아가며 가장 먼저 사용하는 기둥이 년주이다. 어린 시절을 이야기하지만 인생의 발전을 나타내기도 한다. 년주를 통해 조상을 살필 수 있다.

일찍 사용되는 글자로 관성(官星)이 있으면 직장운이 좋다. 즉 년주에 관성이 있다는 것은 직장 진출이 빠를 것임을 보여준다. 조상의 자리이니 조상님도 높은 직책에 있었을 가능성이 높다. 아울러 정관과 같은 사길신(四吉神)이 자리하면 귀족, 양반의 자제로 대입한다. 사회가 변하여 양반·

상놈 구별이 사라지므로 시간이 지나면 이런 관점도 사라질 것이다.

년주에 어떤 육친이 있는지는 살아가는 방식에서 무엇을 파악하고 어떤 곳에 관심을 가지는지를 나타내기도 한다. 년주에 재성이 있다면 재물에 일찍 눈을 뜰 가능성이 높다. 재물에 일찍 관심을 두면 학문에 게으르다. 대운에서 재운이 오면 학문을 게을리하고 돈을 벌겠다는 생각을 하는 것과 동일하다.

년주에 재성이 자리하면 학문을 게을리한다. 학문에 게으르다는 이치는 재성이 학문을 의미하는 인성을 극하기 때문이다. 인성은 학문의 별이며 노력의 별인데 재성이 이를 극하는 격이니 학문이 발전할 리 없다.

년주에 재성이 있으면 학문적으로는 만족하기 어려우나 재물로는 만족할 가능성이 높다. 조상 자리에 재성이 있으니 재물을 지닌 조상님이 있을 수 있다. 돈 많은 할아버지나 할머니가 뒤를 받치고 있을 가능성이 있고 조상에게서 물려받을 유산이 있을 가능성을 배제할 수 없다.

년과 월이 충을 당하거나 극을 당하면 심상치 않다. 년은 조상 자리이고 월은 부모 자리이다. 이는 조상 자리와 부모 자리가 충과 극하는 관계

년주의 의미 조견표		
년주(年柱)		바탕과 근본이다. 할아버지 자리이다. 조상의 자리이니 조상의 덕을 알 수 있으며 초년의 자라온 환경을 알 수 있다.
궁(宮)		조상의 궁이다. 조상의 유산을 살필 수 있다. 집안의 가풍과 선대의 업적을 알 수 있다. 선대의 유산과 가문의 명예를 파악할 수 있는 자리이다.
나이		태어나서 15세까지 유년기를 의미한다. 어린 시절을 의미하니 이 시기의 가문이 지닌 힘을 파악할 수 있다.
계절		봄이다.
성명(姓名)		성명학에서 인용하는 사격(四格) 중 원격(元格)에 해당한다.
길흉(吉凶)	길성(吉星) 득령(得令)	길성이 자리하면 좋은 집안 출신이라는 것을 알 수 있다. 년주의 길성은 좋은 가문에서 태어났음을 보여준다. 좋은 집안에서 태어났으므로 학업의 장애가 없고 귀함을 받고 자라므로 초등학교나 중학교 시절 우수한 성적을 내고 부러움 없이 자랄 수 있다. 다음의 운이 나쁘다 해도 년의 길성은 살아가는 데 자본, 기준을 마련하였고 학업으로 기초를 닦도록 하였으므로 좋은 영향을 준다.
	형충(形冲) 흉성(凶星)	근본적으로 나쁜 흉성이 자리하면 좋은 선조를 가지지 못한 것이다. 형충이 있다면 깨어지는 것이다. 선대 유업이 남아 있다 해도 허망하다. 유업을 이어도 지키지 못하고 탕진하고 만다. 대체로 선대의 유덕을 잇지 못한다. 집안 형편은 좋지 못하고 심한 경우 학업이 중단되기도 한다. 공부를 하지 못했으므로 후일 영향을 미칠 테고 의식주가 풍요롭지 못하다. 식복 또한 없으니 일찍 돈벌이에 나서야 한다.

근묘화실로 판단하는 방법 중 나이를 정해야 하는 경우가 있다. 근묘화실은 년월일시의 네 기둥을 각기 유년기, 청년기, 장년기, 말년기로 나누어 적용하는 방법이다. 과거에는 의심할 여지없이 하나의 기둥에 15년을 적용하였다. 이에 따라 년주에는 15세까지, 월주에는 30세까지, 일주에는 45세까지, 시주에는 60세까지로 하여 한운을 적용하거나 근묘화실을 적용하였다.

세상이 변했기 때문일까? 이 기둥에 대한 나이 적용이 모호해진 것 같다. 학자들이나 업으로 삼은 많은 사람이 이 적용에 애를 먹는 것 같다. 혹자는 각각의 기둥을 20년으로 잡아야 한다고 주장한다. 인간의 수명이 늘었기 때문에 적용이 달라져야 한다고 주장한다. 일리가 있는 말이다. 또는 각각 다른 주장을 펴는 데 나름의 규칙과 적용성이 있는 것이 어느 것 하나 버릴 것이 없다.

어떤 방법이 좋을까? 각각의 기둥에 예전처럼 15년 단위로 나이를 적용할 것인가? 그렇다면 네 기둥에 모두 적용하면 60세. 그럼 지금과 같이 80 혹은 100년을 살아야 하는 나이에 적용이 너무 미약한 것이 아닌가? 예전에는 60 이후 사주는 보지도 않는다는 말이 있었지만 지금은 어울리지 않는다. 그럼 이제 새로운 이론이나 주장처럼 각 기둥에 20년을 적용하는 것이 어떤가? 그럼 네 기둥을 모두 채우면 80세. 요즘 흐름에 적당한 것이 아닌가?

성보명리는 이와 같은 각 기둥에 나이 적용을 기존의 15세로 한다. 이는 근본적으로 육십갑자라는 기준이 있기 때문이다. 나이를 셈하는 방법이야 세월이 변하면 늘어나는 것인데, 물론 과학의 발달로 수명이 연장된 측면이 있다. 그런데 우리는 아직도 사주를 세움에 육십갑자를 이용하고 60이 넘으면 환갑이라 칭한다.

만약 80세에 맞는 나이를 적용해야 한다면 육십갑자가 아니고 팔십갑자라는 구성이 필요할 것이다. 갑자는 육십갑자를 사용하고 나이는 80을 기준으로 삼는 것은 이치에 맞지 않는 것으로 보인다. 그럼 100세 시대가 되면 각 기둥은 25년 적용이 가능하다. 그럼 100갑자라는 방법을 만들어내야만 할 것이다. 어쨌든 현재 사주는 육십갑자를 기준으로 적용하므로 성보명리는 각각의 기둥을 15년으로 잡는다. 성보의 명리에서 60 이후는 다시 원위치하여 년주부터 시작한다.

이다. 충이나 극은 어느 하나가 상처를 입는 것이거나 둘 모두 상처를 입는 것이다. 서로 충돌하였다고 조상이나 할아버지보고 자리를 떠나라고 할 수는 없는 법이다. 결국 아버지가 고향을 떠나 객지에서 가문을 일으킬 가능성이 높다. 또한 조상이나 조부를 쇠퇴하게 만든다고 해석한다.

2) 월주의 의미 조견표

월주는 사주의 줄기라고 할 수 있다. 사주가 하나의 나무라고 가정하면 월주는 묘(苗)이니 싹이다. 이 싹이 자라면 수간(樹幹)이 된다. 가장 튼실해야 하는 자리이다. 이 수간이 부러지거나 휘면 올바로 자라기 어렵고 꽃이 피거나 열매가 맺혀도 부실해질 것이다. 묘는 나무의 기둥과 같은 존재이다.

월주는 16세부터 30세까지 청년기를 말한다. 인간의 수명이 길어짐에 따라 옛날과 비교하여 각 기둥을 15세 기준에서 20세 기준으로 나누어 적용하는 경우가 있다. 따라서 년주를 15세가 아니라 20세로 적용하거나 월주를 15세에서 30세가 아니라 20세에서 40세로 적용하는 경우가 있으나 성보명리는 옛날 방식으로 15세에서 30세로 적용한다. 즉 이 시기를 청년기로 적용하며 이 시기의 삶을 표현한다.

월주는 부모, 형제 자리로 적용한다. 이곳에 어떤 육친을 나타내는 오행이 자리 잡았는지로 부모와 형제의 영향과 흐름, 그들의 움직임을 파악할 수 있다. 월주에 있는 육친은 사주팔자 중에서 가장 힘 있는 글자로 적용한다. 따라서 월지(月支)는 기능이 다양하고 분석도 다양하다. 옛날에는 지금과 달라서 부모의 신분과 직업이 자녀의 신분과 직업으로 세습되던 시대였다. 따라서 월주 형태에서 사주 주인의 행로를 점칠 수 있

월주의 의미 조견표		
월주(月柱)		인생에서 가장 큰 영향을 미치는 자리이다. 월지는 바로 일간의 뿌리이기 때문이다. 뿌리가 좋아야 한다. 이곳으로 부모의 영향과 지위를 알 수 있다. 또한 부모의 역량도 파악이 가능하다. 청년기 시절의 환경을 의미하는 곳이며 어머니의 영향을 가늠할 수 있다.
궁(宮)		주로 부모님과 관련된 자리를 살피는 곳으로 집안의 가장이 하는 일을 파악할 수 있다. 사길신이 자리하면 부모의 영향력이 좋다. 부모의 재력이나 지위를 알 수 있는 곳이다. 성장과 직접적 영향이 있는데 특히 영향력이 큰 어머니 모습을 살필 수 있다.
나이		15세에서 30세까지 대략적인 청년기 모습을 알 수 있다. 직업선택과 향후 인생의 전개가 예측 가능하다.
계절		여름이다.
성명(姓名)		성명학에서 인용하는 사격(四格) 중 형격(亨格)에 해당한다.
길흉 (吉凶)	길성 (吉星) 득령 (得令)	가장 왕성하게 활동하는 시기이다. 직업을 가지는 시기이다. 가업이 늘고 나날이 수입도 는다. 사길신이 자리하면 발전성을 느낄 수 있다. 득령이란 뿌리를 얻는 것이다. 월지가 일간을 생하면 일간이 강하다. 윤택한 생활이 이어지고 성장하며 조기에 적응한다. 길성이 자리하면 재력이 형성되고 경제적 안정이 이루어진다. 주변과 조화를 이루고 인기가 생기며 사람 속에서 어울린다.
	형충 (形沖) 흉성 (凶星)	사흉신이 자리하면 앞날이 어두워진다. 진로가 불투명하여 고민이 많고 잡스러운 일에 끼어들거나 기웃거리고 잡스러운 재주에 눈이 간다. 취업을 하고 진로를 개척할 나이이지만 놀고먹으려 하고 취업이 되지 않는다. 취업이 되어도 곧 잘리거나 만족하지 못해 스스로 물러난다. 뚜렷한 실력이나 재주가 없어 항상 기대치에 미치지 못해 고민이 생기고 집안의 가업은 기울거나 대를 잇기 어려우며 경제적으로 안정감이 떨어진다.

었다.

월주에 어떤 육친이 있는지는 매우 중요하지만 근본적으로 사길신이 있는 것이 좋다. 청년기는 취업을 하는 시기로 관성이 있고 돈을 벌어야 하니 재성이 있는 것도 좋다. 관성이 있으면 조직생활에 잘 적응하고 적당한 시기에 직장에 취업할 가능성이 높다. 아울러 정관이 자리하면 부모님도 지위가 높은 사람이거나 명성을 얻은 가문일 가능성이 있다.

월주에 재성이 있다면 돈의 흐름을 볼 줄 아는 사람이다. 월주에 재성이 자리하면 상업에 소질이 있을 가능성이 높다. 월주가 충하고 극을 당하면 부모에게 문제가 생긴다. 사주원국에 부모를 극하는 육친이 있으면 부모·형제의 덕을 입기 어렵다. 월주가 충을 당하면 부모가 고향을 떠나기도 하지만 때로는 사주의 주인이 고향을 떠나서 홀로 살기도 한다. 월지는 바로 집, 고향, 터전을 뜻하기도 하기 때문이다.

【앗, 잠깐!】   **사길신, 사흉신**

사주를 해석하는 데 음양오행을 논하지 않을 수 없다. 오행의 상생과 상극은 그 작용과 역할의 구분에 따라 일간을 기준으로 하여 열 가지로 분류하여 명명(命名)하는데 이를 십성(十星)이라고 한다. 십성의 다른 이름은 육친(六親), 육신(六神)이라 하고 같은 의미로 사용한다. 육신(六神)의 명칭은 정재, 편재, 정관, 편관(칠살), 정인, 편인, 식신, 상관, 비견, 겁재의 열 가지로 나뉘는데 묶어서 재성, 관성, 인성, 식상, 비겁이라고도 한다. 이 육친의 상관관계는 격(格)을 정하거나 육친 분류에 사용된다. 이를 묶어 정재와 편재를 재(財), 정인과 편인을 인(印), 정관과 편관을 관(官) 그리고 식신과 상관으로 구분하여 나를 포함해 육신(六神)이라고 표현하기도 한다.

일반적으로 직업이나 관련 직위를 표현하거나 궁(宮)을 설명할 때는 십성이 좋고 친족 범위를 논할 때는 육친이 좋다. 예부터 동양학의 시작은 음양오행을 그 시빌짐으로 한다. 십성(十星)을 자세히 보면 다른 동양의 어떤 학문과도 다르지 않아 오행의 음양 구분이 있다. 육친을 구별할 때도 이 음양오행의 변화에 따라 정편(正偏)이 나뉜다. 즉 오행(五行)이 같다고 할지라도 음양에 따라 정과 편이 갈린다. 결국 모든 사주에 적용되는 오행은 그 역할과 작용이 확연히 다르기 때문에 사주분석을 정확히 하려면 각 십성(十星)의 기능을 철저하게 숙지해야 한다. 명리(命理)에는 다양한 이론이 있지만 보통의 경우 일반적으로 사용하는 이론에서는 십성의 작용과 역할에 따라 흉신(凶神)과 길신(吉神)을 구분한다. 《자평진전(子平眞詮)》에서는 십성을 일간에 대비하고 적용하여 길흉(吉凶)을 정하니 각각 흉신의 격(格)이거나 길신의 격이 그것이다. 또 격이 아닌 십성 자체로 판단하는 경우도 있는데 10개 중 4개는 흉신으로 보고 다른 4개는 길신으로 인식한다.

십성에서 흉신이라 함은 칠살(七殺), 상관(傷官), 편인(偏印), 겁재(劫財)를 말하는데 '살상효인(殺傷梟刃)'이라고도 한다. 이에 대비되는 길신은 정재(正財), 정관(正官), 정인(正印), 식신(食神)을 말하는 것으로 '재관인식(財官印食)'이라고 줄여 부른다.

3) 일주의 의미 조견표

일주는 사주의 꽃에 해당하는데 바로 나이다. 일간이 나이고 일지는 배우자를 나타낸다. 이것이 합쳐져 나를 의미한다. 사주 주인공의 30세부터 45세까지 장년시절을 말하며 배우자와 가정을 의미한다. 또 가장 왕성한 시기이니 장년의 시기를 암시한다.

사주팔자는 일간을 주인으로 하니 아신(我神), 본원(本元)이라고 한다. 이 일간을 기준으로 일지를 비롯하여 다른 각 기둥에 자리한 나머지 7개 글자를 육친으로 변환하고 일간에 대입하여 그 사람의 운명을 감정하는 것이다. 일간은 나이니 나를 받치는 글자가 일지이다. 일지를 판단할 때 남자에게 부인의 자리가 된다. 여자는 남편의 자리가 된다. 따라서 일지는 달리 부부궁이라 부른다.

일간과 가까이 있는 오행일수록 좋다고 하지만 근묘화실의 이론에 따라 일지가 아무리 좋아도 빠르게 사용하기에는 무리가 있어 보인다. 학자들의 주장에 설왕설래가 약간 있지만 약 30세에서 45세 사이에 사용하는 기둥이다. 옛날 기준으로 보면 늦은 나이지만 지금 나이로 보면 그다지 늦었다고 할 수 없다.

남자 사주에서 가장 좋은 일지는 재성이다. 재성은 착하고 현명한 아내를 지칭하는 글자이다. 그러나 모든 것이 어디 마음먹은 대로 되는가? 세상 이치가 마음먹은 대로 되는 것이 아니다. 아내 자리에 해당하는 일지에 재성이 있으면 좋겠지만 때로 비겁이 자리한다.

일지에 재성을 극하는 비겁이 있다면 배우자와 인연이 좋지 못하다. 이는 충분히 예측이 가능한데 아내 자리에 친구와 형제가 자리한 꼴이다. 이는 친구와 형제에게 신경 쓰니 아내가 토라진다는 의미와 같다.

생각해보자. 결혼했으면 아내와 오순도순 살림을 꾸리고 행복하게 살아야 하는데 침실을 형제자매가 차지하고 친구들이 드나든다면 얼마나 기분이 나쁠까! 결혼해놓고 밤마다 회사 동료를 끌고 들어온다면 행복해할 아내는 없을 것이다. 세상 이치가 이와 같다. 세상 남자들은 이를 명심해야 한다.

여자 사주는 일지에 남편을 의미하는 관성이 있어야 한다. 그런데 세상 이치가 마음먹은 대로 되는 것이 아니고 생각했다고 이루어지는 것도 아니다. 남편이 자리해야 할 일지에 관성을 극하는 식상이 있다면 배우자와 인연이 좋기를 바랄 수 없다.

예부터 양반가문에 전해지는 이야기가 있다. 며느릿감을 고르는 철칙이다. 일지상관인 여자는 아내로 들이지 않았다는 우스갯소리가 있는데 이는 웃자고 한 말이 아니라 진심이다. 그래서 예전에 사주를 보낼 때 여자 사주에서 일지상관을 속였던 모양이다. 조선시대 양반가의 여자 사주는 알 수 없는 일투성이다.

이러한 예는 흔하다. 성보와 인연이 있는 한 권투선수가 있다. 이름만 대면 알 수 있는 사람이다. 권투는 아무리 잘해도 상대에게 매를 맞는 운동경기다. 내가 아무리 잘 때려도 상대 주먹에 맞기 마련이다. 권투선수는 매를 맞아 돈을 번다고 하는 말이 어폐가 있지만 아무튼 몸에 타격을 받는 것이 사실이다.

그 권투선수는 돈을 많이 벌었다. 그런데 그의 아내는 돈을 하나도 모으지 못했다. 이유는 알 수 없다. 소문에는 친정으로 빼돌렸다는 이야기가 있고 다른 소문에는 자식들과 돈을 다 썼다는 이야기도 있다. 결국 권투선수는 이혼을 선택했다. 진실은 알 수 없지만 이런 사주를 지닌 아내는 그다지 좋은 배우자로 여기기 어려운 것이 사실이다.

일지는 배우자의 운이다. 부부의 운이다. 일지가 좋지 않은 역할을 한다면 좋은 결혼생활을 기대하기 어렵다. 일지가 비겁이나 상관이 그러하다. 그뿐 아니다. 일지가 충이나 극을 당하면 역시 좋지 않다. 배우자를 극하는 육친이 있으면 배우자 인연이 좋지 못하니 그 예가 남자 사주에서는 비겁이고 여자 사주에서는 상관이다. 비겁은 재성을 극하고 상관은 관성을 극한다. 이러한 사주는 가정생활이 원만하지 못하다고 판단한다.

일주의 의미 조견표	
일주(日柱)	인생의 중년기이다. 일의 성취도를 알 수 있다.
궁(宮)	일지를 통해 배우자 운을 알 수 있다.
나이	30세 이후를 알리는데 대략 15년을 살피니 45세까지다.
계절	가을이다.
성명(姓名)	성명학에서 인용하는 사격(四格) 중 이격(利格)에 해당한다.
길성 (吉星) 득령 (得令)	좋은 집안에서 태어난 현숙하고도 총명한 배우자를 만나니 길하다. 뛰어난 배우자를 맞아들여 배우자 덕을 입으니 큰 출세에 해당하는 기반을 얻는다. 건강하고 만사가 행복하여 말년 준비가 시작되며 단란하고 아름다운 가정을 영위한다.
형충 (形冲) 흉성 (凶星)	배우자 운이 나쁘거나 배우자로 인한 근심이 있고 건강상으로도 좋지 못하다. 갑작스러운 질병과 고난을 의미하며 사업 실패도 있다. 배우자와 이별을 암시하며 가정생활의 스트레스를 의미한다.

4) 시주의 의미 조견표

시주는 사주의 열매에 해당하는 마지막 기둥이다. 사주 주인공의 45세부터 60세까지 노년 시절을 말하며 자녀와 부하를 의미한다. 특히 이 기둥의 배치로 자식 운을 점칠 수 있으며 효도받을 수 있는지도 살폈다. 또 모든 기운은 처음부터 사용하니 제일 마지막에 사용하는 기운이다. 시주에 있는 글자는 다른 기둥보다 일찍 사용하기 어려운 것이니 말년 상황을 보여주는 기둥이다.

시주는 생년월일의 일에 해당하는 기둥이다. 시의 기둥은 모든 상황에서 자녀와 연관이 있다. 자녀들의 길흉을 살펴볼 수 있는 자리로 파악한다. 혹자는 현대 사회생활과 그다지 같지 않다고 주장하는 기둥이다.

옛날에는 자녀들과 함께 대가족을 이루어 살아갔기 때문에 중요했다는 주장이다. 이 이야기는 지금과 달리 대가족 시대에는 자녀들이 늙은 부모를 모시고 사는 것이 일반적이었기에 효도가 대단히 중요한 것으로 치부된 시기였다는 주장이다. 자식들의 효도가 말년에 행복의 필요충분 조건이었으나 지금과는 다르다는 이론이고 주장이다. 즉 산업이 발달하고 고향을 떠나 살아가는 현대사회에서는 오래전부터 핵가족화되었거나 일인가족 혹은 부부만 살아가는 가족과 같은 형태로 대부분 부모를 모시지 않고 따로 살았으므로 그다지 중요한 문제가 아니라는 주장이다. 그래도 사주에서 시주가 자식 운을 볼 수 있는 자리라는 점에는 변동이 없다.

시주에 어떤 육친이 들었는지는 매우 중요하다. 모든 기둥이 그럴 것이다. 시주에 자리한 재성이나 관성은 오히려 말년에 번거로움으로 파악하기도 한다. 여성의 경우 말년을 의미하는 시주에서 관성은 때로 남편 이외의 남성을 나타낼 수도 있다.

남성 사주에서 시주의 재성은 아내 이외의 여자를 나타낼 수도 있다. 따라서 시주뿐 아니라 모든 기둥이 중요하다. 어느 기둥과 자리에 어떤 육친이 자리하느냐에 따라 해석의 묘미가 달라진다. 시주도 근본적으로 사길신이 자리하는 것이 좋다. 그보다 이상적인 구조는 시주가 상생하고 희신(喜神)이면 좋은 배치이다. 이처럼 배치가 좋으면 훌륭한 자녀를 두고 출세한 자녀에게서 효도를 받거나 자식을 잘 두어 칭송을 받을 수 있다.

조선시대에 자식이 잘되면 죽은 조상에게 벼슬을 내리는 것이 이런 경우라고 보아도 좋다. 어쨌든 시주가 좋으면 말년에 후손의 혜택을 입고 효도를 받으며 가문의 번창은 약속된 것이다. 이와 더불어 자손을 많이 둔다고 판단했다.

시주의 의미 조견표	
시주(時柱)	45세에서 60세까지의 나이를 의미하며 살아온 결과를 보여준다.
궁(宮)	자녀 궁이다. 자식의 운세를 추론할 수 있다.
나이	45세에서 60세이다.
계절	겨울이다.
성명(姓名)	성명학에서 인용하는 사격(四格) 중 정격(貞格)에 해당한다.
길성 (吉星) 득령 (得令)	자식이 번성하고 번창하며 부모를 이끼고 은덕을 생각하는 효자를 둔다. 국가의 녹봉, 가문의 번창과 자식의 덕으로 말년이 평안하다.
형충 (形冲) 흉성 (凶星)	자식의 건강이 좋지 못하고 총명하지 못해 학업성적이 우수하지 못하다. 여명의 사주에서는 자식을 두지 못하거나 잃을 수 있으며 자식들의 직업도 안정적이지 못하다.

3장

12운성

일부 학자들은 버려야 할 이론으로 12운성과 12신살을 든다. 실제 적용하여 풀면 12운성이나 12신살은 이치에 어긋날 정도로 일치하지 않는 경우가 많다. 12운성은 운의 흐름에서 상승을 나타내는데 12신살에서는 운의 하락으로 풀 수 있는 배치가 이루어지는 등 일관성의 부족도 드러난다. 따라서 12운성과 12신살에 대한 이론은 이론가들이나 연구가들에게 거부당하는 경우가 많다. 그러나 역사가 있는 이론이고 아직도 많은 이론가가 적용하는 것도 무시할 수 없다.

12운성은 12지지의 변화를 적용한다. 인간의 생로병사(生老病死)를 대비한다. 과거 양반이나 지배자, 귀족들의 생활에 어울리는 적용이다. 사회가 바뀌었지만 아직도 그 이념은 통한다. 인간이 태어나서 죽음에 이르는 과정을 표현하며 이를 12개 단계로 나누었다. 십이지지의 이념은 인간의 생로병사를 12가지로 나누게 하는데, 동양학에서 12의 법칙은 여러 가지로 적용된다.

사람의 사주를 간명하여 분석한다는 것은 매우 어렵다는 인식이 강하다. 그러나 막상 적용하면 의외로 간단한 법칙이다. 이것을 실행한 것이 12운성이다. 인생의 흐름이다. 태어나서 죽을 때까지 일생을 보는 것이

추명(推命)이다. 아니 추명(追命)이다. 인간의 운명을 좇아 살피는 방법이다. 12운성은 인간의 삶에서 가장 원초적인 흐름을 적용한다고 보인다. 즉 태어나 자라고, 성장하고, 출세하며 물러나 편안하게 노후를 보내고 죽음에 이르는 과정이 12운성이다.

일반적으로 사용되는 여러 가지 명리 기법이나 이론 중에서 12운성은 어느 정도 설왕설래가 있는 것도 사실이다. 그러나 많은 술사나 연구가들이 사용하며 가치 있는 것으로 본다.

지지로 파악하지만 적용 과정에서 특히 천간의 강약을 가늠하는 데 많이 활용한다. 성격의 분석에서도 많이 이용하므로 적용해볼 가치가 있다. 여기에서 사용하는 12운성이란 장생(長生), 목욕(沐浴), 관대(冠帶), 건록(建祿), 제왕(帝旺), 쇠(衰), 병(病), 사(死), 묘(墓), 절(絶, 胞), 태(胎), 양(養)의 12신을 말한다. 이는 천간을 의미하는 십간의 오행을 지지 12지에 대비해 뿌리가 있는지와 없는지를 따져 왕약(旺弱)을 측정할 때 쓰이는 이름이다. 즉 12운성은 지지로만 이루어졌다고 생각하기 쉬운데 천간에 대비되는 개념이다.

사람은 일정한 인생의 유전(流轉)을 지니고 있다. 누구나 같은 이론이다. 사람의 일생을 대비하는 방법이다. 즉 어머니의 몸에 잉태되어 자라서 태어난다. 성장하고 배우고 활동하며 병에 걸린다. 최종적으로 죽어 다시 묘에 묻혀 자연으로 돌아간다. 이러한 인간의 생로병사에 관한 과정을 천간에 맞추어 정리한 것이 12운성이다. 어떤 집안에서 태어났다 하더라도 그 흐름의 형식은 다르지 않다. 태어나고 자라고 죽는 과정에서 사람마다 삶의 방식은 다르지만 죽고 사는 흐름은 다르지 않다.

12운성은 일간을 기본으로 지지의 강약을 살핀다. 지지의 강약은 뿌리가 있느냐 없느냐의 차이다. 결국 12운성법이란 지지로 나타나지만 지지만의 분석은 아니다. 천간이 지지와 결합하여 그 흐름을 파악하는 것이다.

12운성의 궁극적 해석 방식은 인간의 생명유전(生命流轉)과 관계가 있다. 누구도 벗어날 수 없는 인간의 삶에 대한 흐름이다. 즉 인간이 어머니 배 속에서 잉태되어 태어나 음양을 이루어 살다가 나이가 들고 병에 걸리며 그 힘이 다하면 결국 죽게 되는 이치이다. 자연과 다를 바 없이 인간사에서는 생로병사와 관련한 흐름이다. 단순하게 생각하면 누구나 같다. 그러나 사람의 일생은 사람마다 다르다. 삶의 방식도, 가문도 다르다. 사람이 태어난다고 해서 생의 흐름이 모두 같은 것은 아니다. 흔히 하는 말로 현대적 표현은 흙수저와 금수저의 차이가 있다. 표면적으로 볼 때, 인간은 누구나 각기 다른 사주팔자를 타고난다. 사주가 같아도 사람마다 삶이 다르다. 따라서 12운성만으로 파악할 수는 없다.

태어났다는 것뿐 모두 같지 않다. 인간이라고 해서 모두 같은 삶을 살지는 않는다. 태어난 가문이 다르고 경제적 조건이 다르다. 태어난 시대적 조건이 다르고 나라가 다르다. 누구는 태평성대하게, 풍족하게 잘산다. 누구는 뼈 빠지게 일하고 핍박당하며 고생과 고통과 시름 속에서 산다. 누군가는 머리가 좋아도 편하게 살지 못하고, 누군가는 머리가 나빠도 편하게 산다. 생각도 다르고 행동도 다르다. 누군가는 한시도 평안할 날이 없는 삶을 살아야 한다. 그럼에도 근본적인 인생의 흐름을 12가지로 분류하여 파악하니 12운성이다. 누군가의 인생 흐름을 12단계로 알아보는 것이 바로 12운성법이다.

혹자는 12운성은 그저 참고용이지 별 의미를 둘 필요는 없는 사항이라고 주장하기도 한다. 그러나 아직 현장에서 12운성은 사용 중이고 딱히 잘못되었다는 이론이 있는 것도 아니니 잘 활용하면 도움이 될 수 있다.

1. 12운성이란

12운성이란 명리학에서만 사용하는 것이 아니라 풍수지리를 포함하여 다양한 동양철학에도 사용된다. 12운성이란 각기 장생(長生), 목욕(沐浴), 관대(冠帶), 건록(建祿), 제왕(帝旺), 쇠(衰), 병(病), 사(死), 묘(墓), 절(絶), 태(胎), 양(養)의 12신을 말하는 것인데, 십간의 오행을 12지에 대비하여 왕성함과 약함을 측정할 때 쓰이는 이름이다.

이 모든 것이 사람의 생로병사에 대입되어 있다. 따라서 잉태되고, 태어나고, 성장하고, 혼인하고, 이름을 얻고, 죽음에 이르는 법칙을 적용한다. 이로써 추명이 가능하다.

12운성법이란 천간이 지지와 결합해 음양을 이루어 살다 죽게 되는 이치를 파악하여 12개로 나눈 것으로, 인간의 생로병사와 관련된 이름을 붙였다. 나고 자라며 이름을 얻고 늙어 죽으며 묘를 쓰는 이치가 모두 이곳에 있다. 이와 같이 인간이 태어나서 죽는 과정을 사주팔자에 비교·분석하는 것이다.

2. 12운성 조견표

조견표를 보고 각 지지의 12운성을 다는 것은 일간(日干)을 기준으로
한다. 일간을 살피고 그 줄에 있는 십이지지를 사주 4개 기둥 아래 지지
에 붙이면 된다.

12운성 도표										
	甲	乙	丙	丁	戊	己	庚	辛	壬	癸
장생	亥	午	寅	酉	寅	酉	巳	子	申	卯
목욕	子	巳	卯	申	卯	申	午	亥	酉	寅
관대	丑	辰	辰	未	辰	未	未	戌	戌	丑
건록	寅	卯	巳	午	巳	午	申	酉	亥	子
제왕	卯	寅	午	巳	午	巳	酉	申	子	亥
쇠	辰	丑	未	辰	未	辰	戌	未	丑	戌
병	巳	子	申	卯	申	卯	亥	午	寅	酉
사	午	亥	酉	寅	酉	寅	子	巳	卯	申
묘	未	戌	戌	丑	戌	丑	丑	辰	辰	未
절(포)	申	酉	亥	子	亥	子	寅	卯	巳	午
태	酉	申	子	亥	了	亥	卯	寅	午	巳
양	戌	未	丑	戌	丑	戌	辰	丑	未	辰

사주가 정해지면 일간을 기준으로 하여 12운성을 적용할 수 있다. 12
운성에는 힘이 왕성한 시기와 일을 이루기 좋은 시기가 있기도 하지만
반대로 힘이 떨어지는 시기도 나타난다. 이에 따라 운명의 흐름을 자신
이 통제하거나 운이 흐르는 강약을 살필 수 있다. 이 운의 흐름과 사주의

분별에서 12신살이 다를 수 있다. 또 대운과도 일치하지 않을 수 있다. 이러한 이유로 12운성은 많은 학자나 연구가에게 버려지거나 배척받고 있기도 하다. 그러나 아직 사용하는 연구가들도 많으며, 사용함으로써 올바른 간명이 가능하다는 주장도 많으므로 알아두고 새겨볼 필요는 있다.

12운성은 12개 단계를 거치는데 인간의 생로병사를 나타내듯 그 흐름의 강도를 나타낼 수 있다. 즉 인생에서 젊은 시절이 강하고 유아기나 노인기에 들면 힘이 빠지는 것과 같다. 이와 같은 이치를 적용하여 왕, 중, 약으로 3등분할 수 있다.

12운성은 간(干)을 살피는 것으로 지지의 글자가 무엇인지 살펴 뿌리의 강도를 측정하는 방식이다. 즉 뿌리를 박았는가와 뿌리가 없는가 하는 문제이다. 4왕이 되면 뿌리가 지지와 연결되어 통근(通根)한다고 보는 것이다. 반대로 4쇠가 되면 천간의 뿌리가 지지와 전연 관계가 없다고 보아 무근(無根)이라고 한다.

12운성 왕약 분류표	
왕(旺)	장생, 관대, 건록, 제왕
중(中)	목욕, 묘, 태, 양
약(弱)	쇠, 병, 사, 절

3. 12운성 해설

1) 장생(長生)

식물이 싹을 틔우는 것과 같다. 인간으로는 깨끗한 심성으로 세상에 태어나는 시기이다. 싹이다. 맹(萌)이다. 어머니 몸에서 벗어난 최초의 시기이다. 처음으로 태어나 울음을 터뜨리는 시기와 같다. 출생, 태어남을 의미한다. 점차 발전하고 성장한다. 진취적이라는 의미를 지닌다. 순수함이 있는 시기이다. 사주원국에 적용할 때는 태어났다는 의미보다는 최초, 힘, 희망과 같은 아래의 의미를 적용한다.

- 출생과 시작을 의미한다.
- 최고의 길성(吉星)이다.
- 발전, 은혜, 수복, 유화, 복록, 행복, 번영, 원만, 인망 등을 나타낸다.
- 지혜가 있으며 일을 처리하는 능력이 탁월하다.
- 예술적 기능이 있으며 창의력이 드러난다.
- 성공 가능성이 높은 시기이다.

년장생(年長生)

선조가 가문을 빛낸 명문가이다. 조상의 음덕(蔭德)이 있다. 복록이 증진되어 점차 말년이 되면 비로소 복록이 무궁하다. 그러나 장생이라 해도 형충파해가 되면 쓸모없다. 장생이 공망에 해당하면 복록이 감소하거나 파훼된다. 공망은 형과 충, 합으로 파훼된다.

월장생(月長生)

부모덕이 좋다. 부모 · 형제가 두루두루 인덕이 무궁하다. 조건이 합당해서 성공하여 칭송을 받는다. 월은 조상, 부모, 형제와 같다. 따라서 윗사람이다. 월장생이 자리하면 윗사람을 잘 모시니 어디에서나 인정을 받는다.

일장생(日長生)

일주는 나를 의미한다. 일장생은 내가 강하고 생동적이라는 의미가 있다. 복록이 넘친다. 일지는 배우자다. 남자 사주에 일지 장생일하면 현명하고 정숙한 아내를 얻어 행복하고 금슬이 좋다. 월은 부모다. 부모가 강하다. 부모 영향이 있다. 장자가 아니라도 물려받을 유산이 있다. 부모에게서 많은 혜택을 받으며 자라나고 행복하게 장수한다.

일장생이니 부모와 어른을 모시는 지혜가 있다. 언행이 유려하고 온순하다. 부모 · 형제와 화목을 유지한다. 윗사람과도 사이가 긍정적이다. 나섬에 격하지 않고 타인을 억압하지 않아 존경심이 있다. 타인과도 친하게 지내니 두루두루 칭송이 있다.

예외는 있기 마련이다. 모든 사람이 이와 같은 것은 아니다. 일장생에 들었다 해도 남녀 모두 무인생(戊寅生)과 정유생(丁酉生)은 삶이 박복하여 의미가 없다. 병인일생(丙寅日生)과 임인일생(壬寅日生) 여자는 남편복이 없으니 장생이 의미가 없다.

시장생(時長生)

　장생은 복록의 별이다. 생동감이 있다. 시주는 자식이다. 시장생이면 귀한 자식을 둔다는 해석이 가능하다. 말년이니 행복하고 명예롭다. 자녀들이 효도하니 자식을 키운 보람이 있다. 인생의 황혼기가 밝게 빛난다. 말년에 발복하여 더욱 행복을 누리니 삶의 의미가 새록새록하다.

2) 목욕

　목욕(沐浴)은 갓 태어난 아기를 깨끗이 씻긴다는 뜻이다. 목욕은 씻는다는 의미가 있다. 아이는 태어나면 목욕을 하기 마련이다. 어딘가 나아가기 위해 준비하는 과정이기도 하다. 이 목욕은 일명 욕살(浴殺) 또는 패살(敗殺)이라고 한다. 목욕하는 것은 단순히 씻는다는 의미만 있는 것은 아니다. 목욕은 태어나서만 하는 것도 아니다. 어딘지 가기 위해 준비하는 과정이다. 남녀의 합일(合一) 이전에도 목욕한다. 허례허식을 선호한다. 따라서 호색(好色)하다. 음양의 문제가 나타난다. 다성다패(多成多敗)한다.

　사주원국에 적용할 때는 단순하게 씻는다는 의미보다는 준비, 섹스 문제, 창피와 같은 아래의 의미를 적용한다.

• 흉한 시기이다.
• 도화살(桃花殺), 함지살(咸池殺), 패살(敗殺)이라고 한다.

- 실수, 다난한 인생 흐름에서 부침이 심하고 실수가 있다. 화려함을 추구하고 색정, 미혹, 노고, 색난(色難)이 일며 수시로 이사가 많다.
- 울음, 슬픔과 우여곡절, 질곡이 많은 시기이다.
- 화려함과 주색을 추구하니 때때로 색정 문제가 일어난다.
- 허영심에 불타니 오버페이스를 하고 화려한 생활을 추구한다.
- 한계가 있는 데도 저축보다 지출이 많으니 늘 주머니가 빈다.
- 방탕한 기운이 있고 지나친 흐름으로 실패와 좌절이 따른다.

년목욕(年沐浴)

이미 기운 집안이다. 집안이 기운 이유를 알겠다. 주색이나 방탕, 색난을 의미한다. 윗대 어른들이 주색 방탕하였다. 많은 재산을 날렸다. 전대에 호색한이 있었다. 그 결과로 빈한한 가정이 되었다. 년목욕이 자리하면 파가(破家)한 가문이 적지 않았다. 기울어진 가문에서 태어났다.

년목욕이면 조상의 영향이 지금에 미친다. 부부는 결혼해도 젊은 시절에 이별수가 많다. 년지가 아니어도 정인이 목욕에 해당하면 얼굴을 들기 어렵다. 정인은 어머니다. 정인이 목욕에 해당하면 어머니가 풍류를 즐기니 자식으로서 창피가 있다. 창피가 도를 넘는다. 사람들 앞에서 옷을 벗고 목욕하는 꼴이다. 여자가 옷을 벗는다는 것은 몸을 팔거나 수시로 남편이 아닌 남자에게 몸을 벗는 것이라 파악할 수 있다.

여자 사주에 정편관이 목욕으로 자리하고 년주에 자리하면 화류계 인생이다. 정편관을 반드시 남편으로 파악할 수는 없다. 외간 남자도 정편관으로 파악할 수 있다. 남자 앞에서 옷을 벗는 격이니 화류계. 몸을 파는 사주라고 대입이 가능하다. 결국 기생으로 살거나 첩이 된다. 혹 바람둥이에게 시집가거나 음탕하여 수시로 남자를 바꾼다.

월목욕(月沐浴)

목욕이란 새로운 일의 대비라고 볼 수도 있다. 모든 일에는 순서가 있다. 대비, 준비 과정이다. 그러나 월목욕은 준비의 반복이다. 준비만 한다. 이룸이 없다. 매사 끈기가 없으므로 모든 일이 용두사미로 끝난다. 끝을 보지 못하므로 이룸이 없다. 일을 추진할 때 지속력이 떨어진다. 꿈만 원대하다. 월은 부모다. 따라서 월목욕은 어머니의 해석이 가능하다. 어머니는 재가하고 아버지는 여자를 들여 이복형제가 있다. 부모의 색난과 연관이 있다. 혼인을 하여 자식을 낳으면 장자를 잃는다. 월은 형제의 자리이기도 하다. 남자 형제는 주색에 미치고 아버지는 호색하니 집안에 바람 잘 날 없다. 배우자와는 생사 이별할 수 있으니 애석하다.

일목욕(日沐浴)

목욕은 몸을 닦는 일이다. 몸을 닦는 것은 여러 의미가 있다. 섹스를 위한 전 단계도 목욕이다. 몸을 깨끗하게 한다는 의미 이상이다. 남자에게 몸을 판다. 사교적인 성격이다. 여자는 이 성격으로 지나치게 음한 모습으로 보일 수 있다. 화려한 치장은 사교성을 나타내나 결국 색난이나 치정(癡情)으로 발전할 수 있다.

일목욕이면 부모덕이 없다. 부모가 자식을 돌보지 않고 치정에 빠진 탓이다. 천덕꾸러기로 어려서부터 고생이 있다. 부모가 돌보지 않으니 어려서 생사 이별한다. 부모를 떠나 타향살이를 하니 늘 한숨이다. 갑자일생(甲子日生)과 신해일생(辛亥日生)이 목욕에 이르면 고집이 쇠뿔고집이라 참지 못한다. 성격과 감정에서 대립이 심하고 참지 못하니 부부 이별의 운을 자초한다. 을사일생(乙巳日生)의 일목욕에 해당하는 남자는 덕망을 지니고 존경을 받기는 하지만 금전의 노예가 되어 치부에 매달리고 불구가 된다. 주색에 미치고 정신을 쏟으니 풍파를 헤쳐 나가기 어렵겠다.

시목욕(時沐浴)

자나 깨나 자식문제로 속을 썩이니 안타까울 뿐이다. 시는 자식의 운이다. 시에 목욕이니 자식이 색난에 빠지겠다. 하루도 근심이 멈추는 날이 없다. 목욕은 근심이다. 남에게 들킬까 걱정이다. 말년을 고독하게 지내니 이보다 슬플 수 없다. 처자가 무정하고 처궁에 변화가 있으니 어찌 편한 날이 있으랴. 자식이 바람을 피우니 이 또한 막막하기만 하고 근심이 떠나지 않는다.

3) 관대(冠帶)

관대는 성장 과정이 끝나고 청년기(靑年期)에 접어들 시기가 되며 허리에 띠를 두른다는 의미를 지닌다. 어른이 되었다. 사회의 일원이 되었다. 밖에 나가서 힘을 쓰고 힘을 지닌다. 진출의 의미를 지닌다. 명예를 추구한다. 명예를 얻고 직위를 얻고 직업을 얻는다. 실리를 추구하고 명예에 가까워진다. 사주원국에 적용할 때는 청년기에 접어들었다는 의미보다는 직업, 직위, 취업, 사회진출, 명예와 같은 아래의 의미를 적용한다.

- 대길(大吉)한 시기다.
- 다 자라나니 장가를 간다는 의미이다.
- 성인이니 역할이 주어진다. 과거 시대에 관례(冠禮)의 의미가 있다.
- 사회의 일원으로 우뚝 선다. 자립(自立), 완성, 위엄, 직위, 발전, 성공, 존경, 번영, 향상의 의미가 있다.
- 자기 자리를 차지했으므로 자존심이 강해지고 타인의 잘못된 행동을 비판한다.
- 자신의 의지가 강해지고 자유분방한 사고가 생긴다.
- 자존감이 강해져 타인의 행동에 적대감을 가지거나 경쟁심을 가지게 된다.

년관대(年冠帶)

가문이 좋다. 가문이 귀족이고 조상이 벼슬을 하였다. 가문은 타고난 것이니 자신의 복록이다. 가문이 훌륭하고 좋아 유복하다. 가진 것이 많은 조상을 모셨다. 유산을 물려받으니 식복이 풍후하고 일찍 출세한다. 거칠 것이 없다. 자존심이 강하고 타인을 제어하려는 생각과 행동이 드러난다. 따라서 부부관계에 문제가 생긴다. 결국 중년에 부부 인연이 바뀔 악운이 충분하다. 참지 않으면 부부이별수다. 노년에 재혼수도 존재한다.

월관대(月冠帶)

강직하고 고집스러운 성격이 드러난다. 장단점이 모두 있다. 일찍 출세한다. 나아감에 거침이 없고 앞만 보고 달린다. 고집과 집념이 강하여 출세와 명예에 모든 것을 걸었다. 출세를 위해 물불을 가리지 않는다. 적을 만들기도 한다. 때때로 고집과 강한 정신으로 인한 악연이 이어진다. 사회적으로 출세하지만 강한 성격으로 가정적으로 불화가 끊이지 않는다. 다만 40세가 넘은 후에야 안정을 찾고 복을 누린다.

일관대(日冠帶)

형제간에 우애가 새록새록 피어난다. 관대는 명예와 관련이 있다. 이름을 얻는다. 일에서 성공할 가능성도 높다. 공명을 얻으니 명예는 유지하지만 고집이 세고 상대를 억압하니 애정에는 순탄치 못하다. 타인을 무시한다. 안정이 떨어지고 주변과 대립이 있어 주소 변동이 잦으니 마음이 안정되지 못한다. 조직의 이전이나 이직 혹은 이탈이 많다. 자신의 강한 성격 조절이 문제다.

자식이 총명하고 효도를 하니 말년의 복은 모두 자식으로 시작된다. 임술일생(壬戌日生)과 계축일생(癸丑日生) 여자는 굽히지 않는 고집으로 이혼하고 남편을 바꾸기도 한다. 여자라면 의상디자이너가 좋은 직업이다.

시관대(時冠帶)

시주는 자식운이다. 또한 말년운이다. 자식이 영달하고 발복하여 명성을 얻으니 말년에 그 덕을 받는다. 말년에 발복하고 이름을 얻는다. 재능이 뛰어나고 인망을 얻으나 노년에 재혼수가 있다.

4) 건록(乾祿)

건록은 나라의 녹을 먹는다는 의미이다. 취직, 출세와 관련이 있다. 건록은 부모의 품을 떠나 객지에서 자립하여 가정을 이루고 독립하는 시기이다. 건록은 출사(出仕)하여 조정에 나아감이다. 녹봉을 받으니 출세했다. 조직에 몸을 담았다. 건록이란 성혼(成婚)한다는 의미도 지닌다. 결혼의 운이다. 드디어 성인이 되었음을 의미하는 것이기도 하다. 명예를 얻거나 추구하고 승진하며 독립의 시기가 왔다. 사주원국에 적용할 때는 녹봉을 받는다는 의미보다는 성인이 됨, 힘이 생김, 취직, 운이 트임과 같은 아래의 의미를 적용한다.

- 가장 강한 기운이 오니 길한 시기이다.
- 녹봉을 받고 벼슬에 나아간다는 의미가 있다.
- 독립하거나 혼인하고 자수성가(自手成家)의 기운이다.
- 사회 진출, 경제활동, 관록, 안정, 결혼, 발달, 풍후, 명문, 개운, 장수, 진향의 의미

- 공평무사, 원칙을 지킨다.
- 자존심이 가장 강한 시기이며 재운도 따른다.
- 명예와 체면을 지킨다.
- 책임의식이 강하지만 교제는 비교적 소홀하다.

년건록(年建祿)

건록은 명예이고 성장이며 관직이다. 녹봉을 받는다는 의미이다. 년건록은 윗대의 번성함을 보여주는 것이다. 양반가문이고 명예가 있는 가문이다. 조상대에 이미 이룬 가문이다. 부친이 자수성가하여 이룬 사람이다. 좋은 가정에 태어나 초년부터 순탄한 가정을 유지하니 말년까지 행복하다.

월건록(月建祿)

건록은 명예이고 자존심이다. 자립심이 강하고 고집이 세다. 부모의 성공을 등에 업었다. 자존심도 남에게 뒤지지 않는다. 월은 부모와 형제의 자리다. 형제들이 자수성가한다. 부모와 형제가 성공하니 나도 성공 가능성이 높다. 가문의 도움을 받을 수 있다. 그를 바탕으로 출세한다.

월건록이 여자에게는 그다지 좋은 배치가 아니다. 건록은 직업운이다. 사회진출이다. 월건록은 일찍 사회로 나간다는 의미가 있다. 여자는 사회활동을 하여 가정 경제를 책임지는 경우가 왕왕 있다. 맞벌이를 하는 경우도 적지 않다. 가정에서 봉사하는 비중이 크다. 경제권에 대한 부담도 있다. 부모가 크게 성공하니 유산이 따를 수 있고 그렇지 않더라도 중년에 발전한다.

일건록(日建祿)

건록은 출세다. 독립이고 성인이다. 취직이고 직업의 운이다. 독립심이 강하다. 사상도 건전하여 성공가도를 달린다. 일건록은 스스로 성공함을 의미한다. 자수성가 타입이다. 적절한 시기에 출세한다. 그러나 애정문제는 애로가 적지 않다. 남자는 장남이나 차남이나 삼남이라도 장남 역할을 해야 한다.

여자는 건록이 편치 않다. 남편이 첩을 두거나 혼자 되기 쉽다. 여자 사주에 건록은 돈을 버는 것이다. 여자 사주 건록은 돈을 벌러 나가는 것이다. 가정 경제를 책임지는 것이다. 여자 사주의 건록은 무조건 좋은 간명은 아니다. 남자 중심 사주 간명에 적용하는 이치가 이런 치우친 해석을 내는 것인지 파악해볼 필요가 있다. 여자는 생활전선에서 고생한다. 남자에게 재물이 있으면 여자가 흉하게 되고 재물이 없어야 아내가 장수를 하니 참으로 안타까운 일이다.

시건록(時建祿)

시주는 자식운이다. 시주는 말년운이다. 건록은 출세이다. 자식이 입신하여 출세하고 명망을 얻으니 사는 맛이 난다. 말년에 운이 왔다. 말년에 명성을 얻었다. 말년이 이토록 행복하다는 말을 할 것이다.

5) 제왕(帝旺)

제왕은 원기가 왕성한 40대 장년기에 해당한다. 제(帝)는 하느님, 왕, 제후의 의미이다. 인생에서 제후와 같은 시기이다. 왕(旺)은 세력이나 기운이 왕성하고 넘치는 시기임을 나타낸다. 제왕은 인생의 황금기이다. 왕과 같은 시기이다. 자기 인생의 지배적인 시기이다. 거칠 것이 없다. 인생의 역경을 딛고 삶의 진정한 맛을 느끼는 시기이다. 제왕의 시기가 인생 흐름에서 가장 화려한 시기이다. 삶이 절정에 다다랐다. 단 보이는 것이 없는 유아독존격(唯我獨尊格)이다. 사주원국에 적용할 때는 왕성하다는 의미보다는 거칠 것 없는 경험, 번창, 권위와 같은 아래의 의미를 적용한다.

- 인생에서 가장 길한 시기적 운세이다.
- 자신의 완성을 이루는 시기이므로 독립심이 강하다.
- 산전수전 다 겪었으니 세상의 이치를 알고 세상물정에 통달했다.
- 번창, 번영, 번성, 이룸, 독립적, 통솔, 왕성, 강건, 독선, 권위, 지모의 운이다.
- 독립심이 강하지만 이룸을 바탕으로 거침이 없으니 투기를 바란다.
- 목적의식이 강하여 이중성격을 드러내며 경험을 바탕으로 요행을 바란다.
- 독선을 부리고 고집으로 고립을 자초한다.

년제왕(年帝旺)

제왕은 왕성한 운을 보여주는 잣대가 된다. 가장 크게 이룬 시기이다. 년제왕은 조상의 운이다. 조상이 대단하다. 선조는 고관(高官)으로 학문이 있거나 출셋길을 내달렸을 것이다. 조상이 관직을 지녔다. 대대로 좋은 직위였다. 때로는 부자로 좋은 환경이었다. 본인은 후덕하고 곳간이 차서 자비심이 있으니 자신감이 넘친다.

월제왕(月帝旺)

강한 운이다. 부모 자리에서 강하니 부모가 출세했다. 형제가 더 잘나간다. 고집이 강하지만 수완도 좋다. 눈치가 빠르고 눈이 예리하니 누구보다 빨리 앞서 달린다. 자연히 선두주자 자리에 올라설 수 있다. 거칠 것 없이 내달린다. 성격이 장중하니 물러섬이 없고 엄격하여 남의 밑에 있기 어렵다. 홀로서기에 능하다. 홀로 서야만 한다. 함께하는 일에는 약점을 보인다. 자연 독불장군의 성격이 나타나고 조직에서도 앞서 나가야 직성이 풀린다. 동료 중에서 앞서 나가는 자가 있으면 질시한다. 강직한 성격으로 부모·형제와 인연이 약하다.

일제왕(日帝旺)

제왕이란 왕이다. 하늘 아래 왕이 두 명 있을 수 없다. 독존(獨存)해야 하고 독존받아야 한다. 타협하기가 어렵다. 부모와 대립 가능성이 있다. 부모와 인연이 약하여 고향을 떠난다. 일제왕은 오로지 자신만의 만족이다. 배우자와 인연도 약하니 이리저리 떠돌 수 있다. 결국 타향에 정착한다.

제왕은 세상을 아우르는 힘이다. 지나치게 강한 성격이니 때로 제약이 된다. 남을 이해하지 않는다. 자신에게 몰두한다. 자신이 최고다. 무오(戊午), 병오(丙午), 정사(丁巳), 기사(己巳), 임자(壬子), 계해(癸亥)의 일주는 부부관계에 신경 써야 한다. 부부라 해도 상대를 이해하지 못한다. 오로지 자기주장을 따르라고 강요한다. 여자는 이별수가 있으니 과부운이거나 독수공방하는 경우가 많다. 제왕이 중하고 강하면 배우자에게 극이 일어나는 격이니 반드시 배우자가 피해를 본다.

시제왕(時帝旺)

시주는 자식운이다. 시주는 말년운이다. 말년이 왕하다. 자식이 가문을 빛내니 좋은 일이다. 자식이 출세한다. 그러나 강한 기세 때문에 질병으로 고생이 따른다. 학문을 하면 늦은 때까지 명성이 유지되고 말년이 행복하다.

6) 쇠(衰)

기울어진다. 쇠약한 기운으로 접어든다. 원기가 서서히 쇠퇴하는 시기이다. 체력이 저하되고 모든 것이 기운다. 명예와 돈도 기운다. 왕성했던 기운이 점차 약해져가는 시기이다. 성(成)한 후 꺾이는 시기이다. 성장이 끝났다. 여름이 지난 풀과 같이 힘이 빠진다. 시들기 시작하는 풀이다. 장년의 시기가 지나면 노년으로 들어가는 시기이니 마음과 몸이 모두 쇠퇴하는 시기이다. 불안이 가중되고 재난이 있다. 사주원국에 적용할 때는 쇠약해졌다는 의미와 더불어 병들 수 있음, 주위가 떠나감, 희망이 약해짐과 같은 아래의 의미를 적용한다.

- 서서히 인생의 쇠퇴기에 접어든다.
- 기운이 쇠하여 병들기 직전의 몸이다.
- 사람들이 멀어지고 떠나가니 주위가 조용하다.
- 쇠퇴, 후진, 정리, 온순, 담백, 파재, 부정이 일어난다.
- 최적의 정성으로 노력해도 바로 세우기 힘들고 가세(家勢)와 명성이 기울어 이전 부친보다 나아지지 않는다.
- 힘이 부족하여 불시에 재액을 만날 수 있다.

년쇠(年衰)

쇠는 기운다는 뜻이다. 무너지기 전이다. 힘이 없고 힘이 빠진다. 약해진다는 뜻이다. 가운(家運)이 기울 때 태어났으니 안타깝다. 가문의 힘이 빠졌다. 기우는 가문이니 가문의 덕을 받을 수 없다. 안타깝지만 홀로 헤쳐 나가야 한다. 가정에서 성실해도 사회적으로 두각을 나타내기 어렵다. 누구도 도와주지 않는다. 부모덕이 없으면 본인의 덕이라도 있어야 하건만 말년운도 불길하다.

월쇠(月衰)

쇠는 기운는 별이다. 부모도 기울고 형제도 기울었다. 부모가 도와주지 않는다. 형제가 끌어주지 않는다. 부모덕도 없고 형제덕도 없다. 기울어지는 청년기다. 청년기에 힘이 약하다. 발전의 기운이 약하니 왕성한 청년기에도 발전이 없다. 항시 힘이 부친다. 마음을 다잡지 못하여 타인 때문에 금전 손실을 입는다. 타인과 격하게 반응하거나 부딪치면 신체적인 피해를 보기도 한다. 자신이 약하므로 가산을 탕진하기 쉽다. 움직일 때마다 손해가 나니 어쩌랴!

일쇠(日衰)

나 자신을 안다. 약하고 부딪치면 손해 보니 조심한다. 손해를 본 경험을 기억한다. 차분하고 조용한 성격이다. 노력은 한다. 경제력이 강하지만 스스로 금자탑이다. 어떤 경우도 부모덕은 아니다. 부모덕이 없으니 늘 외롭고 객지에서 생활한다. 자신이 약하니 가능한 한 부딪치지 않는다. 적을 만들면 피곤하다.

여자는 현모양처형이지만 갑진(甲辰), 을축(乙丑), 경술(庚戌), 신미(辛未)의 일주는 부부해로가 어려우니 독수공방이다. 자신이 약하니 늘 치인다. 시부모를 잘 모시지 못하니 불화가 끊이지 않는다. 남편이 무시한다. 박력도 없고 줏대도 없으니 사람들에게 휘둘리며 산다. 남의 꼬임에 빠져 빚 보증을 서고 도박에 빠지니 아픔이 적지 않다.

시쇠(時衰)

시주가 약하니 자식덕이 약하다. 말년운도 별로다. 시가 강하면 말년
운이 좋다. 시주가 쇠이면 말년에 기운이 없다. 때로 자식이 일찍 죽거나
불초한 자식이 있다. 자식을 낳아도 효도를 받기 어렵다. 말년에는 고독
하니 고생이 이만저만이 아니다.

7) 병(病)

병(病)은 병(怲)이다. 근심이 넘치는 시기이다. 약해진 정신과 신체가
문제다. 병(病)이란 왕성함과 건강함을 지난 것이다. 늙어서 병이 든 것
과 같이 모든 것이 시들해지는 시기이다. 맥이 빠지고 의욕도 사라진다.
몸에 병이 오고 정신도 약해진다. 적이 두렵다. 무너질까 두렵다. 세상이
두렵다. 하고 싶은 일이 있어도 장담할 수 없다. 새로운 일을 하기에는
지나치게 겁이 난다.

병이 온다는 것은 모든 것을 잃어가는 것이다. 몸이 아픈 것이다. 정신
이 약해지는 것이다. 더구나 나이를 먹어 드는 병은 의기를 잃게 하고 세
상을 한탄하게 만든다. 빈곤해지며 매사 불성실하고 이루어짐이 약하다.
사주원국에 적용할 때는 병이 들었다는 의미보다는 불안, 허약, 위기, 상
실과 같은 아래의 의미를 적용한다.

• 어떤 경우도 쇠약한 운이다.

- 기회가 있어도 이룸이 없으니 비교적 흉한 운이다.
- 병은 아픔이다. 청소년 시절부터 몸이 약하다.
- 허약하니 온후하고 독실하며 고요함을 즐긴다.
- 재앙, 은퇴, 질병, 부패, 허약, 과로, 부모와 헤어짐
- 몸도 부실한데 양친과 생사이별의 운이다.
- 배우자 인연이 박하고 재혼의 운이 따른다.

년병(年病)

병은 부실이고 허약이며 불안정이다. 선조가 매우 빈곤하였다. 선조가 출세하지 못했다. 선조는 가난하였고 관직도 가지지 못하였다. 남의 밑에서 일하며 살았다. 남의 눈치를 보았다. 어린 시절에 가난하였다. 어린 시절 몸이 약했다. 부모도 병약하였거나 자신이 어릴 때부터 질병으로 바람 잘 날 없다. 부모가 병이 심해 부모의 덕을 입지 못했다. 겨우 피하거나 병약함을 피하면 말년에 이르도록 집안일로 고통받는다.

월병(月病)

청년기에 몸이 아팠다. 늘 허약하여 일을 할 수 없었다. 몸이 부실하여 희망이 없다. 부모가 일찍 사망할 가능성이 높다. 부모가 병이 있어 도움을 받지 못했다. 부모덕이 없다. 형제 중 일찍 죽는 경우도 있다. 청년기에 운이 좋지 못하다. 늘 병이 따르고 집안일로 바람 잘 날 없다. 형제가 병이 심했다. 아픈 형제가 있다. 늘 어려움이 따르니 겉으로는 태연하지만 속으로는 근심이 끊이지 않는다. 늘 비관적이며 결단력과 실천력도

부족하다.

일병(日病)

몸도 약하고 정신도 약하다. 다정다감하지만 이는 부드러운 것이 아니라 약한 것이다. 일을 하려 해도 자신이 없다. 자신을 믿을 수 없다. 어릴 때부터 아팠다. 누구도 돌봐주지 않는다. 어릴 때는 병약하여 고생하고 성장하면 부모덕이 없다. 혼인해도 배우자 또한 덕이 없다. 평생 외롭고 고독하다. 사회가 두렵다. 도전하기가 두렵다. 실패할까 두렵다. 큰 병에 잘 걸리니 늘 괴롭다. 잔병치레도 끝이 없다. 부모 곁을 일찍 떠나 타향살이에 지친다. 부모가 돕지 않으니 막막하기만 하다. 조실부모가 겹치면 더욱 괴롭다.

양일간을 타고나면 성격이 진취적이나 늘 급한 성격이라 일을 망친다. 성급하기가 타오르는 들불만 같다. 음일간은 사방에서 조여지듯 위축되어 정신과 행동이 활발하지 못하다. 형제가 많아도 돕지 않는다. 차라리 없는 것이 편한 것이 형제관계이다. 형제가 반목하거나 힘을 보태지 못한다. 무신(戊申), 임인(壬寅), 병신(丙申), 계유(癸酉)의 일주 여자는 평생이 고독하다.

시병(時病)

자손이 병이 있다. 말년에 병이 덮친다. 자손이 있어도 병약하니 평생의 짐이다. 자식이 이룸이 없다. 자식에게 의지하지 못한다. 자식을 낳아도 병든 자식이다. 늙어도 근심이 끊이지 않으니 말년이 불행하다. 말년이 되어도 의지할 곳이 없다. 여자는 남편에게 버림을 받으니 한이 멈추지 않는다.

8) 사(死)

병환 뒤에는 생명이 끝나는 시기이다. 죽음의 기운이다. 멈추는 기운이다. 모든 것이 멈춘다. 고정된다. 움직이지 않는다. 사람은 태어나고 죽는다. 죽음의 순간이 다가온다. 죽음의 순간이니 앞에 아무것도 보이지 않는다. 정신과 몸이 가라앉는다. 모든 것이 침체되는 시기이다. 고집이 강해지니 참아야 한다. 사주원국에 적용할 때는 죽는다는 의미보다는 침체, 병, 걱정과 같은 아래의 의미를 적용한다.

- 매사가 대흉(大凶)하다.
- 모든 것이 멈추는 시기이니 일을 벌이면 흉하다. 휴식, 소멸, 무기력, 무능, 병환, 곤액, 인연이 파기됨.
- 노욕(老慾)처럼 세상에 대한 물욕이 많으나 어떤 경우라고 해도 만족하지 못한다.
- 마음이 급해져 성급한 성격에 모든 일에 골몰한다.
- 고집이 세진다. 남의 말을 듣지 않아 실패가 따른다.
- 모든 일에 하나같이 참견하고 남의 일에 끼어들고 매사 쓸데없이 걱정한다.

• 앞날이 불투명하여 자신이 없으니 결단력이 부족하다.

년사(年死)

죽음이다. 조상이 죽었다. 죽은 조상이나 같다. 조상이 돌봐주지 못한다. 조상이 힘이 없다. 조상의 음덕도 없다. 조상이 남긴 것이 없다. 조상이 빈천하였으니 물려받은 것이 없다. 조상의 유산이 없다. 음덕도 없다. 조상이 병약해 받을 것이 없을 것이다. 부모와 인연도 약하니 일찍 고향을 떠나 타향살이에 설움이 밀려온다.

월사(月死)

부모가 죽은 격이다. 부모가 돕지 않는다. 부모가 없는 것이나 같다. 부모가 내 인생에 영향을 미치지 못한다. 형제도 없는 것이나 같다. 부모·형제의 인연이 약하다. 부모와 형제의 도움을 받을 길이 없다. 주위의 도움이 없이 혼자다. 혼자 일어서야 한다. 늘 외롭다. 부모와 형제의 정이 그립다. 고독을 느끼면 한없이 우울해진다. 머리는 좋으나 활동력이 부족하니 드러나는 것이 적다.

일사(日死)

내가 아프다. 힘이 없다. 일신에 큰 병이 오니 만사가 시들하다. 늘 몸이 부실하다. 무엇을 하려고 해도 몸이 걱정이다. 정신도 무너진다. 부모 도움도 없다. 형제를 기대할 수도 없다. 부모 유산은 애초부터 기대조차 할 수 없다. 부모가 남긴 것이 있어도 나에게는 인연이 닿지 않는다.

매사 근심이 떠날 날이 없다. 정신적으로 고통이 밀려온다. 부부운도 좋지 못하니 아내는 병으로 신음한다. 자식을 기대하기 어렵다. 을해(乙亥), 경자(庚子) 일주의 여자는 남편과 이별수가 있으니 마음을 다스리기 어렵고, 무슨 인연이 이러한지 자식을 얻을 수도 없으니 한숨만 난다.

시사(時死)

늙어도 자식이 한 명 없다. 자식복이 없고 자식이 병이 있다. 늙어서는 자식복이라 했지만 자식복을 기대하기 어렵다. 자식이 곁을 떠나려 한다. 자식과 인연이 약하고 자식이 용기가 없으니 큰 인물이 되지 못한다. 항상 곤고함과 괴로움이 따르니 말년이 고달프고 마음이 아프다.

9) 묘(墓)

묘는 무덤이다. 무덤에 묻힌 격이다. 달리 보면 모든 것을 잊고 편하다. 세상일에 신경 쓰지 않아도 좋다. 이처럼 편한 것이 또 있을까? 사후(死後)에 묘(墓)에 들어가서 평안하게 된다. 그러나 아무것도 할 수 없다. 움직이지 못한다. 그냥 누워 있다. 고통은 없다. 죽은 자는 고통을 느끼지 못한다. 평안한 안식이 있을 뿐이다. 쉼이 있고 평온이 있다. 따라서 번뇌가 있다. 자수성가(自手成家)하는 시기이다. 사주원국에 적용할 때는 죽었다고 하는 의미보다는 무력감, 기운이 사라진 이후, 불안과 같은 다음의 의미를 적용한다.

- 어떤 에너지도 없으므로 대흉(大凶)하다.
- 부모·형제의 복이 적고 어린 나이에 부모와 이별할 운이다.
- 움직일 수 없다. 여건이 이루어지지 않으니 은둔, 동면, 쇠패, 쉼, 우환, 고통, 이동, 소침, 좌절의 운이다.
- 차라리 예술가나 연구가가 좋다.
- 온기가 없으니 주거가 안정되지 못한다.
- 가난한 집 출생자라면 중년 이후 좋아진다.
- 부잣집 출생자라면 중년 이후 나빠진다.

년묘(年墓)

조상이 죽은 격이다. 조상이 묻혀 움직이지 못하는 격이다. 달리 살피면 묘는 시신이 묻힌 곳이니 조상의 돌봄이다. 조상의 은덕을 생각할 수 있다. 조상과 인연을 찾아라. 장남이 아니어도 조상을 돌본다. 장손이 아니어도 조상을 돌본다. 조상을 모시니 복이 따른다. 조상을 무시하면 힘이 없다. 조상을 모시는 일을 하면 좋다. 묘는 반드시 나쁘게 작용하는 것이 아니다. 년주에 묘가 오면 조상을 모심으로써 복을 받을 수 있다.

월묘(月墓)

부모가 이미 묘에 들어 움직이지 않는다. 부모 도움이 없다. 부모덕이 없다. 형제의 덕도 없다. 존친(尊親)을 기대할 수 없다. 육친의 덕이 있어야 세상사는 맛이 있지만 덕이 없다. 홀로서기를 해야 한다. 매사 일을 할수록 손실이 있어 일이 두렵다. 남 때문에 손해를 보는 일이 다반사다.

부모의 덕이 없으면 타인의 덕도 기대하기 어렵다.

묘가 반드시 나쁜 것은 아니다. 월지와 일지가 충하면 부잣집에 태어나고 늘 재복이 넘치니 행복한 일상이다. 좋은 운이 늦게 오며 장자가 아니라도 조상의 묘를 돌보니 마음이 흡족하다.

일묘(日墓)

내가 약하다. 내가 묘에 누워 있는 형상이다. 부모와 형제, 친척이 있어도 없는 것 같다. 나 혼자다. 홀로서기를 해야 한다. 누구도 도와주지 않는다. 배우자와 인연도 약하니 마음이 늘 비어 있는 듯하다. 기대하는 마음을 버려라. 친척, 형제, 부모와 인연이 약하니 고향을 떠나 타향에서 산다. 가난하다. 돈이 벌리지 않는다. 벌어도 내가 쓸 여유가 없다. 가난하게 태어나도 안타깝게 생각하지 마라. 중년 이후 발전하고 부유한 집에서 태어나면 중년 이후 쇠퇴한다. 어차피 흘러가는 인생이다.

기축일생 여자는 낯가림이 심하다. 기축일생 여자는 말주변도 없다. 정축(丁丑), 임진(壬辰) 일주 여자는 부부 인연이 약해 독수공방이나 이혼수가 있고 남편 때문에 늘 근심을 가슴에 담고 산다. 남편에 대한 집착을 버리면 조금은 편안해질 것이다.

시묘(時墓)

자식을 기대하지 마라. 신체는 허약하고 자식은 짐이다. 자식의 효도를 기대하지 마라. 자식걱정이 한 짐이다. 걱정해서 나아질 것이 아니다. 근심과 걱정이 하루도 떠나지 않는다. 어려서는 질병으로 고생하더니 말년은 고독으로 외로움을 금하기 어렵다. 자식을 믿지 말고 노후를 준비하라.

10) 절(絶)

끊어지는 것이다. 절단되는 것이다. 절연(絶緣)이다. 인간세상과 마지막을 고한 것이다. 영혼은 완전히 절(絶)하여 무(無)로 된다. 인간세상에 아무것도 남은 것이 없다. 모든 것이 끊어지니 없는 것이다. 욕심을 버려라. 기대를 버려라. 없는 중에 생성된다. 버려야 생긴다. 없는 것은 다시 시작된다. 창조의 기운이 움튼다. 공사가 다망하니 정신없이 돌아다닐 것이다. 사주원국에 적용할 때는 버린다는 의미보다는 희망, 끊어지는 인연, 새로운 시작과 같은 아래의 의미를 적용한다.

- 달리 포(抱)라 하니, 꽁꽁 묶여 옴짝달싹할 수 없게 된 꼴이다.
- 움직이지 못하니 대흉(大凶)하다.
- 묶이는 것이니 관재수가 따른다.
- 이별, 두절, 부침, 호색, 파산, 인연이 끊어짐. 관재구설에 따라 송사가 일어나고 묶이는 일이 일어나니 사법(司法)과 가깝다.
- 모든 것을 버리는 것이니 공허하다.
- 모든 것을 버렸으니 새로 시작한다.
- 무(無)에서 유(有)로 전환한다.

- 충동에 약하다.
- 여자는 거짓 사랑에 정조를 잃는다.

년절(年絕)

끊어진 것이다. 포박당한 것이다. 조상의 음덕이 약하다. 조상과 인연이 끊어졌다. 조상이 포박당해 도움을 줄 수 없다. 조상의 도움이 없다. 조업이 있다 해도 파하고 고향을 떠날 수밖에 없다. 조상의 업을 기대하지 마라. 조상의 업을 물려받아도 이익이 없다. 조상의 업을 받아도 닫아야 하리라.

고향에 덕이 없으니 고향을 떠난다. 타향도 안정이 되지 않는다. 타향살이에 슬픔이 몰려든다. 조상의 덕도 없으니 한심하다. 부모의 덕이 없으니 비빌 언덕도 없다. 선대는 양자(養子)이고 때로 서자(庶子)일 경우도 적지 않다.

월절(月絕)

부모 대에서 이음이 끊어졌다. 성장기인 청년기가 끊어진 격이다. 조상의 음덕이 이어지지 않고 끊어졌다. 성장과정이 온통 두려움과 걱정이다. 두려움이 심하다. 자신감이 없다. 고생이 심해도 원망할 대상이 없다. 부모가 도움을 주지 못한다. 형제도 도움을 주지 못한다. 홀로 서야 한다. 부모·형제와 인연이 없으니 누구에게 하소연할까! 혼자 애써 일어서야 한다. 자수성가 외에는 방법이 없다. 매사 일에 손실이 있으니 신중해야 하고 대인관계가 원만하지 못하니 친구의 도움도 없다. 사회생활을 하는데 고립되어 늘 마음이 무겁다. 홀로서기에 전력투구하라.

일절(日絶)

부모로부터 이어지지 않는다. 부모 인연이 약하니 속이 탄다. 일찍 고향을 떠난다. 차라리 물을 건너면 좋으리라. 장남이면 무엇 하나! 길고 긴 타향살이에 지친다. 마음의 고향이 필요하다. 배우자가 마음을 잡아주려나! 내가 없는 격이다. 모든 것과 인연이 끊어진 격이다. 배우자 인연이 약하니 안정이 떨어진다. 배우자에게서 만족을 찾지 못한다. 밖으로 돌아 색을 즐기고 만족하려고 애를 쓴다. 밖에서 즐거움을 찾으니 화를 면하기 어렵다. 자신이 없는 것이나 같다. 주관조차 없으니 남의 꼬임에 넘어가 빠진다. 매사에 돈을 버리고 몸을 잃는다.

갑신(甲申), 신묘(辛卯) 일주 여성은 성격조차 나쁘고 부부궁도 나쁘다. 이해심 부족에 지나치게 승부욕이 강하다. 타인의 상황을 이해하려 하지 않는다. 춤과 노래를 좋아하니 아차하면 패가망신한다.

시절(時絶)

시주는 자식의 인연이다. 시절은 자식과 인연이 끊어짐이다. 자식 인연이 이어지지 않는다. 근심이다. 자식 인연도 약한 것으로 그치지 않고 자식으로 인한 근심이 끊이지 않는다. 비록 자식이 똑똑해도 인연이 닿지 못해 학업이 중단된다.

11) 태(胎)

　새로운 시작이다. 반전의 기운이다. 부모를 정하는 의식이나 같다. 환생(還生)이다. 출생하기 위한 준비작업이다. 부모가 교접하여 유계(幽界)에서 현세계로 되돌아와 그 혼은 다시 모태에 자리한다. 씨앗이 심어진다. 난자와 정자의 합침이다. 어머니의 태(胎)에 착상(着床)한다. 잉태를 위한 시기이다. 수입이 증가하고 편안하다. 잉태를 의미하기 때문에 이성문제가 생겨난다. 사주원국에 적용할 때는 착상이라는 의미보다는 새로운 시작, 옥중(獄中), 구상과 같은 아래의 의미를 적용한다.

- 나쁨과 좋음이 교차하나 새로운 희망이 있으므로 중길(中吉)이다.
- 아이를 배는 과정과 같으니 모든 일의 구상단계이다.
- 배아(胚芽) 단계이므로 행동력은 적고 실천이 아직 멀었다.
- 착상이니 움직이지 못하는 것이다. 우유부단하고 옥에 갇힌다. 억압, 영어(囹圄)의 몸, 곤고(困苦), 움직이기 어렵다.
- 동정을 바란다.
- 아직 성숙하지 못하니 외교적 성향이 부족하다.
- 정자와 난자가 만나는 것이니 색정문제가 일어난다.
- 생각과 기억이 탁월하다.

년태(年胎)

이미 조상대에 잉태하였다. 조상은 가진 것이 있다. 이미 무언가를 잉태하고 있다. 조상은 발전하였다. 양반가문일 것이다. 좋은 가문이거나 학문을 한 가문의 후손이다. 조상은 배움이 있다. 부모는 어렸을 때 변화가 심했으니 가문을 지키기 어려웠다. 조상의 마음이 원만하니 별 탈 없이 살아갈 것이다. 조상의 음덕이 있다. 묘를 잘 살펴야 한다. 묘에서 일어나는 탈을 조심하라. 산소 일에 신중하라. 마음을 편히 하는 것이 좋다. 유년시절에 고생이 많고 늙어서는 가족 근심이 떠나지 않고 걱정이 끊이지 않는다.

월태(月胎)

부모가 움직이지 않는다. 형제도 움직이지 못한다. 희망은 있다. 직업의 변화가 난측하여 안정이 없다. 집안의 도움을 받기 힘들다. 조상의 음덕이 이어지기 어렵다. 계획과 행동이 계속 바뀌니 미래가 불안하다. 일이 계속되지 못한다. 스스로 주저한다. 스스로 주저앉는다. 희망을 놓아버린다. 집안의 운이 나빠 대성은 어렵다. 형제의 수가 적으니 늘 고독하고 부모 대에 이사를 자주했으니 주변에 친구가 적다. 사람들과 인연이 박하고 믿을 언덕이 없다.

일태(日胎)

나 자신이 약하다. 행동력이 부족하다. 어릴 때 허약하다고 걱정할 필요는 없다. 처음에는 약했다. 어머니 자궁에 있는 것처럼 편안한 것을 추구한다. 중년이 되면 몸이 건강해진다. 친척, 형제를 기대하지 마라. 부모와 인연이 약하여 마음이 안정되지 않는다. 부모도 기대하지 마라. 직업도 자주 바꾸니 늘 불안하다. 마음이 편안한 것이 제일이다.

여자는 시어머니와 갈등이 심하다. 마음이 안정되지 않는다. 시어머니 때문이 아니라 자신의 문제 때문이다. 자식 때문에 늘 걱정할 일이 생긴다. 마음이 늘 적막하다. 병자(丙子), 을해(乙亥) 일주는 늘 불안하고 가정이 불화한다.

시태(時胎)

자식을 기대하지 마라. 자식이 내 뒤를 이을 것이라 여기지 마라. 자식으로서 조상의 업을 이을 수 없다. 자식이 따라주면 다행이다. 아들보다 딸을 많이 둔다. 아들을 두지 못하는 수도 있다. 늙어 체력이 급격히 저하된다. 늙으면 병이 많다.

여자는 남편이나 시부모와 갈등이 많다. 자식과도 갈등한다. 늙어서는 친척에게 괴로움을 끼치니 어디서나 애물단지다.

12) 양(養)

자라는 것이다. 육성당하는 것이다. 커가고 있다. 힘이 생기기 시작한다. 모(母)의 태내에서 각종 양분을 섭취하는 것과 같다. 점차 자라는 모습이다. 새로운 생의 준비기가 된다. 영양을 받아 배아(胚芽)가 싹을 틔운다. 곡물의 눈이 트이는 것이나 같다. 기회가 눈앞에 있다. 봄이 왔다. 땅을 뚫고 싹을 지상으로 내보내야 한다. 이제 일어서야 한다. 발전이 시작된다. 양육의 기운이 피어오르니 사랑을 베풀고 사랑을 얻어야 한다. 사주원국에 적용할 때는 자라난다는 의미보다는 계획, 준비의 실천, 이동, 자라남과 같은 아래의 의미를 적용한다.

- 생육의 기운이니 길(吉)하다.
- 실천력은 약하지만 계획이 시작되는 단계
- 씨앗에 눈이 생기는 정도. 배아(胚芽)와 같은 시기, 싹이 움트는 정도의 기운
- 준비, 배양, 미숙, 양육, 집을 떠남, 이동, 자라남, 양자
- 땅은 음이고 지표면은 양이다. 음에서 양으로 자라나니 음양의 교합(交合)이다. 색난의 운이 있다.
- 봉사정신이 있다.
- 아직 어린 싹이라 어려움에 봉착하면 이겨내기 어렵다.
- 마음은 착실하고 낙천적이다.
- 싹은 갑(甲)이다. 씨에서 나오는 싹의 모습이다. 차남으로 출생해도 장자 노릇을 하고, 때로 양자의 운이다.
- 양자를 들이기도 한다.

년양(年養)

양은 양자다. 기르는 것이다. 조상이 부친을 양자로 들였다. 부친이 양

자였을 가능성이 높다. 그렇지 않으면 내가 양자로 갈 가능성이 있다. 일찍 독립하여 혼자 생활하며 다른 부모를 모시니 때로 입양당한 사람일 수도 있다. 고아가 되어 다른 사람의 손에 자랄 수 있다. 입양 기회가 있다면 움직여도 좋다.

월양(月養)

양자로 들어간다. 고향을 떠나는 것은 지역적으로 다른 지역에 양자를 가는 것과 같다. 어려서 고향을 떠나 타향에서 산다. 자신의 터전을 가지고 싶어 한다. 따라서 씨를 뿌리고자 한다. 중년에 여색으로 재난을 자초하니 멈추기 어렵다. 욕심이 지나치다. 주색잡기로 가산을 탕진하니 수양에 힘쓰고 몸을 아껴야 한다.

일양(日養)

입양을 당한다. 양은 누군가에게서 길러진다는 의미다. 부모에게 길러진다면 양(養)이 아니다. 어려서 입양을 당하거나 생모(生母)를 모르고 입양당할 수 있다. 생모가 아닌 다른 사람 손에서 자라는 수가 있다. 자신의 운명을 알라마는 타인에 의해 자신의 운명이 바뀐다. 일주가 양이면 남녀를 불문하고 모두 색을 좋아한다. 남자는 이혼하고 재혼할 가능성이 높다. 일주가 양이면 사교에 능하고 팔방미인이다. 경진(庚辰) 일주 여자는 남자의 운을 기대할 수 없다.

시양(時養)

　자식의 인연이 없으니 무자식이 상팔자라. 자식을 양자 보낼 운이다. 있는 자식이나 없는 자식이나 다를 바가 없다. 설사 인연이 있으면 무엇을 할 것인가? 자식이 있어도 같이 살 팔자는 아니다. 자식에게 애정이 없는 것도 문제가 된다. 그러나 여자는 대체로 길하다.

4. 12운성 보는 법

　12운성을 판단하는 법은 그리 어려운 것이 아니다. 일간(日干)을 그 주인으로 삼으니 각각의 기둥을 살펴 지지를 파악한다. 일간에 지지를 대입한다. 일간을 기준으로 하여 4개 기둥에 매인 4개 지지를 살펴 년지, 월지, 일지, 시지를 보고 해당되는 12운성을 붙여 해설로 운세를 살핀다. 사주원국에서도 살필 수 있지만 대운이나 세운도 응용이 가능하다.

12운성 적용실례(1988년 1월 24일 양력 오시, 남자)			
	時	日	月	年
六親	비견		정재	정인
天干	戊	戊	癸	丁
地支	午	寅	丑	卯
六親	정인	편관	겁재	정관
地藏干	丙 己 丁	戊 丙 甲	癸 辛 己	甲 乙
12운성	왕(旺)	생(生)	양(養)	욕(辱)

대운	96	86	76	66	56	46	36	26	16	6
	癸	甲	乙	丙	丁	戊	己	庚	辛	壬
	卯	辰	巳	午	未	申	酉	戌	亥	子

| 12운성
해설 | 시제왕(時帝旺)
자식이 가문을 빛내니 좋은 일이다. 그러나 강한 기세 때문에 질병으로 고생이 따른다. 학문을 하면 늦게까지 명성이 유지되고 말년이 행복하다. | 일장생(日長生)
복록이 넘친다. 현명하고 정숙한 아내를 얻어 행복하고 금슬이 좋다. 장자가 아니라도 물려받을 유산이 있고 혜택을 받으며 행복하게 장수한다. 언행의 주의가 따라 온순하며 부모·형제와 화목을 유지한다. 타인과도 친하게 지내니 칭송이 있다. | 월양(月養)
어려서 고향을 떠나 타향에서 산다. 중년에 여색으로 재난을 자초하니 멈추기 어렵다. 주색잡기로 가산을 탕진하니 수양에 힘쓰고 몸을 아껴야 한다. | 년목욕(年沐浴)
윗대 어른들이 주색 방탕하였다. 그 결과로 빈한한 가정을 이었고 파가한 가문이 적지 않았다. 부부는 결혼해도 젊은 시절에 이별수가 많다. 사람들 앞에서 옷을 벗고 목욕하는 꼴이다. |
| 합형충파해
기타 | 무계합
인오반합
오축원진
오축해
묘오파 | 무계합
인오반합
인묘반합
(갑기암합) | 무계합
정계충
오축원진
오축해
(갑기암합) | 정계충
인묘반합
묘오파 |

144

4장

12신살

12운성과 12신살에 대한 판단은 모호하다. 두 가지 이론을 교차하여 사용하면 일치하지 않는 결과가 나오는 경우가 많기 때문일 것이다. 어쨌든 신살에는 사주에서 길한 작용을 하는 길신이 있고 흉한 작용을 하는 흉신이 있다. 신살은 예전에는 당사주라고 불렸으며 선조들이 주로 즐겨 보았던 운명 판단법이다. 오늘날에도 사주 판독에서 참고가 된다.

사실 사주 간명에 많은 학자가 신살을 배제하는 경우도 있고, 신살을 비판하는 연구가들도 있지만 적절하게 사용할 필요도 있다. 신살은 적절하게 사용하면 효율적이다. 하지만 일부, 혹은 많은 연구자나 술사들이 이 신살을 지나치게 맹신하거나 이를 이용하여 돈을 벌려 하기 때문에 문제가 된다. 사주명리학에서 돌팔이라고 할 수 있는 사람들이 신살을 이용해 간명 과정에서 지나치게 겁을 주거나 다른 이론은 배제하고 오로지 신살로 모든 것을 간명하려 하기 때문이다.

사주명리학을 간명하는 방법에는 많은 이론이 있다. 이처럼 많은 이론이 존재하는 것은 하나의 이론이 모든 것을 해결하지 못하기 때문일 것이다. 또한 적절한 배합으로 사용하는 것이 옳기 때문일 것이다.

2018년 가을에 한 아가씨가 찾아왔다. 나이는 조금 들어 보였지만 참해 보였다. 그러나 어찌 외모로만 사람을 판단할 수 있나! 관상을 살핀다고 하지만 사주를 보기 전에는 온전한 배합이 어렵다. 체형이 마르고 지성미가 있지만 왠지 모르게 강하다는 느낌이 드는 아가씨였다. 자리에 앉는 아가씨 얼굴에서 수심이 보였다.

"사주 보러 왔어요?"

당연하다. 내 방에 들어오는 사람들은 풍수지리에 관한 상담을 하거나 사주를 풀어보기 위해 온 이들이다. 혹은 사주를 풀어보고 이름을 바꾸고자 하거나 택일(擇日) 때문에 온다. 그녀가 알려준 생년월일을 만세력으로 대입해 푸니 비견(比肩)과 겁재(劫財)가 지나치게 강했다. 어차피 결혼이 늦으면 좋은 사주였다.

"2년 동안 사귄 남자가 있는데 시댁 자리에서 제 사주에 백호대살에 원진살이 있다고 해요. 그래서 남편 잡아먹는다고 혼인을 반대해서 깨졌어요."

이런 일이 이번이 처음이 아니라고 했다. 예전에도 오래도록 사귄 남자가 있었는데 결혼하려 하자 시부모 될 사람들이 아가씨 사주를 보고 와서는 고집이 세고 남편에게 좋지 않은 살이 있어 아들한테 좋지 않다고 반대했다는 것이다. 결국 시어머니 될 분의 완강한 반대에 부딪혀 사랑은 물 건너갔고 결혼은 깨졌다고 한다. 자신도 인터넷으로 알아보니 백호살에 겁살(劫煞)이 있고 원진살도 있단다. 정말 결혼하고 싶지만 이젠 두렵다고 했다.

참 안타까운 일이다. 인생을 살아가며 좋은 일이나 나쁜 일은 늘 있기 마련이다. 이처럼 좋고 나쁜 일을 길흉이라 하며, 이 길흉에 대한 사항을 모아 적용한 것이 12신살(神殺)이다. 즉 인간이 살아가며 만나는 모든 어려움을 말하는 것이다. 인간사 삼재팔난(三災八難)이라고 하는데 무속인들이 많이 사용하는 말이 되었다.

사실 궁합에서는 신살도 필요하다. 남자가 지나치게 유약하고 밖에서 자기주장조차 하지 못한다면 정신력이 강한 아내가 필요할 것이다. 사주는 상대적이다. 사주가 강하다 해도 상대와 조화가 이루어지면 길(吉)한 인연이다. 문제는 지나치게 길흉에 빠져 신살을 적용하는 것인데 중국의 경우 신살을 거의 사용하지 않는 것도 참고할 만하다.

1. 12신살이란

살에 대해 예를 들어보자. 살의 종류는 아주 다양하다. 그러나 살이라고 해서 모두 사용하지는 않는다. 일반적으로 적용되는 살과 12신살은 분류할 필요가 있다. 흔히 살을 적용하는 방법에 대하여 예를 들어본다.

급각살(急脚殺)이라는 살이 있다. 어쩐지 단어가 딱딱하다는 느낌을 준다. 발음만으로 선입견을 준다. 급각살은 일반적으로 무시무시한 흉살(凶殺)에 속한다고 본다. 하긴 살이 어디 편안한 것이 있던가! 일반적인 간명에서 사주원국에 급각살이 있으면 소아마비가 되거나 낙상을 당하는 것은 기본이라고 간명한다. 또 평생 골절이나 신경통 등으로 고생한다고 간명한다. 사실 골절이나 팔다리가 부러지는 것으로 간명하는 것이 더 옳을 것이다. 술사들은 아기가 태어났는데 사주원국에 급각살이 있으면 부모에게 반드시 소아마비 예방주사를 맞히라고 주문한다. 이렇게만 보면 급각살은 무서운 살이다. 당장 다리가 부러지고 소아마비가 와서 다리를 절뚝거려야 할 것 같다.

과연 그럴까?

귀문관살이라는 살이 있다. 귀문관살이 사주원국에 있으면 정신적으로 예민하여 만성적인 두통과 신경쇠약에 시달릴 가능성이 높다고 한다. 보통의 경우 귀문관살이 들면 천재형 두뇌를 가졌다고도 풀이한다. 그러나 정신적으로 불안정한 것도 사실이다. 사고가 엉뚱하고 변태적인 면도 있지만 장단점이 있다. 그럼 어떤 경우에 천재형 두뇌라고 파악하고, 어떤 경우에 신경쇠약을 논해야 할까?

12신살은 이러한 신살과는 다르다. 12신살이란 신살을 12종류로 나누어 간단하게 정리해 사람의 인생 흐름에 대입한 것이다. 그 방법이 12운성의 흐름과 유사하다는 특징이 있다. 많은 이가 알고 있는 역마살(驛馬殺), 천살(天殺), 겁살(劫殺), 도화살(桃花殺) 등을 시작으로 자신의 살이 년, 월, 일, 시 어디에 있느냐에 따라 그 풀이가 달라지므로 참고해야 한다.

살의 종류는 아주 다양하다. 이 중 12신살은 다른 살과 달리 사주팔자를 이루는 두 가지 요소인 천간과 지지의 글자관계에서 파생한다. 즉 천간과 지지가 만나 육십갑자를 이루는데 이러한 글자관계에서 연관되거나 기인되는 행동이나 행위와 모양 등을 나타내는 것이다.

2. 12신살 조견표

12신살은 삼합과 관련이 있으므로 지지삼합을 살펴야 한다. 자신의 일지를 중심으로 네 기둥에 해당하는 지지를 살핀다. 흔히 12운성과 마찬가지로 12신살도 적용하는 경향이 있는 것이 사실이지만 그 차이는 명백하다. 천간을 기준으로 하는 것이 12운성이고 지지를 중심으로 하는 것이 12신살이기 때문이다. 12운성은 천간과 지지를 대입하여 음양의 조화로 살피는 것이나 12신살은 지지의 변화에 맞추어 살핀다.

12신살의 판단 기준은 삼합이다. 삼합은 3개 지지가 합해지는 것으로 각기 생지, 왕지, 고지의 합이다. 이의 대입에서 지지의 운을 예측한다. 과거에는 년지를 중시하여 살폈으나 현대 이론은 일지를 중심으로 중요하게 파악한다. 보통 원국에 있는 지지를 살펴 12신살을 적용한다. 이렇게 살핀다면 이미 타고난 살이 된다. 일부 연구가들은 따라서 12신살도 개인의 타고난 성품으로 해석하는 경우가 종종 있다. 따라서 그러한 성품적인 것을 인용하고 적용한다 해도 지나치게 통속적이기는 하다. 아무래도 대운이나 세운에 오는 지지를 살펴 적용하는 것이 효율적임을 밝혀둔다.

조견표는 삼합을 기준으로 한다. 예를 들면 일지가 신(申)이거나 자(子)이거나 진(辰)일 경우 12신살은 동일하게 적용된다. 바로 삼합을 기준으로 살피기 때문이다. 즉 신자진 삼합은 수의 삼합이므로 이 세 지지는 같은 기운이다. 따라서 이 세 지지를 기준으로 살피는 12신살은 동일하다.

살＼일지	申子辰	巳酉丑	寅午戌	亥卯未
겁살(劫殺)	巳	寅	亥	申
재살(災殺)	午	卯	子	酉
천살(天殺)	未	辰	丑	戌
지살(地殺)	申	巳	寅	亥
년살(年殺)	酉	午	卯	子
월살(月殺)	戌	未	辰	丑
망신살(亡神殺)	亥	申	巳	寅
장성살(將星殺)	子	酉	午	卯
반안살(攀鞍殺)	丑	戌	未	辰
역마살(驛馬殺)	寅	亥	申	巳
육해살(六害殺)	卯	子	酉	午
화개살(華蓋殺)	辰	丑	戌	未

　　신살을 적용하는 방법을 살펴보자. 먼저 태어난 년도에 지지를 살펴 년주의 살을 정한다. 이 경우 겁살, 재살, 천살, 월살, 망신살, 반안산, 역마살, 육해살의 경우는 작용력이 없다고 판단한다는 이론이 있다. 그와 비교해 지살, 장성살, 화개살의 경우는 년도의 지지에 있으면 강하게 작용한다는 이론이 병행한다. 그러나 일반적으로 적용할 때는 년지라고 해서 12살 중 무언가를 빼서 적용하지는 않는다.

　　12운성과 12신살은 어느 정도 일정한 패턴에 따라 관계가 형성된다. 12운성이 일간을 기준으로 파악하고 12신살이 월지를 기준으로 파악한다는 것을 감안하면 이상하리만치 어울리는 관계이다.

　　12신살에는 다른 이름이 있기도 하다. 년살은 달리 도화살(桃花殺)이라고도 한다. 보통의 경우 도화살이라고 하면 지지의 자오묘유(子午卯酉)를 일컫는다. 12신살의 도표에서 이 4개 글자가 자리를 차지하고 있다. 즉 년살은 어떤 경우라도 가장 강한 기를 지닌 왕지를 이루는 글자인 자오묘유이다. 달리 함지살, 욕패살이라고도 한다. 이 글자들은 삼합의 가운데 글자들이기도 하다. 달리 왕기(旺氣)라고 한다. 실제 이러한 글자가 많은 사주의 주인은 인기가 있어 연예인이 많다. 흔히 이성문제, 송사와 관련 있다고 풀지만 반드시 그런 것은 아니어서 지금은 인기살이라고도 푼다.

월살도 살펴볼 가치가 있다. 조견표를 보면 모두 진술축미(辰戌丑未)로 이루어져 있다. 이 또한 공통점이 있다. 삼합을 살필 때 마지막 글자로 고지(庫支)가 바로 이 토의 오행인 진술축미다. 12신살을 따질 때 진술축미를 살펴야 한다. 즉 삼합의 마지막 글자와 충이 되는 글자가 바로 월살이다. 예를 들어 인오술(寅午戌)의 지지라고 하자. 이 세 글자 중 어떤 글자라 해도 월살은 동일하다. 인오술화국의 마지막 글자인 술과 충이 되는 글자는 진술충(辰戌沖)으로 진이 된다. 그렇다면 일지가 인, 오, 술이라면 월살은 무조건 진이다.

삼합에서 마지막 글자와 충이 되는 글자가 월살이다. 월살은 달리 고갈살(枯渴殺), 고초살(枯草殺)이라고도 한다. 고갈이란 말라붙는 것이니 메마르게 된다는 의미일 것이다. 사주에 이 고갈살이 있으면 무속인이나 승려, 성직자의 길을 갈 가능성이 높다고 한다. 생명력이 떨어지니 임신 가능성도 작다는 분석이 가능하다. 따라서 지지에 진술축미가 많으면 임신 능력이 떨어진다. 혹은 지지가 모두 토의 오행으로 이루어지면 임신이 잘 안 되는 사주로 파악한다.

망신살도 살펴본다. 삼합의 가장 앞쪽은 생지라고 한다. 이 글자는 인신사해로 이루어져 있다. 이 생지의 글자가 망신살을 이룬다. 망신살을 달리 파군살(破軍殺), 관부살(官夫殺)이라고도 한다. 어쨌든 망신을 당한다는 글자다. 그런데 경험상으로는 이 살이 있다고 해서 반드시 망신을 당한다는 말에는 동조하기 어렵다.

천살은 모두 진술축미 중 한 글자이다. 하늘을 보고 원망할 일이 생긴다. 그래서 땅이 해당하는지 모른다. 하늘에서 무언가 작용하여 땅이 갈라진 것 같은 작용이 아닐까? 하늘로부터 벌어지는 어쩔 수 없는 재해가 천살이라는 것이다. 사주에 천살이 있으면 중풍이나 심장병, 신경계에 이상이 올 가능성이 있다고도 한다.

육해살은 역시 자오묘유이다. 센스 있는 사람들이 많다. 질환에 노출되는 경우가 많은 사람들이다. 임신 기능도 많이 떨어진다. 차가운 자궁이라고 풀어도 좋을 듯하다. 삼합의 마지막 글자 바로 앞의 글자에 해당한다.

역마살은 지극히 대중적인 살이다. 많이 알려져 있어 명리를 모르는 사람도 이 단어는 들어본 적이 많다. 역마살은 인신사해이다. 출장이 많은 직업에 종사하거나 이동이 잦다. 잘 돌아다니는 것이 병을 막기도 한다. 사교적이고 인간적이다.

3. 12신살 해설

1) 겁살(劫殺)

일명 대살(大殺)이라고도 하며 12운성으로 대입하면 절(絶)에 해당한다. 12운성이나 12신살이나 나쁘고 흉하다. 이 살은 살 중에서도 가장 으뜸으로 작용하며 힘이 매우 강하다. 12신살에서 강한 것은 작용력이 큰 것도 사실이다.

이 살이 들어오면 객지 생활을 할 가능성이 많다. 타인에게 속박당하거나 내 의지대로 살기 힘들다. 의지력이 약해서 주변에 억압당하고 구속이나 속박을 받는다. 특히 형옥(刑獄)에 관련되는 사건이 일어날 가능성이 높다. 또 국가 권력에 억압당하는 일이 생길 수 있다. 따라서 의도치 않게 범법자가 될 수도 있다. 아울러 이 글자에 해당하는 육친에 문제가 생긴다고 본다.

- 원하지 않는 이탈, 사고, 이별이 있다.
- 사기를 당한다.
- 남의 것을 베끼는 행위(표절)가 일어난다.
- 사주에 망신살이 있는 상태에서 (운에서) 겁살이 침범하면 사고다발이다.
- 사주원국에 겁살이 있으면 무허가 주택에 살지 마라. 타인에게 제압되는 격이니 강제철거를 당한다.

- 대운을 확인하라. 겁살 대운의 말기는 수술운이다.
- 사주원국에 겁살이 있는데 운에서 형살을 만나면 불치병에 걸릴 가능성을 의심하라.
- 나쁘기만 한 것은 아니다. 겁살 대운에는 노력 없이 횡재수가 일어난다.
- 겁살 대운이 이어지는데 마지막 운로에서 삼합이 이루어지면 여러 가지 이유에서 단절의 운이다.
- 방향을 따져 겁살에 해당하는 방위에 건축하면 반드시 개보수해야 한다.
- 겁살 방위의 집을 사면 손해가 나고 불안전한 부동산이다.
- 네 원국으로 따져 겁살 띠에 해당하는 자식이 태어나면 성격장애가 있거나 잔병치레한다.
- 겁살 띠에 해당하는 자식이 출생하면 흥청망청에 방탕이 겹치고 때로 호색(好色)하니 결국 가산을 탕진한다.
- 상담을 하는 사람들의 경험에 따르면 겁살일은 피곤하다. 겁살일에 방문하는 사람들은 대부분 사활이 걸린 중대한 일을 상담한다.
- 겁살일에 결혼문제 상담은 평생을 좌우하는 중요한 상담이다. 대부분 결혼운이 나쁘거나 궁합에 중대한 결함이 나타난다.

년겁살(年劫殺)

조상이 패망했다. 관(官)을 피해 숨어 살거나 내내 빈한하였다. 억울하게 비명횡사한 조상이 있다. 조상의 가업을 계승하지 못했다. 오래도록 가문이 폐했으니 애석하기만 하다. 유년기에 죽을 고비를 넘겼다. 당시 목숨은 풍전등화였다. 일찍 고향을 떠나 타향살이를 할 팔자다. 애써 노력하고 벌려고 애를 쓰지만 재산에 대해서는 파탄이 많다.

월겁살(月劫殺)

월은 부모와 형제의 운이다. 월에 겁살이 좌하면 부모·형제의 덕을 기대하지 마라. 부모덕이 없으니 고향을 떠난다. 객지에서 고생하며 살아가니 고독하기가 뼈에 사무친다. 일찍이 부모를 잃어 기댈 곳이 없다. 그나마도 형제자매 모두에게 정이 있을 수 없다. 사고무친이란 말은 괜히 있는 게 아니다.

모두가 적같이 느껴진다. 성격이 불과 같아 밀어붙이는 힘이 있지만 아서라! 조절하기 어렵다. 한번 내달리면 멈추기에 너무 힘이 든다. 속이 끓어오르니 분노를 억제하기 어렵다. 그나마 부모·형제의 인연을 유지하면 부모와 형제 중 불구가 있다. 그렇지 않으면 단명(短命)에 횡액(橫厄)의 운이 따른다. 19세에서 23세 사이에 죽음에 버금가는 큰 액이 다가오니 조심한다. 때로 관의 지배를 받는 액도 있으니 몸조심에 행동조심을 해야 한다. 여럿이 어울려 나쁜 짓을 하면 반드시 법의 피해를 본다.

일겁살(日劫殺)

일주는 나와 배우자이다. 안타깝게도 세 번에 걸쳐 결혼할 것이다. 물론 여러 번이 아니라 조금 적게 할 수도 있지만 한 것이나 다름없다. 부부의 정이 있어도 소용없다. 흐름을 바꾸기가 쉽지 않다. 해로하려고 노력해도 부부간에 생사이별이 따른다. 남자는 첩을 두고도 만족하기 어렵다.

여자는 남자운이 없다. 각종 질병으로 고생한다. 육친의 덕이 없으니 애쓰지 마라. 모든 세상사가 나를 억압한다. 인덕이 없으니 세상 사는 일이 파란이다. 차라리 타향으로 나가 살아야 어깨를 펼 수 있다. 평생 건강을 조심해야 하고 폐질 등에 걸릴 수 있으니 늘 조심해야 한다.

시겁살(時劫殺)

시주는 자식과 관련이 있다. 어쩔거나! 자식이 죽으면 가슴에 묻는 법이다. 애가 끓는 듯하다. 자식운을 잘 살펴야 한다. 자식이 어린 나이에 죽거나 불구가 될까 두렵다. 자손은 귀하고 대가 끊길 수도 있다. 12운성에서 생(生)이나 관대(冠帶)이면 이름을 얻고 높은 관직에 오를 수 있지만 처자식을 극하니 인생의 흐름이 꿈만 같다.

2) 재살(災殺)

달리 수옥살(囚獄殺)이라 한다. 이 살이 있으면 옥에 갇힐 수 있다는 말이다. 영어(囹圄)의 몸, 묶이는 몸이다. 혹 피한다 해도 몸에 상처가 남거나 명예에 오점이 생긴다. 차라리 가벼운 상처라면 낫다.

옥에 갇힌다는 것은 간단하지 않다. 잘못이 따른다. 싸움이 있을 수 있다. 폭행이 있을 수 있다. 사기를 저지른다. 구실이 되는 격렬한 싸움이

158

나 사고를 암시한다. 같은 사고라도 재살이 있으면 파장이 크다. 이 살이 행운(行運)에 다가오거나 사주원국에 있으면 외국 여행은 가능한 한 피하는 것이 좋다. 배나 비행기 사고도 두렵다. 특히 사주원국에 재살이 있다면 늘 문제가 된다. 몸조심이 최고다. 여행을 좋아하지 마라. 여행이 있을 때마다 곤란을 당할 수 있다. 외국 여행은 특히 조심해야 한다.

언젠가 우리 국민이 아랍에서 감금당한 적이 있다. 필리핀에서는 한국인이 간혹 죽음을 당한다. 재살의 영향이 아닐까? 행운(行運) 중 재살이 오면 외국에서 납치를 당하거나 포로로 잡혀 감금될 수 있다. 때로는 갑작스러운 사고의 피해로 피를 흘리게 될 가능성이 높다. 대형사고의 피해다. 그나마 피하면 관재구설수가 따른다.

- 소송과 관재구설의 살이다.
- 구속과 재난이 있으므로 조심하고 여행을 삼간다.
- 직장인은 대운 말기 재살운에 강제퇴직을 강요당한다. 기업이 어렵다고 누구나 강제퇴직당하는 것이 아니다.
- 재살 대운은 정도를 버리고 꾀를 사용하려고 한다.
- 나쁜 경우만 있지는 않다. 재살 대운에는 때때로 든든한 후원자가 생겨 어렵던 목적을 달성한다.
- 재살 대운은 욕구가 강해지기 때문에 어린 나이라면 좋은 대학에 가고 싶은 욕심이 생긴다.
- 원국에 재살이 이미 자리하는데 운이 오며 재살운을 만나면 중첩되어 강해지니 명예를 손상당하고 관재수와 실물수가 생긴다.

- 여자의 운에 재살이 오거나 원국에 재살이 있으면 사람의 됨됨이는 못되나 매력적으로 보이므로 타인을 구렁텅이에 빠뜨린다.
- 여자 대운에 재살이면 매력적으로 보이므로 타고난 박색이어도 결혼운은 생동하여 좋은 결과를 가져온다.
- 재살 대운은 좋은 대학에 합격할 운이다.
- 재살 대운은 횡재수가 있다.
- 재살 대운은 자기 실속에 몰두한다.
- 재살을 충하는 운은 장성살이다. 장성살에 해당하는 운이 오면 무언가 하려고 한다. 신장개업, 시험 합격, 취직이 된다.
- 재살 방향은 불길하다. 나를 헐뜯는 사람이 나타난다. 나를 질시하고 투기(妬忌)하는 사람이 사는 방향이니 피하는 것이 최상이다.
- 사업장의 책상 배치는 재살과 육해살 방향이 돈을 부른다(사실은 풍수지리의 동서사택법과 함께 보아야 한다).
- 상담가에게도 중요하다. 재살 방향을 등지고 장성살 방향을 바라보고 상담하라. 좋은 상담이 가능하고 결과도 좋다.
- 재살 방위는 칼을 품은 자의 방위다. 몸을 다치고 돈을 빼앗기는 것과 같다.
- 재살 방위로 문을 내면 도적이 든다(풍수지리의 동서사택법과 비교 분석해서 선택해야 한다).
- 재살 방향은 처갓집 방위이거나 사돈의 집이 될 가능성이 높다.
- 재살 방위에 법원, 병원, 목욕탕이나 고깃집을 두면 길하다.
- 특히 집안을 개량하거나 손볼 때 조심해야 한다. 재살 방향을 함부

로 손대면 탈난다.

- 자식이 재살 띠면 자식덕이 있다.
- 자식이 재살 띠면 출세하고 부모보다 낫다.
- 사업하며 재살 방향에 있는 사람에게 돈을 빌리거나 사채를 구하면 잔인한 빚이다.
- 처갓집 식구 중 재살에 해당하는 띠가 있으면 이유 없이 나를 헐뜯으니 평생의 적이 된다.
- 내 주변의 재살 띠는 나를 잘 알고 있으며 나를 능가한다.
- 회사에서 재살 띠는 나의 신분을 결정한다. 상사에게 재살 띠가 있는지 잘 살펴야 한다.

년재살(年災殺)

조상 자리다. 조상은 가업을 잃고 패망하였다. 조상이 옥살이를 하였을 가능성이 높다. 평생 관재구설이 멈추지 않으니 어이할까! 말을 조심하라. 질병도 떠나지 않으니 애석하다. 사소한 질병을 가볍게 여기지 마라. 년주의 질병은 유전이다. 부모와 형제의 인연을 구하지 마라. 비명횡사, 피를 뿌리고 죽는 혈광사 등이 염려된다.

월재살(月災殺)

육친의 덕이 없으니 애가 탄다. 평생 질병이 따른다. 물건을 잘 잊어버리니 늘 챙겨라. 나라에 끌려가는 일이 자주 있으니 위법(偽法)에 신경써라. 사주가 왕(旺)하면 문제가 없다. 부모·형제의 비명횡사가 두렵다.

부모·형제가 객사할 수도 있다. 이동이나 여행을 조심하라. 반드시는 아니지만 갑작스러운 죽음이 찾아올 수 있다. 여행 중 죽을 수 있으니 조심하라. 교통사고나 도난도 흔하다.

일재살(日災殺)

상처(喪妻)가 문제다. 아내운을 어이할까! 관재수가 따른다. 물건을 잘 잃어버린다. 일생 내내 파란이 있다. 평소 곡절도 많다. 부부간에는 비명횡사가 있을 수 있다. 피를 토하고 죽으니 애석하다. 여자는 남편운도 없는데 재물운도 없으니 살기가 힘들다. 잔병이 많고 자손과의 인연도 기대할 것이 없다.

시재살(時災殺)

자식복이 없다. 비명횡사가 두렵다. 피를 토하며 죽을까 늘 두렵기만 하다. 자식복을 기대할 수 없다. 기나긴 인생 항로에 부침이 심하다. 살아감에 구설이 분분하니 괴롭다. 혹 12운성이 태(胎)에 해당하면 공명을 얻고 출세하지만 평생에 재산은 없는 운이다.

3) 천살(天殺)

하늘의 기운에 따른 살기를 받는 것이다. 하늘의 기운에 입는 피해는 무얼까? 천둥, 번개, 폭우와 같은 자연재해를 일컫는 살이다. 번개 맞아 죽은 사람이라면 이 살에 해당한다. 이 살이 들어오면 자연재해로 피해를 보게 된다. 잘못으로 입는 살이 아니니 재수가 옴 붙는 격이다. 특히 자연의 조화에 해를 입어야 하니 속이 상하는 일이다.

농사를 짓는 사람이라면 한발, 냉해 등이 해당한다. 태풍이나 홍수에 집을 잃어버리거나 피난을 가야 하는 사람도 있다. 화재 등을 조심해야 한다. 객지에서 고생하고 예상치 못했던 자연재해로 많은 것을 잃어버린다. 더구나 이 글자에 해당하는 육친이 해를 당하거나 심한 경우 비명횡사한다. 천재지변과 돌발사고에 유의하라.

- 지진과 홍수와 같은 천재지변, 하늘에서 내리는 재앙
- 집안의 화재와 태풍, 산사태와 산불, 폭우로 유실되는 농토 등이다.
- 천살이 충하면 하늘의 재앙이 의심스럽다.
- 천살 대운이 아직 멀었다면 그나마 다행이다.
- 천살 대운이 미래에 있다면 편치 않고 늘 마음이 불안하니 마음속에 치성을 드리고 용서를 구할 일이 있다.
- 천살 대운이 지나면 관재구설이 있다.
- 천살 대운이 지나면 신용을 주의하라.
- 천살 대운이 지나면 종교인은 파계할 수 있다.
- 직장인이 천살 대운을 만나면 상향의 운이다.
- 직장인이 천살 대운을 지나가면 몰락의 하향 기운이다.
- 사업가는 천살운이 오면 사업이 번창한다.
- 사업가가 천살운이 지나면 사업의 기득권을 상실한다.

- 천살 대운은 민형사 사건으로 관재수가 따른다.
- 천살 대운 중에는 노이로제를 조심해야 한다.
- 천살 대운이 오면 기묘생 여인은 남편을 잃을 가능성이 높다.
- 천살 방향에는 종교적 물건을 두지 않는다.

년천살(年天殺)

조상운에 작용한다. 조상이나 선친이 비명횡사한 것이 보인다. 조상운이 없다. 조상의 유훈이나 유산이 없다. 나를 받쳐주는 지주가 없으니 어이할까! 조상의 덕이 없으니 일찍이 고향을 떠나 타향살이를 한다. 고향을 떠나니 걸음걸음이 고생이고 친한 친척이나 피붙이가 곁에 없으니 고독이 한이 없다. 12운성에 생(生)이나 제왕(帝旺)이면 다행히 만사대길로 변한다.

월천살(月天殺)

부모운이 없다. 심장병이나 간질환을 타고나니 한스럽고 매사 두렵다. 한창 기개가 살아나는 19세나 27세에 발병할 수 있다. 월은 부모와 형제의 운이다. 부모와 형제의 덕은 기대하지 마라. 부모·형제에게 급질이나 괴질이 없으면 다행이다. 때로 부모나 형제에게 비명횡사가 다가올 테니 마음을 굳게 먹어라. 항시 건강이 좋지 않다. 예고 없이 닥쳐오는 일에 머리가 지끈거린다. 준비한다고 막아지는 것이 아니니 더욱 골치 아프다. 처음에는 피곤하고 살아가는 일이 곤란하지만 나중에는 길하니 희망이 있다.

일천살(日天殺)

일주는 내 문제다. 육친의 덕이 없으니 어이할까! 늘 구설수에 시달리니 입을 조심할 일이다. 다행히 부부금슬은 좋다. 행복하면 시기가 있듯 부부에게 비명횡사의 운이 따르니 애석하다. 다행히도 12운성에서 관대(冠帶)가 함께라면 자손이 영화를 누린다. 사주에 천덕귀인(天德貴人)이 있으면 만사가 대길이다. 객지에서 고생한다고 슬퍼하지 마라. 운이 따르는 시기가 있다. 노력하면 말년에는 부자가 될 것이다.

시천살(時天殺)

자식의 문제가 있다. 고학으로 대성하지만 기뻐할 일도 아니다. 결국 낙방하고 낙상한다. 자식에게는 병이 많으니 근심이 많다. 효도를 받아도 편안하다고 생각하지 마라. 그 자식은 결국 감옥살이를 할 것이다. 다만 재산은 넉넉하니 늙어 굶는 일은 없다.

4) 지살(地殺)

역마(驛馬)와 같은 뜻이 포함된 살이다. 이 살이 사주원국에 좌하거나 해운과 대운에 들어오면 이사가 잦고 자리 변동이 있다. 역마는 돌아다니는 것이다. 땅의 영향이 강하다. 인간은 땅에 발을 붙이고 살며 땅을 떠나 살 수 없지만 땅의 영향이 지나치게 강하게 작용하는 살이다. 땅이 사람을 울린다. 땅이 배타적으로 다가온다. 여행으로 분주하다. 늘 돌아친다. 타향살이가 적지 않고 재산 탕진이 예견된다. 이사와 이동, 변동이 염려된다.

- 승진, 취직, 여행과 같은 반복적이고 여유 없는 자리 변동이 있다.
- 명예와 문서 취득의 운이다.
- 여명(女命)에 지살이 오면 흉한 외도운이 다행히 좋은 방향으로 바뀐다.
- 사업을 하면 지살운까지는 좋으나 지살운 다음에 힘들다.
- 지살운은 자리를 잃는 것이니 원하지 않더라도 창피를 당하며 산다.
- 직장인에게 지살 대운은 이동수이니 잘 풀리면 명예가 따른다.
- 지살 대운은 광고 선전 활동이 좋다.
- 사업장 간판은 살 방향이 길하다.
- 지살운이 오는 해에는 장사가 잘된다.
- 지살 방향으로 출근하면 경영자의 운이다.
- 자식의 띠가 지살이면 돌아치는 것이니 유학을 보내라.
- 변화, 여행, 전출입, 이주, 국내이사, 해외이사

년지살(年地殺)

조상이 돌아다니는 사람이었다. 조상이 일정한 주거가 약했다. 일찍이 고향을 등지고 떠나 객지 생활을 한다. 부모를 떠나니 조상의 덕과 부모 덕은 없다고 봐야겠다. 객사한 조상이 있고 조실부모의 운이니 어려서부터 고생이다. 중년 이후에는 매우 길하니 자수성가한다.

월지살(月地殺)

부모가 일찍이 망했다. 조상의 덕을 이어도 다를 것이 없다. 조상의 재산을 물려받아도 남는 것이 없다. 조상의 가업은 이미 무너져 간 곳이 없다. 어쩔 수 없이 노력하여 자수성가한다. 조실부모하거나 두 번째 부모를 모신다.

일지살(日地殺)

내 문제이다. 부부금슬을 기대할 수 없고 이별수가 있다. 나를 죽이고 살아야 해로의 운이 따른다. 문학이나 예술계통에 출중하여 두각을 보인다. 이사를 자주 하니 안정감이 없고 말년에는 질병이 많아 고생한다.

시지살(時地殺)

자식이 떠돌이다. 자식이 안정을 하지 못한다. 재물운은 넘치니 사방에 걸린 것이 재물이다. 어느 곳에 가더라도 먹을 운이 있다. 자식이 아프다. 애지중지 기른 자식이 타향에서 객사하니 가슴을 칠 일이다. 년살과 같이 있으면 눈에 병이 생겨 시력이 나빠진다. 돌아다니기 좋아하니 역마와 같고 말년이 되면 부기가 있다.

5) 년살(年殺)

지지가 자오묘유이다. 달리 도화살(桃花殺)이라고도 한다. 호색, 정염,

남녀 문제가 일어난다. 이 살성은 호색하며 놀기를 좋아하고 바람기가 있다는 살이다. 화려한 것을 좋아하고 민감하여 아름다움을 선호하니 재물이 남아나지 않는다. 남녀 간에 성욕이나 쾌락, 술, 놀음, 애정행각을 벌인다. 아내를 두고 바람을 피운다. 여자는 화류계로 흐를 가능성도 있다. 다른 신살에도 도화살이 있음에도 이름을 바꾸어가며 그 연유를 설명하고자 함은 이유가 있기 때문이다.

년살은 달리 욕패살(慾敗殺), 함지살(咸池殺)이라는 말을 사용한다. 대부분 부부 사이에 문제가 생긴다. 부부가 외면하거나 각각 외도에 빠지니 집이 안팎으로 안정되지 않는다. 남자는 수시로 밖에 나가 욕정에 빠진다. 이를 나타내는 육친이 바람을 피우거나 사망을 하기도 한다. 년살은 도화살이라 부르듯 주색과 방탕을 조심해야 한다.

- 도화살이니 호색으로 성적 문제가 있다.
- 년살에 사업을 시작하면 교제비가 많이 든다.
- 대운이나 세운이 년살에 들어오면 일이 지지부진 불이익이 따른다.
- 년살 대운에 사업을 시작하면 시작은 좋으나 시간이 지나면서 꼬인다.
- 일진이 년살운을 만나면 일이 꼬인다.
- 년살 방위는 장롱이 적합하다.
- 가족 중 년살 띠가 있으면 나를 도와준다.
- 년살 띠 자녀는 미인일 가능성이 높다. 그러나 다음 자식은 늦다.

년년살(年年殺)

조상이 음탕했다. 선조가 도화병으로 사망했으니 문란했으리라. 조부모가 외도를 하였다. 유년기에는 집안이 성가하여 풍족하였으며 귀여움을 받았다. 부모가 음하여 재산이 탕진되었다. 12운성에 목욕이면 크게 실패한다. 12운성에 관대나 제왕이면 예상치 못한 횡재가 있다. 부부가 다정하지만 공망이 되면 아내를 잃는다. 다행히 합충으로 파공되면 길하다.

월년살(月年殺)

부모·형제가 하나같이 외도를 한다. 가문이 안정되지 못한다. 화류병(花柳病)에 걸릴 가능성을 배제할 수 없다. 이로 인한 사망도 두렵다. 어머니는 재취나 소실일 가능성이 높다. 나중에 알면 슬프고 화가 난다. 첩의 자식이다. 어려서부터 연애를 하며 자신에게도 첩이 있을 것이다. 12운성에 목욕과 겹치면 조실부모하니 안타까운 신세다. 육친의 덕이 없는데 어찌 인덕을 기대할까!

일년살(日年殺)

내 일이다. 부부관계에 변화가 무궁하고 만사가 불길하다. 부부는 해로하기가 어렵고 이별수로 언제나 두렵다. 자식운도 없고 자식을 두어도 늘 사고를 치니 자식을 두기가 어렵다. 재물복은 많아 먹고살기에는 두렵지 않으나 나날이 주색으로 힘들다.

시년살(時年殺)

부부 사이가 하루도 바람 잘 날 없으니 사는 게 허망하다. 하루하루 변화가 무궁하다. 자식은 화류계로 나간다. 대인은 밝은 낮에 등과(登科)하고 사모관대를 쓸 일이다. 소인은 우산을 쓰고 밭을 갈 팔자라 되는 일이 없다. 차라리 고향을 떠나 새로이 시작하라. 주색에 취하고 풍류를 즐기니 늦바람이 문제다.

6) 월살(月殺)

달리 고초살(枯焦殺)이라고 한다. 이 살은 핍박을 받는 것과 같다. 만물에 영양이 고갈되는 격이다. 윤기를 잃어버리고 결국 말라 죽는다는 의미다. 살아가며 고초가 심한 모습이다. 여러 가지 장애가 있다. 병으로 고생한다는 것을 암시한다. 불운을 당하며 노력이 물거품으로 사라지는 경우가 허다하다.

월살은 화개(華蓋)와 충을 한다. 화개는 오행의 정기를 저장한 창고이다. 창고인 화개를 충(沖)하니 자원이 고갈된다. 자금이 돌지 않고 운영에서 마비가 있다. 택일법에서는 고초살이 들어오면 자손이 귀하다고 판단한다. 생일과 생시가 모두 고초살이면 장남이 건각(蹇脚, 다리 불구)이다.

• 인덕이라고는 눈곱만치도 없다.
• 고초살이라 부르니 늘 고초가 따르고 매사에 질병이 따른다.

170

- 월살에 해당하는 날이나 달에 사례금이 생기고 위로금을 받을 일이 생긴다.
- 농사를 지을 때 월살에 해당하는 날에는 씨를 뿌리지 마라.
- 사주원국에 월살이 있으면 형충공망이 일어나야 성문이 열린다.
- 원국에 자리한 월살은 오히려 흉한 대운에 충을 하는 관계로 도움이 된다.
- 월살이 들어오는 날에는 집수리를 하거나 이사를 하지 마라.
- 월살일에는 어떤 경우라도 혼인, 잔치를 하지 마라.
- 월살이 드는 해에 자식을 출산하면 개운(開運)이 따를 것이며 발복의 운이다.
- 월살삼합(월, 역, 재)운은 오해가 생겨 피해를 본다.
- 사주원국에 월살이 동주(同柱)하고 화개살의 운을 만나면 필연적으로 부부불화가 따른다.
- 해운이든 월운이든 월살을 만나면 오랫동안 받지 못했던 빌려준 돈을 받는다.
- 대운에 신경 써라. 월살 대운이 오면 세상에 가난해서 굶어 죽는 사람이 없다고 했다.
- 월살 세운, 월살 월운, 월살 일운은 공돈이 생기니 복권을 사고 투기를 할 순간이다.
- 월살의 대운이 오면 귀인의 덕이 있고 재물이 있으니 반드시 월살이 나쁜 것은 아니다.
- 월살 방향은 밝은 불이 필요하다.

- 남자가 여자 월살 띠와 결혼하면 처가 덕을 본다.
- 여자가 남자 월살 띠를 만나면 친정 친족이나 식구를 부양하고 도움을 받는다.

년월살(年月殺)

년은 조상의 운이다. 조상 중에 승려(종교인), 무당이 있었을 것이다. 집안에서 신불(神佛)을 모시기도 했다. 년월살은 조상, 터와 관계있다. 집안의 기둥이 흔들리고 전통도 흐트러진다. 늘 관재수와 구설이 끊이지 않는다. 12운성에 태(胎)이면 풍병(風病)이 만연한다. 병무생(丙戊生)은 횡액수가 있다.

월월살(月月殺)

아무리 머리를 쓰고 몸부림쳐도 되는 일이 없다. 매사 한숨이다. 부모는 스님과 신불에 빠져 있다. 부모는 죽어 걸귀(乞鬼)가 되니 애석하다. 조실부모의 운이다. 조상대대의 가업이 있어도 이을 수 없다. 관청에 의한 액이 넘쳐 바람 잘 날 없다.

일월살(日月殺)

정신이 남다르다. 신기(神氣)가 있다. 혈액병이 있다. 늘 허약하며 헛것이 보인다. 생활에 박력이 없다. 처자식이 불길하여 마음을 안정하기가 어렵다. 아내를 잃기도 한다. 자식운도 약하다. 가정생활에 늘 풍파가 있다. 주색, 간질, 질병 등이 몸을 망친다.

시월살(時月殺)

종교인의 운이다. 입산하여 산속에 귀의할 수도 있다. 일에 성패가 많다. 풍병이 있어 불구가 될 수 있다. 효도하는 자식이 없으니 아파도 돌봐주지 않는다. 객사하는 자식이 있으니 어이하나! 평생 근심과 풍파가 끊이지 않는다. 여자를 만나면 풍파가 심해지니 조심하라.

7) 망신살(亡神殺)

망신살이 오면 살의 기운이 강해지는 것으로 판단한다. 여러모로 조심해야 한다. 뜻을 이루기가 어려운 시기다. 원국에 있으면 매사 이룸이 적다. 각종 재난이 많이 따르고 손재수도 있다고 보는 흉살이다. 관부살(官附殺)이라고도 하고 파군살(破軍殺)이라고도 한다. 구성학(九星學)의 영향으로 만들어진 살로 보인다. 주색으로 수치를 당하고 구설을 탄다. 사업에 손해가 나고 낙상을 당하거나 관재가 따른다.

- 소문이 더러우니 마음먹은 대로 되는 일이 없다.
- 매사 손재수가 따른다.
- 여자와 좋지 않은 인연이나 불필요한 행동이 인생을 망친다.
- 망신살이 오는 해에 연애를 하면 반드시 들키거나 노출된다.
- 망신살 운에는 때때로 공돈이 생긴다.
- 망신살 세운에는 필요한 만큼 물질적 도움이 있고 대인관계가 비교

적 원만하다.

- 말년에 망신살을 만나면 죽음에 이를 수 있다.
- 말년 망신살은 국부적 수술이 있을 것이다.
- 망신살 대운에 눈 뜨고 잘 봐라. 상속운이 생긴다.
- 원국에 망신살이 있는데 운에서 망신살이 오면 두 살이 부딪치는 격이라 길하다.
- 초년, 말년의 망신살은 쓰지 못한다.
- 대운이나 세운의 망신살은 재록운이다.
- 대운이나 세운의 망신살은 동기간 운이 나빠진다.
- 여자로서 망신살 운에 임신하거나 출산하면 수술수가 따른다.
- 망신살 운에는 부당이익이나 생각지 않았던 공돈이 생긴다.
- 망신살의 운은 지속력이 떨어져 잠깐의 복이니 빨리 잡아채는 능력이 필요하다.
- 하체를 망신살 방향으로 하고 자면 외도가 멈춘다.
- 망신살 방향이 외도 대상이 있는 방향이다.
- 부부가 망신살 띠라면 처음에는 좋으나 나중에는 나빠져 헤어진다.
- 여명은 망신살의 운이 오는 해에 정조를 빼앗기고, 원국에 망신살이 있는 여자는 음란한 사람일 가능성이 높다.
- 망신살 띠 자식은 부모 얼굴을 닮는다.
- 망신살 띠는 배우자로 흉하다.
- 망신살 때 여자는 외도하면 반드시 남편에게 들키고 이혼당할 확률이 높다.

년망신(年亡身)

창피한 일이다. 조상의 운을 보여준다. 조모가 후처였거나 첩이었을 것이다. 아버지는 서자 출신이다. 정실 자식이 아니니 조상의 유업은 물려받기 힘들다. 기회가 온다 해도 광풍이 불고 잡기 어렵다. 일찍이 고향을 떠나 객지에서 타향살이한다. 객사하기 쉽다. 혹 12운성에서 관대나 제왕이면 백가지 액이 소멸된다. 12운성에서 장생이면 주변에 귀인이 즐비하다.

월망신(月亡身)

모친이 후처였거나 첩이었다. 서자일 가능성이 있다. 부모·형제가 온전치 못하니 삶이 고달프다. 변동수가 즐비하다. 수시로 이사하고 마을을 떠나니 마음이 편치 않다. 인생의 흐름이 죽이 끓듯 하니 평온이란 기대하기 어렵다. 집안이 늘 불안하다. 삼형살과 형액이 있어 철창에 갇힐 수 있다. 영창에도 가볼 수 있다. 경찰서 출입이 잦다. 인생이 허망하고도 고달프다. 12운성에 장생이면 모든 것을 이기며 귀인이다.

일망신(日亡身)

부부가 이별하니 이혼수다. 아내가 바뀐다. 혼인을 떠나 어떤 누구라도 여자의 자리가 위태롭다. 여자와 인연이 길지 못하다. 바람으로 발전한다. 처궁이 불미하니 서둘러 결혼하지 마라. 늦게 혼인하라. 이왕이면 늦은 결혼이 복이다. 배우자 인연이 많으니 다혼명(多婚命)이다. 정신이 혼탁하고 신경질이 흔하다. 생활에 안정을 찾기 힘들고 낙상(落傷) 위기가 늘 있다.

시망신(時亡身)

자식이 불미하다. 자식의 재산 탕진이 인생을 피곤하게 한다. 자식이 연애에만 몰두한다. 가정의 안정을 기약하기 어렵다. 자식 때문에 만년에 한탄으로 밤을 새운다. 겉으로는 실해 보이는 몸과 정신을 지닌 듯하지만 속으로는 허하다. 매사 고독하고 울화가 치민다. 중년이 되어 겨우 자수성가하니 일시적으로 태평하다. 태평도 잠시뿐 결국 여색을 탐해 첩을 두거나 여자들로 망신살이 잘 날이 없다.

8) 장성살(將星殺)

매우 좋은 것이다. 살이라 부르는 것이 이상하다. 차라리 장성(將星)으로만 불러도 좋을 것이다. 권위를 상징한다. 장군의 기운이다. 이 운이 오면 문무겸비(文武兼備)하고 승진하거나 출세한다. 강한 기운으로 밀어붙이는 운이다. 사업도 번성하고 권력을 잡으면 휘두르는 격이다. 따라서 기고만장해지고 보이는 것이 없으니 수신해야 한다.

- 조상의 음덕이 있으니 문장력과 같은 재능이 있다.
- 고향을 떠나 타향으로 나가면 일찍 출세한다.
- 현재도 충분하니 과욕은 금물이다.

- 대운에 장성살이 오면 학생은 지위를 얻으니 반장이나 총학생회장이 된다.
- 대운에 장성살이 오면 직장인은 승진할 운이다.
- 대운에 장성살이 오면 사업자는 거래가 순탄하다.
- 여명에 장성살이 오면 운이 강하여 지나치게 내달아 밀어붙이니 건강이 나빠진다.
- 남명에 장성살이 오면 여자가 따르니 외도운이며 외유가 가능하나 자신에게 흉하다.
- 질병이 나면 장성살 방향의 의사나 약국, 병원으로 가면 좋다.
- 가옥에서 장성살 방향으로 문이 열리면 흉하다. 그러나 풍수지리의 동서사택법이 일치해야 길하다.
- 장성살 방향으로 문이 나거나 장성살 방향 방은 병을 불러온다.
- 장성살 방위의 출입문은 극부(剋夫)하고 독수공방이다.
- 원국에 장성살이 있는데 딸을 두면 외동딸이다.
- 원국에 장성살이 있는데 아들을 두면 집안의 운이 핀다.
- 일이 안 풀릴 때 장성살 띠의 거래자나 여자를 만나면 일의 매듭이 풀린다.
- 장성살 띠와 원한관계가 생기면 비운의 운이다.
- 부부가 장성살 띠인데 자식의 원국에 장성살을 두면 강한 기 두 개가 부딪치는 격이라 부부이별이거나 별거다.
- 장성살 띠와 역마살 띠가 한 집에서 살면 재능이 있어도 발복은 기대할 수 없다.

• 자식 사주에 장성살이 있으면 논리적인 면에서 효도한다.

년장성(年將星)

조상의 운이다. 장성은 장군의 힘이다. 조상의 운이 좋았다. 조상 중 장군이 있다. 조상 중에는 전장에 나아가 전사한 사람이 있다. 12운성에 제왕이라면 명성이 만 리에 도달할 것이다. 12운성에 목욕이면 손재가 그칠 날이 없다. 장성의 기운을 활용하라. 차라리 모든 것을 포기하고 군인의 길로 들어서면 성공할 것이다.

월장성(月將星)

부모가 장군이다. 부모가 장성의 기운을 지녔다. 강한 힘이다. 부모가 권력을 지녔으니 천하에 두려운 것이 없다. 부모덕에 출세의 길로 들어선다. 부모덕은 있지만 형제의 덕은 없다. 문무가 뛰어나니 병권을 잡을 수 있다. 부모·형제 중 전장에서 칼을 맞아 죽거나 총알을 맞아 죽은 사람이 생긴다. 여자는 마음이 어질고 나름 영화가 있으나 남편을 극한다. 남녀 불문하고 법조계로 진출하면 사법관이 되고 사람의 생사여탈권을 지닌다.

일장성(日將星)

장성은 장군, 힘, 권력, 앞으로 나아가는 힘이다. 권력가의 상을 타고났다. 관록이 있어 사업도 크게 성공한다. 혹 잘못되면 깡패의 길을 간다. 조금 약하면 해결사이다. 지나치게 강한 기 때문에 순탄한 인생은 아니

다. 부부는 별거하고 이별하니 이별수다. 일정 시간 떨어져 살거나 주말
부부가 도움이 된다. 비록 명예는 있지만 근심이 떠날 날이 없다.

시장성(時將星)

자식의 운이 있다. 대인으로 태어나 높은 지위에 올랐다면 녹을 더하
여 지위가 높아지고 소인이라 해도 여러 가지로 길하다. 자식은 국가에
충성하고 권력을 지니니 현달했다. 자식이 문무겸전하여 어린 나이에 등
과하니 가문의 영화가 피어난다. 훌륭한 자식이다.

9) 반안살(攀鞍殺)

반안은 잘났다는 의미다. 출세하는 것이다. 살이라는 의미가 조금은
어울리지 않는다. 출세와 승진을 상징한다. 좋은 운세다. 반안살은 더위
잡을 반(攀), 안장 안(鞍), 죽일 살(殺)로, 높은 말안장 위에 앉아 있는 형상
을 나타낸다. 말은 명예, 직위, 부(富)를 의미한다. 명예를 얻는다. 높은 자
리에 올라간다. 출세한다. 돈을 번다.

금여록(金轝綠)이라고도 한다. 조상과 부모의 덕이 있다. 인생의 많은
역경과 고난을 효율적으로 극복한다. 결국 편안한 위치에 도달한다. 금
여록(金轝綠)은 금으로 만든 수레라는 뜻이니 부귀공명을 의미한다. 출
세와 번영, 안정을 의미한다.

- 타고난 지식과 영명함, 노력으로 자수성가한다.

- 태어날 때부터 리더십이 있으니 리더이고 통솔가의 운명이다.

- 반안일의 상담은 신규사업의 문제이고 결과는 확장이다.

- 반안일의 상담은 결혼이고 애정 문제이다.

- 반안은 근본적으로 출세, 번영을 상징한다.

- 반안살과 천을귀인과 같은 길신이 지지에 동주하니 노력 이상으로 출세가 빠르다.

- 일지의 반안살은 부자가 아니어도 돈 걱정을 하지 않고 평생 부부관계가 행복하다.

- 월지의 반안살은 관운이 있고 형제가 서로 도우며 화락한다.

- 년지의 반안살은 조상과 부모의 덕이 있고 선산의 조상 음덕이 있으며 묘역을 잘 살피고 이장하거나 화장하지 마라.

- 식구 중 반안살 띠는 부리기 좋은 사람이다.

- 반안살 띠는 입이 무겁다.

- 반안살 띠와 돈거래는 어떤 경우에도 비교적 후유증이 없다.

- 급한 일로 피신할 때는 반안살 방향이 안전하다.

- 운이 안 풀릴 때는 반안 방향으로 머리를 두고 생각하거나 깊은 잠을 자면 좋다.

- 대운에 반안살이 오면 월급쟁이는 승진한다.

- 대운에 반안살이 오면 학생은 진학의 길이 열린다.

- 대운에 반안살이 오면 수익이 늘고 집안이 편안하다.

- 대운에 반안살이 오면 가정적으로는 윗사람의 우환이 있거나 질병,

상복을 입을 운이다.

년반안(年攀鞍)

조상이 영광스럽다. 조상이 참모급 벼슬을 했다. 선산의 덕이 있으니 조상의 묘가 좋았다. 묘를 잘 관리하라. 조상과 부모의 덕이 있다. 평생 영화가 함께하는 것은 조상의 도움 덕이다. 관록이 있어 일취월장이나 태어난 시기가 진생(辰生)이면 관액과 횡액이 따른다.

월반안(月攀鞍)

부모도 출세했다. 명망이 있는 부모다. 부모가 참모급 벼슬을 지냈다. 관운이 출중하니 천지사해에 이름을 떨칠 것이다. 부모·형제와 화목하고 형제의 운이 편안하다. 자손이 영화롭다. 마음이 편안하고 늘 여유 있다. 인품이 중후하여 존경받는다. 사업은 어울리지 않는다. 관직에 들어야 한다. 관직에 들지 못하면 늘 고역이며 고생한다.

일반안(日攀鞍)

처궁이 좋으므로 부부궁이 안정되어 금슬이 좋고 늘 행복하다. 성격이 온순하다. 사주에 천을귀인이 있으면 어린 나이에 등과한다. 천을귀인과 반안이 있으면 사법고시, 행정고시, 외무고시에 응시하라. 축생(丑生)과 술생(戌生)은 부부궁에 문제가 있다.

시반안(時攀鞍)

부자의 운수다. 돈을 벌어도 40세 전후에 액이 따른다. 자식은 잘 두었다. 앞뒤로 처첩이니 젊어서는 분주하지만 늙어서는 편안하리라. 천을귀인이 있으면 자손으로 영화를 누릴 것이다. 화개살이 있으면 기술자로 대성할 수 있다.

10) 역마살(驛馬殺)

역마살은 돌아다닌다는 살이다. 인오술(寅午戌) 삼합(三合)이 기준이다. 어쩔 수 없이 움직여야 하는 상태이다. 말 그대로 말처럼 뛰어다니는 것이다. 여기저기 돌아다니기를 좋아하고 임기응변에 능하다. 해외로 나가면 길하다. 사업도 해외와 연계하라. 재능 또한 뛰어나다. 이사나 자리 변동이 많고 여행이나 출장 등도 빈번하다.

- 이동과 여행을 이르는 살이다.
- 역마가 강하면 이별이 따른다. 이로써 상처를 받는다.
- 역마일에 찾아오는 사람과 한 상담 내용은 이사, 이민, 해외여행, 분가, 가출이다.
- 역마가 다른 글자로 충을 받게 되면 고삐 풀린 격이다.
- 역마가 합이 되면 발전이 느리다.
- 역마가 장생이나 건록을 만나면 발전한다.

- 역마가 관성(官星)과 동주하거나 합하면 국제결혼하거나 먼 타향에서 결혼한다.
- 역마살의 자녀가 출생하면 가문이 번성한다.
- 조상 중에 역마 띠가 있다면 가문을 중흥시킨 사람이다.
- 사주원국에 역마가 하나라도 있다면 바쁘게 돌아친다.
- 역마가 재성이나 식상이면 돌아다니며 일찍부터 돈을 모은다.
- 사주원국에 역마가 있으면 임기응변이 있으며 친화력과 교섭력이 탁월하다.
- 말년에 역마가 오면 불리하다.
- 초년에 역마가 오면 불리하다.

년역마(年驛馬)

함지(咸池)가 충을 당하면 도중객사(道中客死)이다. 공망에 이르면 거주가 불안하다. 선친은 일찍 객사했을 것이다. 어려서 몸 둘 곳이 없었고 의지할 곳도 없었다. 고향을 떠나 떠돌다 겨우 자리를 잡았다. 타향살이에 눈물이 마르지 않는다. 조실부모하니 부모의 덕은 기대하기 어렵다. 부모가 생존해도 도움이 되지 못한다. 부모에 대한 근심이 많다. 아내를 잃으니 한이 사무친다.

월역마(月驛馬)

부모가 떠돌이다. 젊어서 떠돌아다닌다. 젊어서 고향을 떠난다. 초년 고생을 참아야 나이 들며 관으로 진출하여 성공할 수 있다. 성격이 온후하고 순수하니 그 덕이 있다. 관으로 진출해도 관록은 미치지 못한다. 오래도록 허송세월을 한다.

사업을 하면 재산은 모을 수 있다. 돌아다니는 사업이 길하다. 부모·형제는 객사의 두려움이 있다. 처를 둘 두니 집안이 시끄럽고 객지에서 떠돌며 고생할 것이다.

일역마(日驛馬)

두 어머니를 모신다. 처궁에 풍파가 들었다. 노력하지만 결국 이별수다. 이로써 술에 빠져 인생을 갉아먹는다. 객사한 영혼을 달랠 길이 없다. 후회하지 말고 살아 있을 때 잘하라. 재혼을 안 할 수 없다. 풍류를 좋아하고 역마성이니 돌아다니며 여기저기 염문을 뿌린다. 장사에 투신하면 재물을 얻을 것이다.

시역마(時驛馬)

세파가 심하다. 늘 분주하게 돌아친다. 풍파가 파도처럼 몰려드니 정신적 안정은 아주 멀다. 장생이나 관대가 사주에 함께하면 높은 관직에 올라 출세한다. 여기저기에 염문을 뿌리고 자식을 얻는다. 타향에서 이리저리 뒹구니 청춘에 객사할까 두렵다.

11) 육해살(六害殺)

육액(六厄) 혹은 의지살(依支殺)이라고 부른다. 지지삼합의 끝 글자 바로 앞 글자가 육해살이다. 육해와 정반대는 도화살이다. 그래서 육해와 도화는 남을 속이는 것은 비슷하지만 작용력은 다르다.

달리 말하면 십신이나 육친으로 해석할 수 있다. 사주에 육해가 있으면 육친에게 어려움이 생기고 질병이 있든가, 자연재해는 물론이고 관재수에 몰릴 수도 있다. 풍파가 심하고 불화가 있으며 질병이 몸을 다스린다.

- 아무리 노력하고 남에게 잘해도 인덕이 없다.
- 타인의 도움이 없고 부모에게 도움을 받지 못한다.
- 질병이 따른다.
- 매사 일이 안 풀리고 사사건건 관재가 따른다.
- 육해살 일에 상담자가 찾아오면 병고, 제반사, 관재 등을 상담한다.
- 모든 일이 막히고, 부모운이 없고 무덕하며 악운이 많다.
- 눈치로 먹고살아야 하니 눈치는 빠르지만 자신은 괴롭다.
- 식탐(食貪)이 있고 음식을 빨리 먹는 특징이 있다.
- 오래된 지병이 있다.
- 오래된 지병은 육해살 대운, 육해살 세운에 발병한다.
- 전생에 원혼이 육해살 띠가 되어 나타나니 육해살 띠와는 신중해야한다.
- 사주원국에 육해살이 있으면 식구 중에 육해살 띠가 있어야 길하다.

- 사주원국에 육해살이 있으면 실패하기 쉽다.
- 월주에 육해살이 있으면 타인 때문에 어쩔 수 없이 해를 본다.
- 월주에 육해살이 있으면 골육의 정이 없고 도움을 주는 사람도 없어 외롭고 심란하나 신앙으로 중생을 제도한다.
- 일주 육해살은 무당, 종교인의 운이고 부부의 운도 나쁘다.
- 시주 육해살은 자손들이 신앙에 지나치게 빠져 몸을 망치지만 말년의 복은 있다.
- 원국에 육해살이 있으면 눈치가 빠르다.
- 자식 중 육해살을 가진 자식이 내 임종을 지키고 그 자식으로 체면을 유지한다.
- 식구 중 육해살 띠가 있으면 어려울 때 젖줄이 된다.
- 육해살 띠에게 원한을 짓지 마라.
- 부부관계에서 육해살 띠를 만났다면 전생의 인연이다.
- 육해살 대운은 병이 오고 어려운 일에 처한다.
- 육해살 대운이 오면 사업이 망하고 직장인은 좌천의 운이다.
- 육해대운이나 세운은 다성다패(多成多敗)하고 일상이 분주하며, 일이 많고 석양길 나그네 신세이다.
- 원국에 육해살이 있는데 운에서 충하면 해외여행을 하거나 몸이 아프다.
- 원국에 육해살은 허리병이다.
- 원국에 육해살은 조상이 늘 배가 고프다고 한다.

년육해(年六害)

할아버지 대에 가문이 폐했다. 신앙으로 망했거나 선대는 신앙을 경시했다. 그 벌로 사망했다. 종교인을 박대했다. 선대에 종교를 비난했다. 태어나는 순간부터 몸이 아프다. 양자의 운이 있다. 관대나 제왕이면 대길하다.

월육해(月六害)

재물이 있던 집이다. 큰 집안이지만 부모 대에 쇠퇴하여 가난의 길로 들어섰다. 가문이 무너진다. 조실부모하니 기댈 곳이 없다. 골육의 정이란 눈곱만치도 보이지 않는다. 성격은 독하다. 그럼에도 남 때문에 해를 입는다. 부부의 이별수가 있어 만년해로가 의심스럽다.

일육해(日六害)

매사에 막히는 일이 많아 스트레스가 심하다. 점차 재력이 감소하고 가산을 탕진한다. 배우자가 돕지 않는다. 중이 되지 않으면 점쟁이가 될 팔자다. 부부간에도 정이 없다. 파탄이 많아 만사가 시들하다. 단 직업에서 기술직은 길하다.

시육해(時六害)

하는 일마다 번거롭고 앞을 막으니 한숨만 난다. 절에 몸을 의지하고 신에게 정신을 의탁한다. 마지막은 종교생활이다. 죽을 날을 기다리며 종교에 귀의한다. 그것만이 자손들을 돌보는 일이다. 자손들도 신앙에 의지하며 결국 말년이 되면 행운이 따르고 가운이 살아나 번창할 수 있다. 말년은 소득 없는 일로 분주하지만 여유가 있다.

12) 화개살(華蓋殺)

학문과 예술, 종교 등을 상징한다. 토로 이루어져 있다. 이 살이 사주원국에 들면 예술계통에서 탁월한 능력을 보여준다. 빛이 나는 격이다. 문학, 예술, 종교계로 진출하면 빛을 보고 적성에도 맞는다. 그러나 때때로 가산과 유산을 탕진하고 가난하게 살아가거나 스님 팔자로 풀려나가기도 한다. 이 살이 사주에 들면 고집이 강해 결국 마음고생이 심하고 종교계에 귀의하기도 한다.

- 마음에 창고를 가진 격으로 매우 총명하다.
- 타고난 문장가이다.
- 외교적인 성향을 발휘한다.
- 예술적 소양이 있고 풍류기질이 강하다.
- 화개가 3개 이상이면 변태적 기질이 강하다.
- 화개살의 운에서는 동기간의 분쟁이 화합으로 해결된다.
- 화개살 대운에서는 발전이 있다.
- 화개살 세운은 대소 사건이 재발생한다.
- 화개살 세운은 도움을 준 사람이 역으로 도와준다.

- 우여곡절로 헤어졌던 사람을 만난다.

- 병의 재발이 무섭다.

- 원국에 화개살이 있고 운에서 다시 오면 문학, 예술계로 진출하여 출세하고 이름을 날린다.

- 화개살 방향에서 식사하면 먹고자 하는 욕구의 증진이 있다.

- 화개살 방향에서 집을 사면 싸게 구입할 가능성이 있다.

- 화개 띠 인연끼리 결혼하면 이혼 후 재결합한다.

- 화개 띠 자식은 가산을 탕진할 우려가 있다.

- 가족 중 화개살이 있는데 자식이 화개살 띠라면 부모 이별 가능성이 있다.

- 화개살 띠에게 돈을 빌리면 어려움이 일어나고 신용이 하락할 수 있다.

년화개(年華蓋)

조상의 복이 있다. 조상은 학자에 도덕군자로 글을 잘하였다. 그러나 조상의 업은 사라진다. 어려서 고향을 떠나 객지 생활을 하니 일신이 피곤하고 괴롭기 그지없다. 총명하고 재주가 있으나 고독이 그림자를 만든다. 화개살 띠는 학업 중단, 복교, 휴학의 운이 상존하고 고향에서 큰일을 한다. 나쁜 친구를 사귈 가능성이 많다.

월화개(月華蓋)

부모궁에는 고생이 그득하고 형제궁에 덕이 없으니 어이할까. 어린 나이에 고향을 떠나 자수성가한다. 장남이 아니라도 장남 역할을 해야 한다. 가문을 빛내는 임무가 어깨에 주어진다. 일신에 풍파가 그득하다. 상업을 하면 대성하고 예술 방면으로 진출하면 길하다.

일화개(日華蓋)

처궁이 불미하여 이별수가 있다. 불교와 인연이 있는 집안으로 조상 중 승려가 있다. 목욕이면 배우자를 잃는다. 관직보다는 상업으로 진출하는 것이 좋다. 재주가 뛰어난 팔방미인이다.

시화개(時華蓋)

성공운이 있으나 늦게 시작된다. 40세 이후, 50세 이후에는 하는 일마다 성공한다. 도처에 이름을 날린다. 재주가 있으며 문학과 예술 방면으로 진출하면 길하다. 역마가 있으면 부자가 된다. 양인이 있으면 출세한다.

4. 12신살 보는 법

사주원국에서 일간이 나[我]이다. 나를 의미하는 글자가 무엇인가 살피고 그 하부의 지지를 살핀다. 즉 일주의 지지를 살피는 것이다. 이 일주의 지지자가 무엇인가 살펴 나머지 3개 기둥에 어떤 지지자가 배치되어 있는지 살핀다.

12신살 조견표				
살 \ 일지	申子辰	巳酉丑	寅午戌	亥卯未
겁살(劫殺)	巳	寅	亥	申
재살(災殺)	午	卯	子	酉
천살(天殺)	未	辰	丑	戌
지살(地殺)	申	巳	寅	亥
년살(年殺)	酉	午	卯	子
월살(月殺)	戌	未	辰	丑
망신살(亡神殺)	亥	申	巳	寅
장성살(將星殺)	子	酉	午	卯
반안살(攀鞍殺)	丑	戌	未	辰
역마살(驛馬殺)	寅	亥	申	巳
육해살(六害殺)	卯	子	酉	午
화개살(華蓋殺)	辰	丑	戌	未

- 일주의 간지가 어느 글자에 해당하는지 파악한다.

  예) 일주의 간지가 기축(己丑)이라면 일지는 축(丑)이다. 조견표를
  살피면 사유축(巳酉丑)의 난을 기준으로 한다.

  예) 일주의 간지가 정묘(丁卯)라면 일지는 묘(卯)이다. 조견표를 살
  피면 해묘미(亥卯未)의 난을 기준으로 한다.

  예) 일주의 간지가 갑오(甲午)라면 일지는 오(午)이다. 조견표를 살
  피면 인오술(寅午戌)의 난을 기준으로 한다.

  예) 일주의 간지가 병진(丙辰)이라면 일주는 진(辰)이다. 조견표를
  살피면 신자진(申子辰)의 난을 기준으로 한다.

- 일주를 중심으로 해서 일지를 파악하여 찾는다. 어떤 경우도 일간은

사용하지 않는다. 즉 어떤 일간은 어떤 글자가 오더라도 상관하지 않고 일지만 판단하는 것으로 적용한다.

• 일지를 파악해서 해당하는 난(삼합)을 찾았으면 그 삼합을 기준으로 해서 그 아래, 즉 세로줄의 12지에서 그중 사주에 들어 있는지 확인해 해당하는 지(支)의 신살 명칭을 찾는다.

5장

명궁

사람의 운명을 결정하는 사주와 별자리인 명궁(命宮)이란 고법의 하나로, 서자평(徐子平)이 확립한 학문이다. 태양의 각도를 가지고 시작된 설이다. 일부 이론가들은 검증된 바 없는데다가 필요성도 없는 영향요계(사주에서 암暗으로 구하는 것과 사주 내에서 멀리 있는 극과 충하는 작용으로 영향요충은 특수간법에 속하는 것이다)의 저급이론으로 치부하기도 한다.

명궁 이론을 저급하다고 주장하는 이들은 사주의 본질에 대해 태어난 시점에서 생년월일시에 따른 생극제화의 해석이면 충분하다고 주장한다. 이들은 명궁(命宮)은 사주를 연구하는 일부 학자들의 검증되지 않은 일방적 주장에 불과하다는 논리를 편다. 이들 학자들은 목숨의 이치를 논하는 데는 정통명리학으로 충분하며 쓸데없는 군더더기를 가져다 붙이면 본질을 흐리게 된다고 주장하며, 명궁의 이론이 그런 것이라고 말한다.

학자에 따라 다른 주장을 할 수도 있다. 일부 학자들의 주장은 또 다르다. 명궁을 연구하는 학자들은 명궁이 사주의 그림자라고 하며, 드러나지 않지만 그 사람이 태어나는 순간 태양의 위치를 근거하여 사주의 길흉을 판단할 때 보조요소로 사용이 가능하다고 주장한다. 그들의 주장은 만일 사주에 흉한 간지가 강하게 작용하는데 명궁이 길한 요소로 들어 있다면 흉을 감소시키고, 또 때에 따라 길함을 돕는 역할로 사용이 가능하다고 설파한다.

명리학자들이 많이 사용하는 방법이나 기법은 아니지만 활용하는 학자들도 적지 않으니 명리학을 익히는 학인들이 개념 정리라는 차원에서 알아둘 필요가 있다. 명리학의 이론이 반드시 모두 적용되는 것은 아니다. 학자들이나 사용자 측면에서 각 이론들은 적용되거나 버려지기도 한다. 그러나 사용 유무를 떠나 배워두어야 할 것은 배워야 하므로 상식선에서도 필요한 것은 사실이다.

1. 명궁이란

명궁(命宮)이라는 글자가 말해주듯 목숨이 들어가는 집이라는 의미가 있다. 달리 태양궁(太陽宮)이라고 하거나 월장(月將)이라는 말로 표현하기도 한다. 태양궁이란 달리 풀면 일출(日出)이다. 사주팔자에서는 명궁에 해당하는 오행이나 육친이 존재한다고 한다. 또 이들이 좋은 역할을 하면 인생 흐름에서 길한 작용을 한다고 본다. 명궁은 명리학에서도 일부 사용하지만 풍수지리에서도 사용하는 이론이다.

명궁은 월지와 일지에 따라 적용이 달라진다. 예를 들어 유월(酉月)에 태어난 사람이라도 어느 시간에 태어났느냐에 달라질 것이다. 따라서 명궁을 판단하기 위한 조견표는 필수적이다. 이 조견표를 보고 명궁을 찾는다. 우선 지지를 찾아야 한다. 예를 들어 유월(酉月) 오시(午時)에 태어난 사람은 인(寅)이 명궁이다. 즉 이 인(寅)이 해당 명궁의 지지가 된다.

지지 명궁표(命宮表)												
구분	시지											
	子	丑	寅	卯	辰	巳	午	未	申	酉	戌	亥
월지 寅	卯	寅	丑	子	亥	戌	酉	申	未	午	巳	辰
卯	寅	丑	子	亥	戌	酉	申	未	午	巳	辰	卯
辰	丑	子	亥	戌	酉	申	未	午	巳	辰	卯	寅
巳	子	亥	戌	酉	申	未	午	巳	辰	卯	寅	丑
午	亥	戌	酉	申	未	午	巳	辰	卯	寅	丑	子
未	戌	酉	申	未	午	巳	辰	卯	寅	丑	子	亥
申	酉	申	未	午	巳	辰	卯	寅	丑	子	亥	戌
酉	申	未	午	巳	辰	卯	寅	丑	子	亥	戌	酉
戌	未	午	巳	辰	卯	寅	丑	子	亥	戌	酉	申
亥	午	巳	辰	卯	寅	丑	子	亥	戌	酉	申	未
子	巳	辰	卯	寅	丑	子	亥	戌	酉	申	未	午
丑	辰	卯	寅	丑	子	亥	戌	酉	申	未	午	巳

위 표의 월지는 생월의 중기 이후를 취한 것이고, 월절에서 중기까지 출생은 전월의 월건(月建)을 사용한다. 또 명궁천간을 만들어내는 데에는 년간(年干)을 사용하여 순간법(循干法)으로 만들어낼 수 있다.

2. 명궁의 월 판단

명궁을 따질 때는 정기 구분에 신중해야 한다. 명리를 배우고 익히는 과정에서 눈여겨볼 것 중 중요한 몇 가지가 바로 절기이다. 일반적으로 명리라고 하면 대부분 자평명리를 말한다. 이 경우 절기의 기준이 명백하다. 익히 알다시피 입춘을 기준으로 하는 절기법을 사용한다. 그러나 기문둔갑이나 명궁법에서는 자평명리처럼 절기의 시작이나 기준을 반드시 입춘에 두는 것은 아니다.

명궁에서 절기				
월	음력	시작	끝	비고
寅月	1월	대한(1월 20일경)	우수(2월 18일경)	가장 추운 시기
卯月	2월	우수(2월 18일경)	춘분(3월 20일경)	봄비 시작
辰月	3월	춘분(3월 20일경)	곡우(4월 20일경)	곡식이 자라는 비
巳月	4월	곡우(4월 20일경)	소만(5월 21일경)	농사 시작
午月	5월	소만(5월 21일경)	하지(6월 21일경)	낮이 가장 긴 시기
未月	6월	하지(6월 21일경)	대서(7월 23일경)	가장 더운 시기
申月	7월	대서(7월 23일경)	처서(8월 23일경)	더위가 꺾임
酉月	8월	처서(8월 23일경)	추분(9월 23일경)	밤낮이 같은 시기
戌月	9월	추분(9월 23일경)	상강(10월 24일경)	서리 내림
亥月	10월	상강(10월 24일경)	소설(11월 22일경)	눈 내림
子月	11월	소설(11월 22일경)	동지(12월 22일경)	밤이 가장 긴 시기
丑月	12월	동지(12월 22일경)	대한(1월 20일경)	한겨울

명궁에서 각 달은 만세력에서 정하는 월과는 차이가 많다. 명궁의 달

은 음력의 달도 아니고 양력의 달도 아니다. 만세력은 절기를 기준으로 삼지만 명궁은 중기를 기준으로 삼는다.

3. 지지 산출법

지지를 산출하는 방법은 두 가지가 있다. 첫 번째는 지지조견표를 이용해 찾는 법이다. 이 방법은 이미 위에서 설명했으므로 어렵지 않으리라. 조견표를 보고 시지와 월지가 만나는 지점에서 지지를 찾으면 된다.

두 번째 방법은 조금 더 신선한데 절기법을 이용하는 것이다. 절기를 정한 월의 숫자와 동일하게 지지에도 숫자를 적용한다. 먼저 절기와 월을 일치시킨다. 이 일치시킨 월과 같이 지지에 숫자를 붙인다. 이 숫자는 명궁을 산출하는 생월과 생시, 명궁의 지지에 공통적으로 사용한다. 먼저 절과 월을 일치시킨다.

절기법											
寅月	卯月	辰月	巳月	午月	未月	申月	酉月	戌月	亥月	子月	丑月
1	2	3	4	5	6	7	8	9	10	11	12

어느 글자이든 지지는 이 숫자에 적용한다. 년월일시를 가리지 않고 이 숫자를 적용하여 계산한다. 물론 년월일시를 모두 적용하는 것이 아니라 월지와 시지만 적용한다. 예를 들어 1964년 9월 2일(음력) 오시생의

명궁일을 지지 명궁표를 이용해 찾아보자. 지지 명궁표에서 유월(酉月)에 오시(午時)를 적용하니 인(寅)이 나타난다.

같은 예를 들어보자. 1964년 9월 2일(음력) 오시생의 명궁일을 절기법으로 계산해보자. 년지와 일지는 필요치 않다. 필요한 것은 월지와 시지이지만 일을 잘 따져야 어느 계절 사이에 들어 있는지 살필 수 있다.

9월 2일을 따지니 계유월이다. 앞의 도표에 따르면 유는 8이다. 오시는 5이다. 즉 월을 시에도 동일하게 적용한다. 8과 5를 더한다. 8 + 5이니 13이다. 합한 숫자가 14 미만일 때는 14에서 13을 뺀다. 14 이상일 때는 26에서 합한 숫자를 뺀다. 14를 기준으로 하고 합한 숫자가 13이니 13을 빼면 1이 남는다. 1을 다시 절기법에 적용하니 인월이다. 이 인이 명궁의 지지가 된다.

어느 방법으로 적용해도 동일한 지지가 명궁의 지지로 선택된다. 이제 명궁의 지지를 구했으니 천간을 따져야 한다.

4. 명궁의 천간

명궁의 천간은 태어난 년도를 월주를 찾을 때와 동일한 방법으로 찾아야 한다. 제시하는 조견표가 생명이다. 즉 태어난 해의 천간을 찾아서 명궁의 지지를 찾아가면 된다. 이러한 방법으로 적용하면 육십갑자 중 하나인 간지가 나타나게 된다. 이것이 바로 명궁의 천간지지이다.

명궁천간 조견표				
	甲己年	乙庚年	丙辛年	丁壬年	戊癸年
생 년	丙寅	戊寅	庚寅	壬寅	甲寅
	丁卯	己卯	辛卯	癸卯	乙卯
	戊辰	庚辰	壬辰	甲辰	丙辰
	己巳	辛巳	癸巳	乙巳	丁巳
	庚午	壬午	甲午	丙午	戊午
	辛未	癸未	乙未	丁未	己未
	壬申	甲申	丙申	戊申	庚申
	癸酉	乙酉	丁酉	己酉	辛酉
	甲戌	丙戌	戊戌	庚戌	壬戌
	乙亥	丁亥	己亥	辛亥	癸亥
	丙子	戊子	庚子	壬子	甲子
	丁丑	己丑	辛丑	癸丑	乙丑

천간의 조견표를 이용해 명궁을 찾아보는 연습이 필요하다. 지지는 월지와 시지를 이용하여 명궁의 지지를 찾았다. 그러나 천간을 찾을 때는 어렵지 않다. 1964년 9월 2일(음력) 오시생의 명궁을 찾는다고 가정하자. 천간의 조견표를 이용해 찾기 전에 1964년의 천간지지를 알아야 한다. 만세력을 참고해 찾아보니 1964년은 갑진년이므로 천간의 조견표에서 갑에 해당하는 천간을 적용한다. 갑이기에 상단의 갑기년을 찾는다. 만약 기축년이라면 역시 갑기년을 찾을 것이다. 을묘년이라면 을경년의 칸을 찾을 것이다. 1964년은 갑진년이니 갑기년에서 조금 전 지지에서 찾아놓은 인(寅)의 지지에 다다르도록 내려오면 첫 번째인 병인년이 나타난다. 바로 이 병인이 1964년 9월 2일(음력) 오시생의 명궁이다.

5. 명궁 해설법

누구나 사주가 일정하지는 않다. 사주가 흉이고 명궁이 길이 된다고 하면, 길로 화(化)하는 것이므로 흉이 약해진다. 원래 사주 형태가 드러난 것처럼 본래 있는 것이라고 한다면 명궁은 드러나지 않는 그 그림자에 해당하는 것과 같다. 사주를 드러나 있는 현상적인 것이라 한다면 명궁은 숨어 있어 드러나지 않는 것으로 해석된다. 명궁은 예부터 드러나지 않으므로 사람의 정신이라 한다. 명궁은 인간의 탄생에서 대비된다. 인간이 태어나는 순간에 태양이 어느 위치에 있는지 정하는 것이다. 그 짧은 순간을 따져 일정한 법칙에 따라 인출된 것이다.

명궁은 원국에서 살피고 대운과 세운에서 살핀다. 그러나 명궁은 사주에서 바로 뽑기 어려우므로 미리 뽑아야 한다. 사주 옆에 적어놓으면 풀이하기가 쉬워진다. 마치 오주(五柱)처럼 시주 옆에 적어두고 간명하면 이롭다. 특히 궁합을 살필 때 참고용으로 따지는 경우가 많다고 하므로 유용성을 따져 사용하는 것도 좋다.

명궁은 다음과 같은 해석이 가능하다. 학자와 사주를 학습하는 사람에 따라 명궁을 적용하기도 하고 무시하거나 사용하지 않는 경우도 있다. 성보도 사주에 명궁을 사용하지 않지만 때로 찾아 살피기는 한다.

1) 원국

- 명궁은 선천명이다. 따라서 평생 영향을 미친다.

- 명궁이 비겁이나 겁재, 정재, 정관, 정인, 편인이면 복록이 따른다.

- 건명에서 명궁이 자오 중 하나라면 명예와 권세가 따른다.

- 곤명에서 명궁이 사오 중 하나이면 명예와 인기가 함께한다.

- 궁합에서 남녀의 명궁이 같거나 합을 하면 좋은 궁합이다.

- 명궁이 일지와 충하면 이별수가 있다.

- 명궁이 일지와 충하면 가난하고 삶이 어렵다.

- 명궁이 고신, 과숙살이면 고독하다.

- 명궁이 고신, 과숙살이면 종교에 귀의한다.

- 명궁이 역마이면 주거이전이 다변하고 객지에서 성공한다.

- 명궁이 공망이면 불리하다. 단 명궁이 흉신이면 흉이 감소한다.

- 명궁이 재성인데 파극되지 않으면 부자이다.

2) 대운, 세운 적용

- 대운의 지지가 명궁의 지지를 충하면 실직, 파산 위험이 있다.

- 운과 명궁이 천간과 지지 모두를 충하면 재앙이 온다.

본명궁(本命宮)은 자신이 태어날 때부터 타고난 본연의 방위(方位) 기운을 나타낸다. 사실 본명궁은 태양을 의미하는 개념이다. 태양궁은 달리 풀면 일출(日出)이다. 태양이 뜨는 시간이라는 의미이다. 사람이 태어날 때 태양이 어느 곳에 있었는지 따지는 방법이라고 파악할 수 있다. 본명궁은 명리학보다 풍수지리에서 사용하는 경우가 많다. 풍수지리에서는 인테리어에서 주로 사용한다. 또한 입택시기(入宅時期)를 정할 때도 사용한다. 본명궁을 이용하여 풍수적 개념의 인테리어를 하면 집 안의 기운이 좋아진다는 이론이 일반화되어 있다. 사실 인테리어라는 단어가 우리 단어가 아니듯 약간 생각할 점이 있는 것은 사실이다. 그러나 인테리어라는 말 대신 꾸밈이나 치장이라 사용하면 또 어의는 맞으니 그다지 문제될 것은 없다. 본명궁을 이용하여 인테리어를 전개하려면 반드시 본명궁을 산출해야 한다.

1. 본명궁 산출법

1) 남자

남자는 자신의 출생연도 숫자를 모두 합한다. 합한 숫자의 수를 자릿수로 각각 하나의 글자로 인식해 더한다. 한 자리 숫자가 나올 때까지 반복하여 더한다. 최종적으로 합하여 주어진 숫자 11에서 그 한 자리 숫자를 빼고 난 수가 그 사람의 본명궁이다. 그다지 어렵지는 않다. 예를 들면 1964년생 남자라면 1 + 9 + 6 + 4 = 20이 된다. 한 자리로 이루어진 숫자가 아니므로 모두 더한다. 다시 더하면 2 + 0 − 2가 된다. 11에서 이 2를 빼면 9가 남는다. 이 남은 숫자가 그 사람의 본명궁이 된다. 즉 일백감(一白坎), 이흑곤(二黑坤), 삼벽진(三碧震), 사록손(四綠巽), 오황중(五黃中, 여자일 때는 간幹), 육백건(六白乾), 칠적태(七赤兌), 팔백간(八白艮)을 적용한다.

2) 여자

남자와 조금 다르다. 자신의 출생연도 숫자를 모두 합하는 것은 마찬가지다. 남자와 다르지 않게 한 자리 숫자가 나올 때까지 합하여 주어진 숫자에 4를 더한다. 이 과정으로 한 자리 숫자가 나오면 그 수가 본명궁이다. 만약 두 자리 숫자가 나오면 다시 두 개를 더하여 나온 한 자리 숫자가 자신의 본명궁이다. 예를 들면 1964년생 여자라면 1 + 9 + 6 + 4 = 20이 되는데 한 자리 숫자가 아니므로 다시 더하면 2 + 0 = 2가 된다. 2를 기본으로 하고 4를 더한다. 4는 여자 본명을 계산할 때 무조건 더하는 수다. 2 + 4 = 6 이다. 이 6이 본명궁이다. 즉 일백감(一白坎), 이흑곤(二黑坤), 삼벽진(三碧震), 사록손(四綠巽), 오황중(五黃中, 남자는 중中), 육백건(六白乾), 칠적태(七赤兌), 팔백간(八白艮), 구자리(九紫離)이다. 이 여성의 본명궁 6은 육백건(六白乾)이니 이 여자의 본명궁은 건(乾)이 된다. 특이한 것은 여자의 본명궁 계산에서 5가 나오면 본명궁은 간(艮)이 된다는 것이다. 즉 이러한 식을 계산하는 방법에서 사용하는 틀은 마방진이다. 이 마방진은 각기 3×3의 네모진 형태로 이루어져 있으며 중앙은 비워져 있다.

2. 본명궁으로 인테리어하는 방법

사람들은 풍수 인테리어에서 가장 중요한 것이 배치와 짜임새라고 한다. 즉 실제 사용하는 보조물인 소품이나 장식품이 아니라는 것이다. 틀린 말은 아니다. 그러나 가장 중요한 것은 배치와 짜임새가 아니다. 가장 중요한 것은 근본적인 양기(陽基)와 양택(陽宅)이다. 양기(陽基)는 근본적인 입지를 말한다. 배산임수, 전저후고, 전착후관의 입지가 이루어져야 한다. 충살에 걸리지 않아야 한다. 양택(陽宅)은 집의 모양이다. 사람이 살아도 탈이 없는 집이어야 한다. 아무리 뛰어난 인테리어를 한다고 해도 근본인 양기와 양택이 무너지면 소용없는 일이다. 양기와 양택이 부실하면 사람이 죽을 수 있지만 인테리어가 부실하다고 하여 사람이 죽지는 않는다. 아무리 인테리어를 한다고 해도 중요한 것은 양기와 양택의 근본이 갖추어진 집이어야 한다는 것이다.

양기와 양택이 올바르면 인테리어를 한다. 소품이 좋거나 재료가 좋아도 음양과 오행의 배합과 상생이 이루어진 방위의 조합으로 해야 한다. 소품이나 장식품에 집착하지 않아도 된다. 지나치게 비싸거나 화려한 소품도 좋지 않다. 소품이나 장식품은 음양과 오행의 기를 보충하는 수단이다. 지나치면 아니함만 못하다.

1) 화분이나 꽃

식물은 오행으로 목(木)에 속하기 때문에 본명궁이 진(震)이나 손(巽)인 사람에게 어울린다. 본명궁이 간이나 곤은 토(土)를 나타낸다. 목을 나타내는 식물은 토의 오행을 파고들거나 억누르므로 맞지 않는다. 본명궁이 감(坎)인 사람도 식물은 그다지 좋지 않다. 만약 사주에 수(水)가 강하면 문제없지만 수가 약한 사주라면 설기가 이루어진다. 즉 본명궁이 감인 사람은 자신의 기운이 수이기에 억눌림은 없으나 수생목의 운행에 따라 목(木)을 살리는 데 기운을 뺏긴다. 따라서 자신의 사주에 수가 강해야 버틸 수 있다. 자신의 본명궁이 진이나 손인 사람은 같은 목이기에 식물이 옆에 있어야 든든하다. 본명궁이 건(乾)이나 태(兌)인 사람은 자신의 본명궁이 금(金)으로 식물을 억누르니 문제가 없다. 본명궁이 리(離)인 사람은 자신은 화(火)이므로 식물이 목으로서 기운을 살려주므로 매우 좋다.

2) 현관이나 대문의 조명

대문이나 현관의 조명은 본명궁의 오행으로 비화가 되는 색조의 전등이 좋다. 진이나 손인 사람은 목을 표방하니 연녹색 조명이 좋다. 간이나 곤인 사람은 토를 표방하니 황색 전등이 좋다. 건이나 태인 사람은 금의 기운으로 백색의 빛인 형광등이 좋다. 본명궁이 감인 사람은 수의 기운이므로 직접조명을 밝히기보다는 형광등의 간접조명이 좋다. 본명궁이 리인 사람은 화의 기운이라 주황색과 분홍색 전등이 좋다. 단 현관의 조명은 밝아야 들어오는 재물운이 힘을 얻는다.

3) 주거 조명

안방이나 침실의 조명은 본명궁의 오행을 생해주는 색조의 전등이 좋으므로 선택 기준이 된다. 본명궁이 진이나 손인 사람은 수의 기운이라 금의 기운을 지닌 형광등의 간접조명이 좋으며, 간이나 곤인 사람은 목이므로 생해주는 화의 기운을 지닌 핑크빛 전등의 직접조명이 좋다. 건이나 태인 사람은 금의 기운이므로 생해주는 토의 기운인 황색 전등의 직접조명이 좋으며, 감인 사람은 수의 기운이므로 생해주는 금의 기운인 형광등의 직접조명이 좋고, 리인 사람은 화의 기운이므로 생해주는 목의 기운을 지닌 연녹색의 직접조명이 좋다. 근본적으로 안방의 조명은 약간 어두워야 재물운이 머문다.

4) 벽지

거실의 벽지는 그 사람의 본명궁과 같은 색조를 사용해야 하는데, 본명궁이 감인 사람은 일백감(一白坎)이므로 흰색 벽지, 곤인 사람은 이흑곤(二黑坤)이므로 회색 벽지, 진인 사람은 삼벽진(三碧震)이므로 푸른색 벽지, 손인 사람은 사록손(四綠巽)이므로 녹색 벽지, 건인 사람은 육백건(六白乾)이므로 흰색 벽지, 태인 사람은 칠적태(七赤兌)이므로 핑크색 벽지, 간인 사람은 팔백간(八白艮)이므로 흰색 벽지, 리인 사람은 자주색 벽지를 사용한다. 이렇게 하면 기운을 북돋워 집 전체에 기운이 퍼지고 재물운이 살아난다.

6장

용신

용신(用神)은 사주의 꽃이다. "용신을 모르면 사주를 풀지 못한다"라고 극단적으로 말하는 경우도 있다. 용신이란 사주에서 간명할 때 가장 중요한 한가지로, 일간을 이롭게 하는 오행이 용신이다. 사주원국에서 가장 중요한 것은 8개 글자 사이의 중화(中和)인데, 용신은 사주의 중화를 위해 사용한다. 다시 말하면 나를 의미하는 일간(日干)을 편하게 해주거나 지나침을 막아주고 도와주는 오행이다.

사주를 간명할 때 용신은 아주 중요한 요소 중 하나가 된다. 일부에서는 용신을 몰라도 사주명리를 풀 수 있다는 식의 이른바 '용신무용론'을 주장하는 경우도 있기는 하다. 음양오행만으로 대입이 가능하다고 하지만 역시 용신을 사용하지 않는다면 부적절하고 매우 부족하다.

용신은 기적(氣的)이기에 오행으로 나타난다. 추상적이기에 약하고 강한 것을 파악해야 한다. 무형적 체신에 대해 기색을 선명히 하는데 역시 부족하고 넘치는 것을 조절해야 한다. 사주의 질적(質的)·구체적·유형적 특질을 대하고 중화를 조절하기 위해 용신을 선택한다. 즉 사주의 넘치고 약한 성질에 대해 견인차적인 성질을 표명하는 것으로 각각의 오행인 목화토금수로 분류되고 표현된다.

기본적으로 용신은 나를 도와주는 세력이 된다. 여기에서 용신이라는 단어를 사용했다고 해서 일반적으로 종교에서 사용하는 신(神) 개념은 아니다. 기(氣)라고 인식하는 것이 좋겠다.

사주에서 나는 일간이다. 일반적으로 용신은 좋은 개념이다. 용신이라면 우선 좋은 개념이 되지만 반드시 좋기만 한 것은 아닐 수도 있다. 반드시 사용해야 하지만 때에 따라서는 병이 있거나 해롭지 않아도 나를 약하게 만들 수 있다. 이를 병약용신(病弱用神)이라는 이름으로 부르는데 반드시 필요하지만 아주 효율적이지 않은 용신도 존재한다.

용신의 추론은 방법이 아주 다양하다. 일반적으로 가장 많이 사용하는 것으로는 억부용신(抑扶用神)이 대표적인데, 이는 누르고 보충해주어 일주를 도와준다는 의미이다. 명리를 간명하는 많은 학자가 대부분 억부법을 사용하여 용신을 적용하는데 이는 다른 여러 가지 법식이 있지만 억부용신이 가장 효용성이 있기 때문이다. 즉 용신은 일주에서도 일간을 도와준다는 의미이다.

억부용신의 법에서는 부족하면 더해주고 남으면 덜어주는 것을 용신으로 삼는 경우가 많다. 이는 전통적이고 가장 많이 사용하는 방법이다. 가령 사주원국에서 나를 도와주는 세력이 3개 있다고 가정한다면 이는 신약(身弱)하다고 말한다. 이때는 나를 보충해야 한다. 즉 나를 포함하여 나를 도와주는 세력이 부족해 균형의 중화를 이루기 위해서 제일 강하고 효과적인 오행이 들어와 사주원국에 중화를 이루게 되는 것이다. 따라서 용신은 사주원국을 보충한다는 의미가 있다.

용신이 반드시 중화를 이루는 것은 아니다. 가능한 한 중화를 이루거나 가능성이 있게 조절하는 것이다. 그렇지만 사람의 사주를 따져 팔자를 모두 좋게 할 수는 없으므로 중화라는 측면에서 일간을 보충하거나 다른 여러 가지 조건을 살펴 가장 합리적인 오행을 선택하게 된다. 즉 중화를 위해 선택된 오행이 도움을 주면 사주의 일간이 살아나 사주원국이 좋아진다는 이론이다. 그러나 지나치게 힘이 쏠리면 아무리 좋은 중화 조건을 선택해도 중화되지 않는 경우도 있다. 이를 달리 여러 가지 이름으로 붙여 용신을 정한다.

1. 용신이 필요한 이유

일반적으로 용신(用神)은 '사주상 나 자신에게 가장 필요하고 나를 도와주고 이롭게 하는 것'이라고 정의 내릴 수 있다. 즉 나는 일간으로 나를 살리거나, 도와주거나, 보충해주며 내가 지나치면 나를 제극(劑剋)하거나 힘을 빼주는 것이다.

사주에서 필요한 용신의 오행(五行)을 찾는 이유는 여러 가지가 있다. 그중 가장 대표적인 이유는 사주를 완벽하게 다 갖추고 태어나는 사람은 없기 때문이다. 아마도 사주가 완벽하다면 용신은 필요 없을 것이다. 즉 사주에서 부족한 것, 반드시 있어야 하는 것을 채워주기 위해 선택되는 오행이 바로 용신이다.

그러나 지나치게 강한 중에도 다시 오행을 더하는 경우가 있어 때로는 용신이 강한 자를 더욱 강하게 하는데 이를 중화라고 할 수는 없다. 어쩔 수 없이 끌려가는 상황이지만 그래도 용신이라고 하지 않을 수 없다. 즉 용신이란 반드시 사용하는 것으로 이름을 짓는 성명학 등에서도 보충 사용한다.

사람은 태어나면 반드시 사주가 있다. 누군가 정해주는 것이 아니라 자연적으로 주어진다. 태어남과 동시에 주어진다. 이는 사람이 정했지만 부호만 정했고 자연적으로 이루어진다.

자연적으로 주어지는 이 사주는 평생 한 사람의 운명 항로를 예견한다. 사주를 이루는 그 여덟 글자에 음양오행이 골고루 배정되어 균형을 이루는 것이 중요하다. 8개로 된 사주의 8개 글자에서 각각의 글자는 음양오행을 포함해 다양한 의미가 있는데 이를 글자로 표현한 것이지 사실 부호라는 의미가 강하다.

사주 속의 글자가 음양과 오행이 균등하다면 중화가 이루어졌다고 하며 최상의 사주로 친다. 이를 오관사주(五官四柱)라고 한다. 인간의 사주는 오행의 글자로 이루어진다. 즉 모든 글자가 오행의 성질을 부여받는다. 다섯 가지 성질이 모두 있다는 것으로, 평범해 보이지만 인간 사주의 20%만 음양오행이 모두 들어 있다. 즉, 나머지 80%는 음양오행 가운데 한 가지는 빠져 있다는 의미가 된다. 이 빠진 것을 보충하거나 중화해야 한다.

음양오행의 조화는 매우 중요하다. 음양오행이 균형을 이루며 서로 견제하고 도와주는 이른바 상생상극이 자연스럽게 되어야 인생이 평탄하게 흘러가기 때문이다. 지나치게 한편으로 치우치면 다른 생극을 방어할 수 없다. 균형을 이루면 다른 상황에서 극이나 흉이 들어와도 어느 정도 막아주고 균형을 잡는 힘이 작용하기 때문이다. 즉 균형을 이룬 사주에서는 일간이 보호를 받아 편안해진다. 한편으로 치우친 사주일수록 극단적이다.

만약 음양오행이 한쪽으로 치우치고 오행이 모두 갖추어지지 않았다면 어떤 위험이 닥칠까? 오행 중 하나의 기운이 강한 상황인데 다시 또 그런 기운이 들어온다면 다른 오행이 이를 방어할 수 없다. 이를 병(病)이라 한다. 지나치게 강해도 병이고 지나치게 약해도 병이다. 없는 오행이 있다면 역시 병이다.

용신은 근본적으로 일간에 작용한다. 일간이 약하면 일간을 돕는 오행이 필요하다. 일간을 돕는 기운이 다가온다면 일간이 더욱 강해질 것이다. 이런 상황에서는 몸도 건강하고 축재도 이룰 수 있다. 그러나 반대로 일간을 해하는 기운이 다가온다면 몸이 아프거나 재산이 흩어질 것이다. 일간이 약한데 일간을 해한다면 도움이 필요하다. 이때도 일간을 돕는 오행이 필요하다. 이를 막아주거나 보충해주는 오행이 바로 용신이다. 반대로 일간이 너무 강하면 좀 덜어주거나 힘을 빼앗아가야 한다. 일간이 강하면 이런 역할을 하는 오행이 용신이 되어야 한다.

어떤 사람도 완벽한 사주를 갖기는 힘들다. 지나침이 있거나 모자람이 있다. 대통령이나 재벌 총수도 고난이 있고 아픔이 있으며 좌절이 있다. 이들도 인생이 늘 행복하고 평탄한 것은 아니다. 약한 부분이 있다. 이를 보충할 수 있는 오행이 바로 용신이다. 지나치게 한쪽으로 치우쳐 강해도 대성을 이루는 경우가 물론 있다.

사주원국이 좋아도 대세 흐름처럼 대운과 세운의 존재 또한 무시할 수 없다. 대운은 10년 단위, 세운은 매년의 운이다. 대운과 세운에서 문제가 되는 기운을 보충해주는 기운이 들어올 때 이들도 대통령에 당선되고 재벌 총수로서 위력을 발휘하는 것이다. 평소에는 부족한 오행을 찾아 용신으로 보충해야 한다.

용신의 가장 중요한 역할은 중화이다. 어느 한 기운으로 치우친 사주에서 중화해줌으로써 안정감을 주는 것이 바로 용신의 역할이다. 사주의 주인을 나타내는 일간을 기준으로 하여 일간을 돕는 다른 오행이 약하면 용신은 이 일간을 도울 수 있는 오행이 된다. 그런데 일간이 지나치게 강하고 돕는 세력이 강하면 아집이 강한 사람처럼 되므로 일간에서 기운을 설기하거나 극을 주어 일간이 긴장하게 하는 오행이 용신이 된다. 즉 일간이 지나치게 강하거나 약하지 않고 중화를 이루도록 조력하거나 제어하고자 하는 것이 용신이 된다.

용신을 정하는 기본 기준은 다섯 가지가 있는데 근본적으로 억부(抑扶)를 무시할 수 없다. 사주원국을 살펴 먼저 신강과 신약을 따진 다음 강하면 극히거나 설기시키고 약히면 생부(生扶)해주어 최대한 사주를 조화롭게 하거나 중화해야 하는데, 용신은 이 역할을 할 수 있는 오행으로 배치하며 용신이란 이 오행을 가리킨다.

2. 용신을 잡아라

흔히 용신을 가리켜 '용신을 찾지 못하면 십 년 역학 공부 도로아미타불'이라는 말을 한다. 이처럼 사주를 간명(看命)할 때 용신은 매우 중요하다. 용신을 모르면 사주를 풀 수 없다는 것이 일반론이다.

용신 잡는 법을 논하고자 하면 참으로 난감하다. 용신법을 논하면 누구나 자신이 잡는 방법이 최고라 한다. 어찌 보면 통일된 법칙이 없다. 그러면 정말 법칙이 없을까? 아니다. 분명 통일된 법칙이 있고 실제 적용되어야 한다. 누군가는 자기만의 방법이 있다고 주장하는 그럴듯한 이론이 있다. 이 중 대부분은 사기술에 가깝다.

자기 이론을 개발했다는 사람들이 대부분 그럴듯한 이론을 내세우지만 그 이론이란 것이 제각각이다. 다시 말하면 백인백색이란 얘기이다. 그러나 예부터 이미 정해진 용신법이 있으니 증명된 법은 아마도 이것일 것이다. 억부법(抑扶法), 병약법(病弱法), 조후법(調喉法), 전왕법(專旺法), 통관법(通關法)이 바로 그것이다.

이 다섯 가지 용신법이야말로 오래전부터 명리학의 보배처럼 이어진 것이다. 누구나 명리학을 배울 때는 이 기초적이고도 영원한 진리처럼 사용하는 용신법을 배우고 사용한다. 그런데 혹자는 이를 무시하고 자신만의 법이라고 주장하는 용신법을 사용하는데 그것이 옳은 것인지, 맞는 법인지는 아직 모르겠다.

어쨌든 용신 찾는 법을 제대로 배우고 싶다면 다른 것에 우선하여 음양오행 공부와 학습이 충분해야 한다. 명리는 오행에서 시작하여 오행에서 끝난다는 말을 한다. 용신법의 기초도 음양오행을 모르거나 깊이 이해하지 못하면 결국 근거 없는 낭설을 주장하는 것이나 다름없다. 오행을 찾아 이해하고 학습함으로써 천성적으로 타고난 본질의 성격과 사주에서 드러나는 습관을 정확하게 알 수 있다. 오행을 이해하고 적용하는 과정을 거치고 나서야 정확한 용신을 찾을 수 있다.

용신은 의외로 간단한 공식이 있다. 그러면 어떤 용신을 사용하는가? 여러 가지 방법이 있다. 억부(抑扶)와 병약(病弱), 조후(調候)와 통관(通關), 전왕(專旺) 중에서 시기와 음양오행의 조화를 살펴 감각적으로 사용하는 방법이 가장 잘 어울린다. 문제는 자신의 감각이 어느 쪽으로 발달했느냐가 될 것이다. 혹자는 억부법을 가장 잘 사용할 테고 혹자는 통관법을 잘 사용할 것이다. 가장 적합한 것은 이 다섯 가지 용신법을 적절하게 혼합해 사용하는 것이다. 이 다섯 가지의 가장 기본적인 용신을 무시하고 용신을 논하기는 어렵다.

그럼 어느 것이 가장 중요한가? 이는 중요하느냐고 묻는 것이 아니라 어느 것을 먼저 적용하는지 묻는 것이다. 성보는 억부보다 조후를 먼저 적용한다. 이는 절기(節氣)를 파악하는 것이다. 기후를 파악하는 것이다. 이 이치는 아주 간단해서 만세력을 살피면 알 수 있다. 흔히 사주를 뽑는다고 말한다. 생년월일시에 맞추어 사주를 선택할 때 가장 기준이 되는 것이 절기이기 때문이다. 이 절기와 관계있는 것이 바로 조후용신이다.

사주는 과학이라는 명제를 이루기 전에 기후와 관련이 있으니 절기를 무시할 수 없다. 역학을 연구하는 이들 중 한 분은 명리학을 기상학(氣象學)이라고 소개했다. 이는 철저하게 절기를 의미하는 것이다. 목기(木氣)

가 강하면 봄이고 금기(金氣)가 강하면 가을이다. 이처럼 어느 오행이 계절을 장악하느냐에 따라 그 시기에 태어난 사람에게 필요한 오행을 배정할 수 있다. 단 절기를 파악하여 용신을 적용할 때, 모든 상황에서 조후용신을 적용하지는 못한다.

이어 사용할 수 있는 것이 억부법이다. 억부법을 사용하여 중화하는 것이다. 이어 통관, 전왕을 적절하게 배정할 수 있다. 그렇게 배정한 용신이 병약 용신인지 파악하는 것도 중요하다. 조금 더 익숙해지면 격국(格局)이라는 것을 배운다. 이 격국에 따라 용신이 바뀌는데 이를 외격(外格)의 용신이라 한다. 용신법을 따라가면 내격이냐, 외격이냐를 논하게 되는데, 이는 후일의 일이다. 격국을 논한다 하더라도 가장 많이 사용하는 방식은 크게 다섯 가지가 있다.

1) 병약

부(扶)하는 것을 희(喜)로 하는 것, 그 부하는 것을 극하는 것을 다시 극하는 것이 병(病)으로 된다. 달리 보면 가장 약한 것이라는 의미도 있다. 제(劑)하는 것을 희로 하는 것, 그 제하는 것을 극하는 것을 다시 극하는 것이 병으로 된다. 그 병이 되는 신을 제하는 것이 곧 약(藥)이다. 이것은 병약(病藥)의 법을 용신으로 하는 법이다. 달리 보면 병이 있는 용신을 치료하는 것이 바로 약이라는 의미이다.

사주팔자라고 모두 건강한 것은 아니다. 사주팔자에서 병이 들면 고치기 위해 약이 있어야 한다. 우주만물에는 병이 있다. 약한 것도 있다. 치료해야 한다. 병약 용신이란 아주 간단한 이치를 가지고 있다. 용신을 잡았는데 지나치게 약하면 병이 있는 것으로 본다. 병이 있으면 약이 있는 법이 아닌가? 명리의 용신에서 허약한 용신을 위해 사용하는 약은 용신을 극하는 기신(忌神)을 제거해주거나 극제(剋除)하는 오행이다. 이 기신을 극하는 것이 바로 희신이다.

사주 내에는 반드시 병이 있다. 사주 내에 병이 없고 약이 없다면 그 사주는 빈천하다고 말한다. 병약한 사주에서 해결할 수 있는 약이 있어서 해결된다면 이것은 단순한 사주보다 더욱 귀하게 여기며 고난을 이기고 자수성가하는 것처럼 부와 명예를 얻게 되니 진정한 사주의 예술이라 할 만하다.

2) 조후

사실 병약보다 조후(調候)를 먼저 들고 싶다. 명리학은 음양오행을 다루지만 절기에 가장 큰 영향을 받는다. 사주를 뽑는다고 하는데 생년월일시를 살펴 천간과 지지를 따져 사주팔자를 뽑을 때 사용하는 만세력을 보면 절기 표시가 확연하다. 또 절기를 지났는지 지나지 않았는지에 따라 년주와 월주가 달라진다. 사주를 성립할 때 절기를 무시할 수 없다. 이 절기는 바로 오행을 구분 짓는 일종의 선이다.

목의 기운은 봄이고 입춘(立春)에서 시작된다. 이러한 공식이 바로 오행이 절기에 영향을 받는다는 것이다. 사주의 글자 하나하나가 오행을 부여받는데 이 오행이야말로 절기력을 나타내는 부호이다. 이 절기를 가장 중요하게 여겨 약하면 보충하고 강하면 제압하는 오행을 사용한다. 금수(金水)는 동(冬)에 생하고 목화(木火)는 하(夏)에 생한다. 이 시기의 절기를 타고나는 사주는 크게 냉(冷)하고 크게 서(暑)하다. 봄의 기후는 지나치지 않으니 조후가 필요치 않다. 가을에도 조후가 그다지 필요치 않다. 그러나 여름과 겨울은 지나침이 있어 반드시 조후를 필요로 한다. 지나친 치우침에서 기후를 조절하는 것이 급선무이다. 억부법에서만 따지다보면 겨울철에 태어난 목일주(木日柱)에 수(水)를 용신으로 제시할 수 있는데 이는 매우 지나침이 있는 용신법에 해당할 수 있기 때문이다. 이것이야말로 조후의 법을 용신으로 하는 법이다.

3) 억부

가장 많이 사용하는 것이 억부(抑扶)법이다. 용신의 가장 중요한 역할은 중화를 하는 것이다. 중화에 가장 유용한 용신법이 억부법이다. 지나침이 없어 강하고 약함을 중화하는 것이다.

사주의 주인은 일간이다. 일간을 생조하는 인성과 비겁의 세력이 강하면 신강이고 약하면 신약이다. 이를 가려 일간이 인성과 비겁의 도움으로 강하면 이를 제(制)하는 오행을 사용하게 되고 일주를 기준으로 비겁과 인성이 없거나 약해 일간이 약한 것은 부(扶)하는 억부(抑扶)의 법으로 용신으로 삼는 것이다. 이 기준은 8개 글자를 가지고 따지는데 1~8 까지 숫자에 대입한다. 단 월지는 1이 아닌 2로 배정하는데 이는 월지가 어머니 같은 역할을 하기 때문이다. 즉 월지는 일간의 뿌리이다.

4) 통관

통관(通關)은 글자 그대로 기를 통하게 하는 것이다. 대체로 두 기운이 대립하는 경우이다. 이 경우는 다섯 가지로 이루어진 오행에서 세 가지 만 나타나는 경우가 있을 때 주로 적용된다. 두 개의 대립을 양신(兩神) 이라고 한다. 두 기세가 대립하는 사주에서 주로 사용한다. 두 개로 나뉜 세력의 힘이 균등하거나 평균하여 각각의 기운이 대립하여 화(和)를 이 루지 못할 때, 이것을 순조로운 방식으로 물 흐르듯 연결해 조화를 이루 는 것이 통관용신이다. 일반적으로 비슷한 세력이 둘로 나뉘어 균등하고 그 사이에 두 기세를 연결하는 오행이 있어야 한다. 이것이 통관(通關) 용신이다.

5) 전왕

전왕(專旺)이란 강하다는 의미이다. 8개 글자 중에 7개가 하나의 오행 을 표방한다고 가정해보자. 나머지 하나의 글자가 지닌 오행이 무슨 수로 거역하겠는가! 아무리 강한 장군도 일곱 명에게 에워싸이면 항복해야 한다. 즉 사주의 기세가 완벽할 정도로 한쪽으로 치우쳐 거역하기 어려울 정도로 왕하면 그 기세에 거역함은 결국 죽음을 부를 뿐이니 대항하거나 다른 방법을 모색하기는 불가하다.

전쟁과 같은 것이다. 적의 군사가 100명인데 나 혼자는 아무리 강해도 싸울 수 없다. 결과는 죽음뿐이다. 미안하고 안타깝지만 항복하여 목숨을 구하는 것이 가장 현명한 방법이다. 용신법에서도 그렇다. 주변의 모든 세력이 한 가지 오행으로 왕하고 한두 글자만 홀로서기를 한다면 적이지만 허리를 숙여야 한다. 즉 그 세력에 순응하는 것으로 용신을 삼아야 견뎌내 내일을 도모하는데 이를 전왕용신이라 한다.

사람의 사주에는 목화토금수 다섯 가지 오행이 있지만 모든 오행이 골고루 나뉘어 있다는 보장은 없다. 이때 한 가지 오행이 너무 치우쳐 독불장군처럼 몰려갈 때는 칼을 뽑아들고 싸우자고 하거나 대들기보다는 오히려 허리를 숙이고 무리가 있는 쪽으로 일행이 되어 따라가는 수밖에 없다. 그래야만 무너지지 않고 살아남을 수 있다. 이에 종격(從格), 화격(和格), 일행전왕(一行專旺)이 되는 격국은 모두 이 부류이다.

7장

격극

명리를 배우는 사람이 일정한 단계에 오르면 다음 단계를 익히기 시작한다. 이 과정에서 한동안 가장 어려운 것이 격국(格局)이다. 아울러 신살이다. 신살은 찾아 적용하면 그만이지만 격국은 상황이 다르다.

격국론은 현대 사주 명리학에서 용신론과 더불어 양대산맥이라고 할 수 있다. 격국론은 청나라 때 심효첨이 쓴 영원한 명리학의 고전 《자평진전(子平眞詮)》이라는 책에 잘 설명되어 있다. 《자평진전》은 《궁통보감(窮通寶鑑)》, 《적천수(滴天髓)》와 더불어 역학의 3대 기본서이자 사주 판단을 할 때 가장 기본이 되는 책으로, 명리학을 공부하는 사람이라면 누구나 읽어야 하는 고전이다.

《자평진전》에 통달하지 않고는 명리학을 이야기할 수 없다고 해도 지나친 말이 아닐 정도로 명리학의 기초를 논리적·체계적으로 설명한 책이다. 격국은 이 책에 의탁하여 설명하려고 한다.

1. 격국이란

어찌 보면 격국론은 용신론으로 부족한 것을 보충하고자 만들어낸 이론은 아닐까 하는 생각이 든다. 또 깊이 생각해보면 명리학자들의 몸부림이라는 생각이 든다. 사실 격국론은 많은 명리학자에게 지대한 영향을 미쳐왔으며 계속 영향을 미치는 것도 사실이다. 용신론으로 해결하지 못하는 것은 격국을 적용하여 푼다는 이야기도 있다. 심지어 격국을 할 줄 아는가의 경계가 초급 명리인지, 중급 명리인지 가른다고 주장하는 학자들도 있을 정도로 격국은 명리학의 격을 정하는 한 단계로 인식된다.

지금까지 명리의 꽃은 용신이라는 사고를 하게 되었을 것이다. 틀린 말이 아니다. 용신을 모른다면 간명은 물 건너간 것이다. 그런데 정말 화가 나는 일이 발생한다. 지금까지 익힌 용신이 헷갈릴 수 있으니 바로 격국론 때문이다.

격국론에서도 용신 개념을 설명하나 지금까지 공부한 개념과는 매우 다르다. 즉, 지금까지 공부한 병약용신, 조후용신 혹은 억부용신 개념과는 다른 개념의 용신이 나타난다. 이는 철저히 격국 때문이다. 이전의 용신법과 전혀 다른 내용이라 혼돈의 소지가 크며 실제로 용신론과 갈등으로 헤매는 사람이 적지 않다. 따라서 격국에서 용신법은 조심스럽게 접근해야 한다.

사실 사주에서 어느 용신이 옳다고 볼 수는 없다. 한 부분만 옳다는 것은 말도 되지 않는 소리이다. 형충파해는 옳고 합은 틀리다고 말할 수 없듯 억부용신은 맞고 격국은 틀리다고 할 수 없다. 어느 용신을 활용하는

가는 바로 풀어가는 사람의 생각이다. 각각 기능이 달라 적용도 다르고 활용 측면도 다르기 때문이다. 누군가는 소총으로 잘 싸우지만 누군가는 대포를 잘 사용한다. 사용하는 무기가 다르다고 나무랄 수 없듯 용신론을 잘 적용하든 격국을 잘 적용하든 쓰기 나름이다. 결국 억부를 비롯한 다양한 용신법은 물론이고 격국도 무시할 수 없다. 최근 추세는 혼합이거나 복합이라고 볼 수 있다.

최근 사주학은 다양한 학설이 난무하며 지난 반세기와 달리 매우 발달하고 있다. 요즘 사주 풀이를 하는 많은 명리학자나 술사들은 오래도록 주장해왔거나 땅콩껍질 속처럼 주장했던 사고의 틀을 깨고 있다. 과거에는 한 가지 방법만 주로 사용했다. 그러나 지금은 풀이나 적용이 달라지고 있다. 복합적인 사고를 바탕으로 발전하고 있다.

이는 적용 측면에서 볼 수 있다. 최근 명리학자들은 용신법을 주로 사용하며 아울러 격국론을 따져 혼용하는 경우가 많다. 또 오주괘(五柱卦)나 기문둔갑(奇門遁甲), 매화역수(梅花易數) 등 다양한 역서와 점술학을 적용한다. 이러한 적용법이 새로운 것은 아니다. 전에 없었던 것이 아니라 두드러질 뿐이다. 결국 중요한 것은 어떠한 방법을 쓰든 사주의 본체가 원하는 오행은 있기 마련이니 어떻게든 용신을 뽑아내 적용하고 적극 대입해야 한다는 것이다.

명리학은 하나의 줄기처럼 보이지만 그 속을 알 수 없다.《적천수(滴天髓)》시대처럼 적용하는 방법도 아직 통용되거니와 일본이나 중국에서 더욱 발전한 새로운 명리 대입법들도 적극 수용되어 적용되고 있다. 그 대표적인 것 중 하나가 오주괘이다.

이와 더불어 새로운 이론들도 모습을 드러내 명리학이라는 학문 체계에서는 군웅할거에 들어간 모습이다. 마치 제자백가(諸子百家)시대를 연상시킨다. 이 나라 대표 명리학자들의 이론을 살펴보면 여기저기에서 상충(相沖)하고 있음을 느낀다. 그런 측면에서 보면 격국론과 용신론은 이미 오래전 천하통일을 경험한 백전노장이며 천하에 가릴 것 없는 노장의 모습이다.

우리나라만 보더라도 그렇다. 지방마다 특색이 있듯 명리학도 풀이 방법이 제각각 특색이 있는 것을 볼 수 있다. 학문은 한 뿌리일 수 있으나 가지는 벌어지는 법이다. 즉 격국론도 명리학의 여타 이론과 마찬가지로 적용해 해석하는 방법이나 일일이 분할하여 격국을 나누는 방법 등에 대해서도 한 가지 이론이 아니라 다양하고 적용이 가능한 여러 이론이 상존하고 있음을 볼 수 있다.

2. 격국론의 이해

격국과 용신은 초학자들에게 매우 어려운 부분일 수밖에 없다. 그러나 반드시 돌파해야 할 관문이다. 그래서 부언하면 좀 더 정확하게 오행의 흐름을 파악해 파고들 수밖에 없다는 것이다. 오행을 이해하지 못한다면 명리학의 바탕은 흔들리고 무너질 수밖에 없다. 오행의 이해 속에 용신론과 격국법이 있다. 이 중 용신은 꽃잎 중 밖의 꽃잎이고 격국은 속의 꽃잎에 해당할 것이다.

흔히 격국은 정격(正格)과 외격(外格)으로 구분한다. 이는 어찌 보면 구별법에 불과할 수도 있다. 그러나 예부터 이리 불러왔고 이렇게 구분되어왔으니 우선 정법을 따를 수밖에 없다. 격국의 종류에 따르면 격국을 나누는 방법도 여러 가지가 있으나 일반적으로 크게 내격과 외격으로 나누며 외격 또한 전왕격(專旺格), 종격(從格), 종화격(從和格), 화기격(化氣格) 등으로 크게 나누고 그외에 여러 가지 특수한 격으로 나누기도 한다.

격국도 깊이 들어가면 끝이 없다. 적용하기에 따라 일행득기격(一行得氣格), 종약격(從弱格), 종세격(從勢格), 가종격(假從格), 화격(化格), 괴강격(魁罡格), 잡기격(雜氣格), 시묘격(時墓格, 月上雜氣格), 사위순전격(四位純全格), 양신성상격(兩神成象格), 천전일기격(天全一氣格) 등 깊이가 한이 없다. 따라서 모두 설명하기에는 부족하므로 정격을 포함한 몇 가지만 다루어보고자 한다.

격국론은 이름부터가 지나치게 강하고 이해하기 어려운 구조이다. 사실 격국론을 단순하게 분류하여 설명한다면 사주의 월지를 살펴 월지와 일간의 관계를 따져 격을 정하는 것이다. 그리 생각하면 단순하고 쉽게 느껴지지만 파고들면 이 또한 쉬운 것은 아니다.

격국은 정격과 외격으로 구분한다. 정격은 달리 내격(內格)이라고 말하기도 한다. 정격은 8개가 있어 팔정격(八正格)이라 부르는데 이에 비교해 외격은 달리 보아야 한다. 즉 정격으로 구분하기 어려운 것을 외격이라 부르는 것이니 한두 가지가 아니어서 머리가 아프다. 굳이 그 숫자를 따지면 700가지나 된다고 하니 외우기 전에 한이 나오고 적용을 생각하면 한숨만 나온다. 그래서 처음부터 외격을 달달 외우다가는 지쳐 재미를 잃어버릴 것이다. 차라리 이해하는 것으로 만족하고 적용을 자연스럽게 해야 하는데 시간이 필요하다.

따라서 격국을 공부할 때는 우선 정격을 공부하는 것으로 시작하는 것이 좋다. 정격은 이름 그대로 정해진 모습이 단순해 익히기 쉽다. 정격을 공부하고 나면 격을 세우는 방법을 깨우치게 되며 그 후 반드시 필요한 몇 가지 외격을 공부하는 것이 도움이 된다. 모든 격을 익히고 깨우칠 수 없으며 적용이 모두 올바르다고도 여겨지지 않는다. 정격을 익히는 것이 가장 빠른 방법이다. 그 후에야 외격의 격국이 왜 그리도 다양하게 발전하고 분석되는지 원리를 깨닫게 될 것이다.

3. 팔정격

팔정격(八正格)은 달리 내격이라 한다. 가장 단순하게 판단하는 것이 빨리 익히는 지름길이다. 일반적으로 적용하는 방법은 단순하다. 월지에 인성이 있으면 인수격이라 하고, 정재가 있으면 정재격, 편관이 있으면 편관격 등으로 격을 만든다. 여기서도 월지의 지장간 중에서 천간으로 투출한 오행을 격으로 잡는 것을 볼 수 있는데 결국 이것은 그 사주에서 가장 힘이 센 오행을 찾는 것이라 여겨진다. 격국의 문제점은 획일성이다. 성국이 되었기에 이런 성격이고 무엇을 이룰 수 있다는 판단이 때로 문제가 되기도 한다.

월지에서 운용보다 오로지 격국이나 용신을 구하고, 그 사주가 올바른 성격(成格)이 되었느냐 파격(破格)이 되었느냐를 따져 사주 주인공이 사회에서 성공할지를 가리는 경우가 대부분인데, 이것이 격국의 올바른 해석인지 생각해보아야 한다. 이는 월지에서 사회성을 나타내는 곳이라 일리는 있으나 그밖에 개인의 운에 따른 길흉이나 건강 또는 구체적 사안의 통변에는 약간 한계를 보이는 것도 부인할 수 없다.

정격을 살펴보면 육친 이름에 격을 붙인 것이라 볼 수 있다. 특징이라면 통합과 분할의 묘미이다. 편재와 정재로 구분하지 않고 재성으로 묶고 정인도 편인과 구분하지 않고 인성격이라 부른다. 비겁이라는 용어는 비견과 겁재를 모두 포함하는 것이다. 그러나 어디에도 비견격이라는 말은 없다. 언뜻 보아서는 일정한 기준에서 벗어난 것으로 보인다. 어쨌든 비겁격이라는 격국이 없는 대신 녹겁격(祿劫格)이라 이름 붙였다. 이는 달리 비겁에 대한 격과 건록격으로 구분하는 이론도 있다고 하지만 그냥 녹겁격으로 정한 이론에 따르기로 한다. 따라서 일정한 해석에 들어서는 분리할 이유가 있다면 분리할 것이다.

내격의 여덟 가지 격국 중 네 가지는 좋은 격국이고 나머지 네 개는 나쁜 격국으로 표현한다. 좋고 나쁘다는 표현이 어울리지 않는 것일 수 있다. 그러나 길신이나 흉신으로 표현하면 그런 내용이 된다. 육신 중 재성, 정관, 인성, 식신을 재관인식(財官印食)이라고 표현하며 이를 좋은 역할을 하거나 영향을 주는 것으로 보아 사길신(四吉神)이라고 한다. 그와 비교하여 칠살, 상관, 겁재, 양인을 살상겁인(殺傷劫印)이라고 표현하며 이를 사흉신이라고 한다. 이밖에도 비겁과 양인, 건록에 대한 부분이 있고 사길신과 사흉신을 일러 팔정격이라 한다.

　내격은 월지에 따라서 인수격, 편인격, 건록격, 양인격, 식신격, 상관격, 정재격, 편재격, 정관격, 편관격의 십성에 따라서 격을 정한다고 보면 된다. 여기서 인수격이란 정인격을 말하며, 건록격은 비견격이라고 보면 되고, 양인격이란 겁재격으로 보면 십성(육친)과 연결된다. 8정격이라고 하는데 여덟 가지 이상의 다양한 이름이 나타나는 것은 아직도 격국이 발전 단계에 있기 때문이 아닌가 하는 생각이 든다.

　격국론에서는 재격(정재, 편재), 정관격, 정인격, 식신격은 사길격이라 하며 순용(順用)한다고 하고 칠살격(편관격), 상관격, 편인격, 양인격은 사흉격이라 하여 역용(逆用)한다고 한다. 순용과 역용이라는 단어에 용신이 들어 있다. 결국 이 상황에서는 격국에서도 억부의 기능이 중요하게 다루어진다는 의미를 지닌다.

　순용이란 사주를 분석하여 상황에 따라 격국을 이룬 오행을 돕거나 설기시키는 오행을 용신으로 잡는다는 뜻이며, 역용이란 격국을 이룬 오행을 극하는 것으로 용신을 삼는다는 뜻이다. 결국 억부의 의미가 사라지는 것은 아니다. 따라서 사길격에서 격을 극하는 오행을 용신으로 한다든가 사흉격에서 격을 생조하는 오행을 용신으로 삼으면 파격이 된다.

1) 재성격(財星格)

정재격

정재격은 월지에 정재가 있다. 일간에서 보아 월지가 정재인 것이다. 육친에서 풀이하는 정재격의 성격이 적용된다. 재물과 관련이 깊음을 알겠다. 사회성은 정재의 성분이 그대로 적용되어 나타난다. 즉 근면 성실하게 재물을 모으는 일이야말로 정재격의 특징이다. 따라서 안정적인 직장이나 금융업, 신용업을 비롯하여 바르고 역동적이지 않으며 안정적인 사업에 종사할 가능성이 많다.

정재격 예시			
天干	丁	庚	己	乙
地支	丑	辰	卯	亥

편재격

편재는 정재와 같이 재물과 관련이 있다. 편재격은 정재와 같은 재격이나 일간과 음양이 서로 같다. 일부 이론에서는 정재격과 편재격을 나누지 않는 경우도 있다. 이 경우 월지에 재성이 자리한다면 재격이 되는 형상이다. 그러나 현장에서는 나누어 판단하는 경우가 많다.

편재격의 사회성은 일정하지 않은 돈을 의미한다. 따라서 일정한 급여가 주어지는 회사에 근무할 가능성은 적다. 즉 자기 사업의 의미가 강하다는 것이다. 따라서 장사나 무역, 유통업, 부동산, 증권처럼 투기성 있는 사업이나 불규칙한 재물이 주어지는 일에 종사할 가능성도 많다. 급여도 일정하지 않을 가능성이 있다.

일정하지 않은 재물이라 나의 재산이나 유산이 아니라 남의 재물을 이용하여 사업을 할 가능성이 많다는 것도 이 편재격의 특징이다. 은행에서 빚을 내어 투기하는 경우가 있는데 바로 이 격국이 지니는 특징이다. 정재격보다는 큰 사업을 할 가능성이 많아 큰 기업을 운영하는 사람들에게 많이 나타나는 격국이다.

편재격은 월지(月支)의 지장간 중에서 본기(本氣)가 천간으로 투출한 것으로 격을 삼는다. 본기의 투출이라는 점에 주목해야 한다. 예를 들어보자. 만일 사주의 월지가 인월(寅月)일 경우 인목(寅木) 속의 본기인 갑목(甲木)이 일간 외의 다른 3개 천간에 투출하였는지를 살펴서 투출하면 격국으로 잡는 방법이다. 년천간, 일천간, 시천간 어디든 투출되어야 한다. 만약 이 경우 다른 3개 천간에 갑목이 투출하지 않으면 편재격이 성립되지 않는다.

편재격 예시			
天干	辛	庚	丙	甲
地支	未	戌	寅	子

2) 정관격

정관격(正官格)은 월지에 정관이 있을 경우이다. 정관은 안정적이고 지배적인 사회성이다. 매우 안정적인 격국 중 하나이다. 즉 국가가 시민을 지배한다는 의미를 주는 것과 유사하다. 정관격의 사회성은 사회적으로 인정받는 직업성이다. 공무원이나 법조인과 같은 직업에 종사할 가능성이 많은데 이는 근무하는 곳이 국가기관이나 큰 기업이라는 것을 의미한다.

정관격을 지닌 사주의 주인은 일반 기업에 종사하더라도 기획실이나 감사실 등과 같이 기본적인 원리와 원칙이 강조되는 업무에 종사할 가능성이 많다. 큰 그룹에서 근무한다면 다른 어느 부서보다 인허가, 특허, 법정대리를 담당하는 법무실에서 근무할 가능성도 배제할 수 없다.

정관격 예시			
天干	庚	丁	丁	乙
地支	寅	未	亥	卯

정관격의 경우 위의 사주명식처럼 신왕인왕(身旺印旺)하다. 이처럼 비겁의 도움으로 일간이 강하고 인성이 강하면 식상운(食傷運)이 와도 설기가 되지 않으며 본기가 버텨주니 나쁘지 않다. 단 관살혼잡을 볼 때는 월지를 유심히 살펴야 한다.

일반적으로 정관격은 극(剋)의 과정으로 겁재를 공격하여 부친을 구하고 정인(正印)을 생조하니 부모에게 효도하는 명이다. 재물을 파하는 비겁을 제하여 정재를 지키고 자식을 끔찍하게 위하니 가정적이고 보수적이다. 따라서 여자라면 현모양처라는 말을 들을 수 있다. 돈을 중하게 여기고 숨기는 속성이라 정치인이라면 뒤가 구리다는 말을 들을 수도 있으며 원국의 구성에 따라서도 부정축재(不正蓄財)로 결과가 좋지 않을 수 있으니 조심해야 한다. 즉 재산에 대한 애착이 강하고 재산을 탕진하여 새어나가도록 조절하는 비겁을 두드리고 핍박하여 돈의 흐름이 이어지니 부정축재자가 많다는 이야기다.

관이 높아지면 상관(傷官)을 피하여 자식들을 외국으로 유학 보낸다. 명식에서 상관은 여론공포에 해당한다. 간혹 정치인들의 모습이 생각나는 이유가 바로 여기에 있다. 정치인들 자식이 외국의 유명한 대학에서 특혜를 받거나 실력이 있어 입학하는 것을 보아왔기 때문이다. 실력이 있어 유학한 경우에도 정치인이나 고위 행정가의 자제는 도피성으로 보이는 것도 바로 이 정관성 때문이다.

정관격의 경우에는 형제나 친구격인 비겁을 두려워하지 않으니 이 또한 문제이다. 정관격의 사주 주인은 친구들을 친구로 생각하는 것이 아니라 자신이 부리는 부하로 생각하기 쉬워 친하고 헌신적인 친구들이 없다. 정관격은 자신을 지배자적 위치로 생각하고 행동한다. 관이 중첩하면 형제 중 잘못되거나 일찍 죽을 수도 있다.

정관격은 때로 겉과 속이 다른 인품을 지니게 한다. 바로 정치인의 모습이다. 정치인은 얼굴과 속이 다른 경우가 아주 많다. 밖에서는 올바름을 논하지만 안에서는 불합리한 타협을 일삼는 격이다. 때때로 정관격 소유자는 지나치게 보수적인 성격을 드러내는데 이는 가부장적인 모습이다. 때로는 괴팍하고 성질을 잘 낸다. 인면수심(人面獸心)이라는 말이 떠오르는 경우도 바로 이 정관격이다. 즉 겉으로는 도덕적으로 보이나 내실은 부도덕한 모습으로, 이는 정관격의 전형에 속한다.

정관격은 상관이 가장 무섭다. 정관격은 상관대운(傷官大運)을 맞이하면 바로 죽음의 고통이나 다름없다. 상관운이 돌아오면 극이 되므로 몸을 사리고 가능한 한 자라목이 되어야 길하다. 상관운이 들어오면 정관을 극하여 위기가 닥친다. 재판에 걸리고 소송에 시간을 낭비하며 툭하면 병원에 간다. 그러나 항상 이런 모양이면 살 수 없다. 따라서 사주원국에 정인(正印)이 있으면 상관을 극해 그 역할을 하지 못하도록 하므로 어쨌든 무사히 넘어간다.

정관은 행정조직을 의미한다. 나를 지배하는 것이다. 그래서 정관격의 사주는 국가기관에 근무하면 잘 적응하고 출세할 수 있다. 전형적인 공무원 사주라고 할 수 있다. 기업과 같이 국가기관이 아니라면 인사관리에 적합하고 기획을 하는 부서가 어울린다. 법질서, 윤리, 도덕 등의 사고를 가지고 있다.

정관은 아들이기도 하다. 남자 정관격은 자식이 잘되며 자식을 낳고 출세한다. 만약 정관이 공망이면 자식과 인연이 멀다. 여자 정관격은 남편을 잘 만나고 출세시킨다. 정관격은 여자 사주 중 최고다.

정관과 칠살이 혼합되면 관살혼잡이다. 여자 사주에서 관살이 혼잡된 명은 여러 남자를 상대하는 직업을 가져야 괜찮다. 관이 있는 명은 돈을 모으고 산다. 재산을 지키는 힘이 강하다. 관인생은 실력으로 얻은 관이니 수명이 길고 재생관은 돈을 주고 산 관이니 명예직이라 수명이 짧다. 관은 인성이 없으면 허관이다. 또한 살로 변한다.

3) 인성격

인수격

인성격(印星格)은 달리 인수격(印綬格)이라 한다. 일부에서는 인성격을 인수격과 편인격으로 나누기도 한다. 이 중 인수격은 월지에 정인이 있을 경우에 한하여 부르는 것으로 정인격이라고도 한다.

갑목(甲木)일간의 경우 자월(子月)에 태어나면 인수격이 된다. 병화(丙火)일간이라면 월지는 묘월(卯月)이 될 것이다. 즉 월지가 인성이어야 한다. 월지는 사회성을 보는 궁이다. 따라서 월지를 통해 사회적 활동과 그 범위를 파악할 수 있다. 인수는 교육과 육성에 매우 적합하다. 월지에 인수가 자리하여 이루어진 인수격 사주는 교육, 언론, 행정, 번역, 기획과 같은 업무에 적합하거나 근무할 가능성이 높고 서점 등과 같은 업무에도 인연이 많다.

인수격 예시				
天干	丙	庚	己	乙
地支	午	寅	未	巳

위의 사주를 눈여겨볼 필요가 있다. 이 사주의 월지를 유심히 살펴야 한다. 미월(未月)의 본기(本氣)인 기토(己土)가 천간에 투출되었음을 볼 수 있다. 아울러 토생금의 이치로 정인이 월지를 장악하고 있다.

인수격의 특징을 살펴보면 지나치게 고리타분하고 보수적이다. 그러나 사주에 인(印)이 있으면 남한테 무조건 인정받는다. 인성은 선비의 성분이고 배움의 별이니 학자(學者)의 성분이다. 배운 것을 기억해서 옮기는 재주가 있다. 그래서 교사와 교수의 별이다.

식신은 창출성이며 상관은 행동력이다. 그럼에도 인성이 없으면 공부는 하지만 벼슬은 하지 못한다. 글자 배열에 따라 그 명식이 달라지고 결과도 달라진다. 똑같이 정인과 관성이 있어도 배치에 따라 결과는 달리 나타나기 마련이다.

인수격에 관을 쓰면 벼슬을 하지만 인을 쓰면 학자의 명이다. 같은 인과 관이 있지만 자리에 앉은 모습에 따라 달리 나타나는 경우이다. 혹 학자의 길을 갔다고 하더라도 인수격은 돈 몇 푼 먹고 잘리므로 절대로 뇌물을 먹으면 안 된다. 관료직으로 진출하였다가 적은 양의 뇌물에 뿌리째 잘리는 경우는 인수격이 많다.

인수격은 길신이라 극을 두려워하고 인성의 극을 파하는 것은 정재이다. 인수격 사주는 어머니와 인연 때문에 결혼하면 아내와 갈등이 많으니 분가(分家)해야 한다. 즉, 어머니와 아내가 싸우니 부부불화도 일어난다. 인성이 강하거나 인성을 지지에 깔거나 인성격인 경우는 아들이 어머니 입김에서 벗어나기 어려우니 분가가 가장 이상적인 판단이다.

남명(男命)에 정인이 시(時)에 있으면 자녀에게 효양(孝養)을 받으며 말년을 편하게 보낼 수 있다. 정인이 년월주(年月柱)에 있으면 부모와 윗사람의 자애와 덕을 받는다. 인수격은 인격적으로 부모에게 효도하는 마음이 강해 재(財)가 많으면 인을 때려 나쁘다. 결국 아내와 다툴 수밖에 없다. 인성격은 비겁(比劫)이 많으면 정인의 기를 감세해 두려워한다. 즉 비겁이 정인의 기를 설기하는 것이니 두렵다.

인수격은 돈을 알면 치사해진다. 여명(女命)에 정인이나 편인이 많으면 자식이 귀하다. 부모를 모셔야 하니 자식을 낳기 힘들거나 거두기 힘들다는 의미가 된다. 여자 사주 인수격의 년지에 정인이나 정관이 있으면 공부를 잘한다. 이는 부모나 조상이 돌보는 격이니 초년운에 공부를 잘할 수 있는 운이 조성되는 것이다.

남자 사주 인수격은 여자나 재물을 멀리할 것 같지만 오히려 무질서하게 밝힌다. 체면과 명분을 중시하나 이는 표면적인 말이고 실상은 자기 말이 법이다. 남자 인수격은 장사하면 망한다. 어쩔 수 없는 상황이라 장사를 하려면 문화 사업이나 생산성이 있는 제조업을 해야 한다. 남자 사주의 인수격은 관과 인이 있으면 명망이 높고 영달한다.

인이 많다는 것은 후원자가 많다는 것이니 백그라운드가 튼튼하다는 것이다. 나를 위해 물불을 가리지 않는 어머니가 뒷받침하는 것이나 같다. 도장을 써서 계약하고 매매가 발동하여 문서를 받는다.

인수격은 책을 쌓아두고 읽지 않아도 폼을 잡는다. 인수격들은 재운을 만나면 어떤 경우라도 공부하지 않는다. 따라서 대입시(大入時)에 재운을 만나면 돈을 쓰고 놀기 바쁘며 게임에 몰두하지 공부를 하지 않는다. 인성운에 공망이면 잠깐 연구하거나 글을 쓰기도 한다. 인수격은 나름 자존심이 있어 체면 깎이는 일은 하지 않으려 하고 남들한테 베풀려는 마음도 없다.

편인격

편인격을 인정하느냐 마느냐는 본인이 판단할 노릇이다. 편인격은 일간을 생해주는 오행이 반드시 월지에 자리해야 한다. 예를 들어 일간이 화(火)의 오행을 지닌 일간이라면 월지에는 화의 오행을 생하는 목의 오행을 지닌 지지가 자리해야 한다. 이는 편인의 역할이다. 그런데 같은 오행을 지녔다 해도 인수가 아닌 편인이다. 즉 일간과 음양이 같은 편인이 자리할 경우 이를 인수격과 달리 편인격이라고 한다.

월지는 사회성을 나타내므로 편인의 특성이 나타나는 직업을 가지는 경우가 다변하다. 이 계통의 사회성으로는 편인은 병원이다. 따라서 의사가 가장 어울리는 직업이다. 그밖에 역술인, 종교인, 예술인, 언론인 등이 포함되며 특히 예술계통 업무에 종사할 가능성이 많다.

편인격의 특징은 매우 불길하다는 것이다. 단순하게 판단하면 의붓어머니다. 즉 계모이니 따스할 리가 없다. 편인은 식신(食神)을 치니 효신살(梟神殺)이다. 즉 자식을 잡아먹는다. 자식을 잡아먹는 부모가 있을까만 현실적으로도 그러한 부모가 적지 않다.

도식살(倒食殺)은 밥그릇을 엎는다고 한다. 편인은 흉신이나 합이나 충이 일어나면 기운이 길로 바뀐다. 공망도 편인을 좋은 길성으로 바꾼다. 편인은 기술성분이다. 정인은 문과이고 편인은 이과(理科)에 해당한다고 보겠다. 따라서 이 편인격의 사주는 이과가 많이 나온다. 대학도 이과를 가고 이공계통 일에 종사한다.

편인격에 식신이 오면 일거리가 생긴다. 반대로 식신격에 편인이 오면 매우 나쁘다. 같은 글자들이 나열되어도 어느 것이 주인이고 어느 것이 손님인가에 따라 다르다. 편인의 성질은 대단히 조급하지만 내심은 완고하다. 편인격 스스로는 완고함을 자존심이라 표현한다. 음일주(陰日主)로 재성과 간합(干合)할 때는 편인이 정인의 작용을 한다. 사주의 명식 중 편인이 지나치게 많을 때는 식구들을 모두 극하여 생이별 또는 사별하여 마침내 고독해진다. 이는 편인이 아들격인 식신 상관을 극하기 때문인데 편인이 지나치게 많으면 자식이 극을 당해 깨어날 수 없다.

음일생이 편인격일 때 상관에 간합하면 평생토록 길명이 된다. 편인격은 나름의 재치와 요령이 있고 매우 활동적이다. 여자 편인격은 자식이 잘 안 된다. 시주에 편인이 있거나 편인대운과 세운에 편인이 오면 자식을 낳을 때 고생을 많이 한다.

편인은 관성과 재성을 봐야 좋다. 흉신이 길신을 보는 건 좋지만 길신이 흉신을 보는 건 나쁘다. 대운이 좋고 세운이 나빠도 별 해로운 일은 일어나지 않는다. 격의 공망이나 시지의 공망은 거의 딸이다. 식신이 아들이면 상관은 딸이다. 습하면 딸이고 건하면 아들이다. 편인격을 다른 말로 단순과라고도 한다.

4) 식신격

월지에 식신이 있을 경우에 식신격(食神格)이라 한다. 식신은 먹는 것이니 의식주와 관계된 사회성이다. 식신격은 굶어 죽지 않는다. 따라서 식신격의 사주명식을 지닌 자는 음식을 취급하는 행위 등과 같은 직업 혹은 식당 운영 등의 사회성이 있다. 식신격이 나타내는 사회성은 의식주와 관련된 모든 사업이 해당한다. 그밖에 기술, 예능 등 다양한 분야에 종사하고 실력을 발휘할 수 있다. 식신격은 다양한 재능을 지님으로써 예술성을 발휘할 수 있다.

식신격의 특징은 아무래도 식복(食福)일 것이다. 식신은 건강신(健康神)이다. 식신격은 체격이 좋고 먹는 식생활을 즐긴다. 식신격은 재가 있어야 한다. 편재가 길신이다. 식신과 정관도 길신이다. 식신격이 재성으로 빠지면 생산직으로 많이 간다.

식신은 생식기, 언어와도 연관이 있다. 여자 화토식신격(火土食神格)은 자궁암이나 유방암에 걸릴 가능성이 많다. 여명의 식신격에 본신을 쓰고 나가는 명은 서비스업 종사자나 몸을 파는 창녀가 많다.

사주원국에 식신이 많으면 좋지 않다. 식신은 편인이 흉신이다. 식신격의 사주는 선생, 즉 교사직 진출이 많다. 여명은 교대(敎大)로 많이 진출한다. 아울러 사범대도 추천할 만하다. 식신과 관성이 가까이 있으면 의대, 약대, 보건계통, 공무원이 많고 식신과 인성은 공무원이다. 식신은 연구성(研究性)과 창출성(創出性)이 있다.

여자 식신격은 남편덕은 없지만 자식들은 잘 가르친다. 식신이 충이 되는 사람은 말을 잘하고, 합이면 말이 묶이는 격이니 입술 열 일이 없어지고 공망이면 지나치게 헛소리를 잘한다. 여자 사주에서 식신이 공망이면 상상임신이 일어난다. 식신격은 조직에 들어가는 것을 극히 싫어하고 자유주의적인 성격에 남에게 베푸는 성분이 강하다. 약한 자에게 측은지심을 지닌다. 식신과 상관은 드러남의 차이도 있다. 식신은 절도 있게 베푸나 상관은 무질서하게 베푼다. 식신격 사주에서는 정재로 흘러가면 고생이다. 식신격은 사업을 하지 말아야 한다.

인성은 식상을 때리므로 자식 자리에 있으면 난산(難産)을 하게 되는데, 이처럼 사주는 위치자리가 중요하다. 식신격에 재성이 있으면 편인운에도 괜찮다. 실력이 아무리 좋아도 식신이 없으면 부하와 제자가 없다. 식신이 고장지에 빠지면 유산될 확률이 높고 편인운에는 병원에 가는 질병이 발생할 확률이 높다. 식신격은 정재 대운에 마음이 안정되지 못하고 헛돌아 가슴을 답답해한다. 남자 식상격은 자식이 잘 안 된다. 식신격은 좀 낫고 상관이 월지에 자리하면 심하다.

식신은 활동성을 의미하기도 한다. 일종의 역마다. 한번 동하면 타국에 돈 벌러 많이 간다. 식신격은 관청에 가야 하는 일을 절대로 하지 않는다. 남자 식신격은 결혼하면서 서서히 운이 풀린다.

5) 칠살격

편관격은 달리 칠살격(七殺格)이라고도 하며 월지에 편관이 자리할 경우에 해당한다. 칠살격은 정관과 함께 관성을 이루는 것으로 달리 편관격이라 부르기도 하지만 칠살격이라 부르는 것은 그 살기 때문이다. 정관격과 유사하나 성정이 매우 강하다. 거칠고 저돌적이며 안하무인에 뒤를 돌아보지 않는다. 칠살격의 사회성은 법관, 군경, 세관 등에 해당하는데 하나같이 칼을 사용하는 직업이다. 지금의 세관은 칼을 사용하지 않지만 과거 세관, 즉 세리(稅吏)는 칼을 차는 직업이었다. 강하고 무기를 사용하는 직업에 어울린다. 칠살격은 강하고 남을 베는 성정이라 직업을 선택해도 사회질서를 유지하는 업무를 하고 그와 관련된 직업을 선택할 가능성이 아주 많다.

편관격의 특징은 거칠다는 것을 전제로 한다. 편관은 사흉신인 관계로 제(劑)해야 좋고 또한 인수에 생화(生化)되어야 좋다. 십신 중에서 편관을 제하는 것은 식신이다. 관성은 질병이라 제한 명은 제약회사나 약국, 한의사, 보건 쪽에 종사한다. 정관격이든 칠살격이든 관격은 무조건 인(印)이 있어야 하며 없으면 살(殺)로 변한다. 예부터 관이라 함은 무자비하게 양민을 짓밟는 성격이라 그런 것이다.

편관은 편인, 정관은 정인을 봐야 한다. 편관격은 무관명인데 사주명식에 칼과 총포를 의미하는 양인(羊刃)이 있으며 군자금과 군량미를 의미하는 재성이 있으면 군인으로 출세한다. 또 편관격에 행동을 의미하는 상관을 쓰는 명은 경찰 쪽으로 간다.

칠살격은 성질이 급하고 주색을 좋아한다. 여명의 경우 편관에 12살 중 겁살이 붙으면 남자에게 겁탈(劫奪)당할 확률이 높다. 관성이 많으면 신병(身病)이 있고 없으면 도리어 오만방자하며 교만하고 무례하다. 편관이 편인을 쓰면 자신이 교주 노릇을 한다. 남자 편관격은 자식이 잘된다. 여명 사주에 인성 없이 편관만 있으면 자식한테 얻어맞는다.

사주격이 둘 이상 난립하면 의중(意中)은 많으나 이루기 어렵다. 편관격이 공망이나 고장지에 걸리면 몸을 움직일 수 없어 흉하다. 외교, 통상, 건설, 교통, 경찰에 많이 종사한다. 편관은 편인과 상관을 써먹는다. 편관도 길신으로 빠져나가면 좋다.

6) 상관격

상관격(傷官格)은 식신격과 같은 성질을 지녔으나 월지의 음양이 다른 것이다. 상관격은 지극히 총명하고 활동적이다. 상관격의 사회성은 문인, 학자, 예술가, 변호사, 종교인, 교육자, 중개업자 등이 해당하는데 이와 관련된 업무에 종사할 가능성이 많고 잘 어울리는 직업군이다.

상관격의 특징은 활동성이다. 그러나 상관은 좋은 길신이 아니다. 년간에 자리한 상관이 가장 나쁘다. 상관은 어디에 있든지 흉신이다.

남자 사주 시주에 상관이 있으면 자식이 귀하다. 시주의 상관보다 월지의 상관이 자식이 더 안 된다. 따라서 상관격은 자식이 잘 안 된다. 상관이 많으면 자식과 떨어져 살아야 좋다. 일반적인 세운을 적용할 때도 상관대운을 만나면 이별, 사별이 있고 몸이 아파서 수술한다. 또 소송이나 송사 건이 생긴다. 상관대운에는 집을 못 짓는다. 집을 지으면 사람이 다친다. 사람을 해친다. 잘못하면 경찰서에 끌려간다. 상관격은 중고매매, 고물상을 하고 이사를 헌집으로 가야 해가 없다.

상관격은 한번 인연을 맺으면 한 군데 오래 있어야 한다. 경찰, 병원, 언론계, 피디 등이 어울리는 직업이다. 강하고 예술성이 부가된다. 상관은 재(財)로 흘러야 좋다. 재운이 올 때 가장 좋다. 상관은 정관을 만나면 흉신이다. 상관격이 정관을 만나면 화(禍)가 백가지나 발생한다. 따라서 정관대운이나 정관세운을 만나면 몸을 사리고 입조심을 해야 한다.

상관격 사주를 지닌 여자들은 연애하면 대부분 실패할 확률이 높다. 남자 복이 없는 것이 아니라 남자를 우습게 여긴다. 남자가 배겨나지 못하는 것이다. 상관이 천간에서 합이 되면 활동을 못한다. 여자의 명식에서 년간의 상관자는 자식은 잘되고 남편은 안 된다. 상관격의 여자는 성질이 더럽다. 다른 사람이 적응하기 어렵다. 내지르는 성격으로 참을성이 없다. 여자 상관격이나 년간에 상관이 있는 여자는 헌신랑이 좋고 안정감이 있다. 경찰 등 강한 직업을 가진 자와 만나야 좋다.

상관은 정치성분이 강하다. 정치꾼이라는 말이 어울린다. 막무가내 사고를 지니고 밀어붙인다. 초지일관(初志一貫)으로 밀고 나간다. 그들에게 체면은 없다. 상관은 정인이 최고의 약이다. 정인을 통한 상관의 제극이 필요하다. 상관은 재성이 있으면 정관을 치지 못한다.

여명의 상관격은 교육계로 많이 진출한다. 상관은 방송, 신문, 여론이다. 상관이 천간에 뜨면 정치성분이고 지지에 있으면 기술성분이다. 상관도 살아 있어야 한다. 탐생망극(貪生忘尅)이라 하니 고여 있으면 다른 오행을 치고 나간다. 상관과 정인이 있으면 영웅주의, 경찰, 기술로 인정받는다. 상관격이 정관을 보면 의사, 경찰, 군인에 어울린다.

상관격이 천을귀인(天乙貴人)에 해당하고 공망일 경우 연예인으로 진출하면 성공한다. 상관격에 인성을 쓰면 교사이며 특히 정치학교수이다. 상관격은 인테리어 사업이 맞지 않는다. 즉 새로운 것은 어울리지 않는다. 중고물품을 취급하는 것이 좋다. 상관과 식신이 시주에서 공망이면 상상임신이 일어난다.

상관격에 양인에 정인까지 있으면 의사인데 단 사주가 맑아야 한다. 여자 상관격일 경우 상관대운과 상관세운에 자식을 낳으면 남편이 망하든가 심하면 죽는다. 자식이 원수가 되는 격이다. 일지상관은 재성이나 인성이 없으면 과부로서 아들을 낳고 남편과 이별한다. 딸은 괜찮다.

　남자 상관격은 재성이 있어야 좋으니 결혼을 빨리해야 한다. 재성은 여자이기 때문이다. 재성은 아내이기 때문이다. 상관대운에 들면 자식을 잃기 쉽다. 상관격에 인성운이 오면 타인에게 인정받는다. 남자가 여자 상관격에 장가가면 몸이 아프거나 사시사철 늘 빌빌거린다. 일지는 가택 궁(家宅宮)이라 상관에 해당하면 새집을 지으면 안 된다. 특히 상관대운 에는 어떤 경우라도 집짓는 일을 피해야 한다. 동토(動土)가 발동한다. 년 주의 간지 상관은 고향을 일찍 떠나야 하는데 그렇지 못하면 늘 구설을 탄다. 상관격은 흉터가 많고 삶에 중심이 없다.

　여자는 상관대운이 들어오면 가슴이 뛰어 이혼을 생각하고 늘 주변 에 애인이 많다. 상관격이 편관과 합하면 바람을 피운다. 음일주는 남들 이 보기에는 약하게 보이지만 내성적으로는 강하다. 외유내강형이라 부 를 만하다. 양일주는 겉보기에는 강해 보이지만 내실은 약하다. 비견과 겁재운에는 월급생활만 하면 된다. 대운이 상관을 써먹는다 해도 상관은 시끄럽다. 상관이 있어야 재주가 있다. 상관격들은 칭찬을 많이 해줘야 좋아한다. 정격들은 원리원칙을 따져서 피곤하다.

7) 녹겁격

　녹겁격(祿劫格)은 건록격(建祿格)과 월겁격(月劫格)을 묶은 것이다. 이 중 건록격은 월지가 비견일 경우에 해당한다. 달리 비견격이라고 부르지는 않는다. 건록격의 사회성은 매우 독립적이다. 따라서 독립된 사업을 먼저 생각해야 한다. 가능한 한 혼자 하는 사업을 구상하는 것이 좋다. 또한 부득이할 때는 합작사업(合作事業)도 가능하다.

개인사업이 힘들거나 합작사업이 힘들 경우가 있다. 이때는 다른 대기업의 영업소나 출장소(出張所) 등의 업무에 종사할 가능성이 많다. 다른 사람 밑이나 기업 일을 해도 독립적인 일이 어울린다는 것이다. 그러나 비견은 월간에 투간해도 쓸 수 없는 것이므로 월겁격과 혼합해 쓰고 나눌 필요 없다는 주장이 많다.

녹겁격 예시			
天干	庚	庚	庚	癸
地支	辰	申	申	酉

녹겁격의 용신은 우선 관살(官殺)이다. 관살이 없으면 다음 재화를 쓰고, 재화도 없다면 다음으로 식상을 쓴다. 그러나 아신을 용신으로 푸는 경우가 많으므로 생각을 해야 한다. 녹겁용관격(祿劫用官格)은 정관격으로 보고 푼다. 사주원국의 왕쇠판단(旺衰判斷)은 비겁과 식상을 합친 것과 재관을 합친 것을 파악한다. 신약하면 일주가 강해야 하고 신강하면 정관이 강해야 한다. 정관이 용신이면 상관으로부터 보호해야 하니 재성과 인수가 있으면 더욱 길하다. 단 재화와 인수가 모두 투간하면 재성과 인수가 서로 싸울 수 있으니 좋지 않다. 싸우지 않는 것이 좋다.

건록격이나 월겁격에 재관이 사주에 없거나 칠살과 인수가 투출되면 파격(破格)이다. 원록이 건록이라 함은 건록의 성정을 지니게 되니 천성적으로 강하다. 월건록에서 재성은 반드시 식상과 같이 투출되어야 재성이 보호된다. 월건록에서는 인성을 용신으로 쓸 수 없다. 건록, 월겁은 흉신인 칠살을 대적할 수 없다.

8) 양인격

양인격(羊刃格)은 달리 월겁격이라 한다. 정격에 비겁격이라고는 없는데 사실 비겁격이라는 말은 양인격이나 같은 말이다. 혹 누군가 비겁격이라 하면 이는 양인격을 말하는 것이다. 그러나 비겁을 월지에 깔면 비겁격이라 부르지 않고 양인격이라고 부른다. 이와 유사한 격국으로는 월겁격이 있다. 월겁격은 월지가 겁재인 경우를 말한다. 그런데 특이하게도 토일주(土日柱)만은 월지가 정인이어야 한다.

월지의 겁재를 양일주는 양인이라 하고 음일주는 겁재라 한다. 달리 월겁격을 제왕격(帝王格)이라고도 하는데 이는 12운성의 제왕이 되기 때문이다. 때때로 녹겁격으로 분류되는 건록격과 월겁격은 내격의 범주를 벗어나 외격으로 분류하기도 하는데 별개의 재관살식상(財官殺食傷) 등을 용신으로 택하기도 한다. 이 또한 전문직, 기술직, 언론, 정치, 역술 등 다양한 분야에 종사할 수 있다.

양인의 성질은 외유내강이다. 사물에 대하여 활발하지만 과단(果斷)하고 사물이나 인간에 대한 자애심은 적다. 과감함은 장점이나 지나친 과단은 인간성의 메마름을 의미한다. 행운에서나 사주원국에서나 재성을 보면 화를 초래한다. 관 또는 살이 있으면 발달하고 충과 해가 없으면 복록이 후하다. 일간이 약하면 양인이 있어야 일간을 돕는다. 양인은 간합을 좋아하고 형충을 두려워한다. 겁재 양인은 조국(祖國) 또는 생가(生家)를 떠난다. 그야말로 고향을 떠나야만 성공한다는 그 사주다. 양인이 중첩하고 제신이 또한 있으면 일생 부귀하고 선업으로 생을 마친다.

양인은 관살이 있어서 반드시 제살할 때는 발달하고 부귀해진다. 비견과 겁재, 양인 등은 반드시 정관이나 편관의 제를 받아야 좋고 관살의 제가 없는 상태에서 비겁운이 오게 되면 막을 수 없는 화란(禍亂)이 생긴다. 명식 중 형제운이 있을 때 양성이 강하고 음성이 약하면 형강제약(兄强弟弱)하고 음성이 강하고 양성이 쇠하면 형승제할(兄昇弟割)하다. 천간과 지지가 같을 때는 간여지동이라 하는데 손재하거나 처를 상하게 한다. 남명에 양인이 많으면 반드시 재혼하는 명이 된다.

겁재와 양인이 중첩하면서 대운이나 세운에 재차 양인운이 들어오면 상관 등에 의하여 몸을 망친다. 겁재가 명 중 많은 상태인데 새로이 겁재운이 돌아오면 소성(小成)은 하나 대성(大成)은 어렵다. 화일(火日)과 금일(金日) 양인이 겹치면 높은 곳에서 추락사할 수도 있다. 명식이 모두 양인이면 몸은 반드시 분사(焚死)의 화액(禍厄)을 당한다.

양인이 삼사위 겹치면 불구자가 된다. 원국과 대운, 세운을 포함해서이다. 겁재와 양인이 많고 재성 또는 관성이 있어도 힘이 약한 사람은 단명한다. 양인과 살이 동일 장소에 합치면 출가(出家)한 명이고 군인이면 권세를 잡는다. 양인의 특성상 강력함은 고집이 있고 리더격인 경우도 있지만 강한 직업이나 강한 직종 혹은 강함을 요구받는 일이나 창칼을 써야 하는 직종도 해당한다. 상관의 양인이 있고 귀격(貴格)에 들면 반드시 명리가 있다.

건록과 양인 등은 일간을 돕고 재관운이 오면 가운(家運)이 좋다. 생월 양인격(生月羊刃格)은 살의 운에 발달하고 재운에는 실패하거나 지극히 빈한해진다. 신약할 때는 먼저 비견이 오고 뒤로 재성하면 선빈후부(先 貧後富)한다. 이때 먼저 비견이 온다는 것은 선비견이라고 말하는데 월 지에 비견이 있는 걸 말한다. 양인이 중첩하고 다시 살을 볼 적에는 대귀 영달(大貴榮達)의 명이 된다. 살인이 상교하면 병권을 잡는다.

4. 외격

1) 전왕격

전왕격이란 달리 일행득기격(一行得氣格)이라 한다. 일반적으로 사주를 이루는 목화토금수를 각각 오행 또는 달리 불러 오기(五氣)라고 한다. 인간의 사주는 반드시 오행의 다섯 가지 기운으로 이루어져 있다. 물론 모든 사주가 오행의 기운을 골고루 나누어 가졌다는 의미는 아니다. 사주명식을 살펴보면 오행이 골고루 섞여 있거나 배열된 것이 아니라 간혹 하나의 오행으로 치우치거나 기울어 왕(旺)한 경우가 있다. 때때로 일간의 기운을 돕는 오행인 인성이나 일간과 같은 오행인 비견과 겁재로 이루어져 있고 일간을 극하는 오행이 없을 때가 있다. 이 경우를 전왕격이라 한다.

강한 오행에 따라 각각 목(木)이 강하면 목일곡직격(木日曲直格), 화(火)가 강하면 화일염상격(火日炎上格), 토(土)일 경우는 토일가색격(土日稼穡格), 금(金)일 경우는 금일종혁격(金日從革格), 수(水)일 경우는 수일윤하격(水日潤下格)이라 한다. 달리 줄여서 곡직격(曲直格), 염상격(炎上格), 가색격(家穡格), 종혁격(從革格), 윤하격(潤下格)이라고 한다.

전왕격은 반드시 월령을 얻거나 생지에 자리해야 한다. 생일이 왕해야 하며 일간을 극하는 오행이 단 하나도 없어야 한다. 만약 일간을 극하는 오행이 단 하나라도 있다면 전왕격은 성격(成格)이 이루어지지 않는다. 이러한 조건이 충족됨으로써 비로소 성격이 된다.

간명에서 살피면 대운이나 세운의 영역에서 변화를 보면 일간과 동일한 행운이 최대의 길운이다. 곡직격의 경우, 목일간(木日干)이면 행운에서 목이 와야만 최대 길격이다. 다음은 일간을 생하는 오행이 길격이다. 이는 희신과 같다. 전왕격은 일간이 가장 강하므로 일간과 같은 오행이 용신이다. 자연히 일간을 생하는 용신이 희신이다. 즉 목일간이면 수생목(水生木)이니 수를 의미하는 오행의 천간이 오는 해가 다음의 길운이다. 그러나 일간을 극하는 행운이 오면 최대 흉운(凶運)이다. 사주원국에서 갑이 일간이고 전왕용신이라면 갑을 극하는 경(庚)의 천간이 오는 해가 가장 흉운이다. 만약 사주에 경이 있었다면 일주가 아무리 강했어도 전왕격이 아니거니와 용신은 경(庚)이 되었을 것이다. 그러나 극을 하는 경이 없었기에 곡직격이 되었다. 그리고 뒤이어 따라오는 식상운이나 재성의 운은 보통으로 본다.

곡직격

일주가 목일 경우에 해당하는 전왕용신을 곡직격(曲直格)이라 한다. 천간에는 목이 두 개 있다. 따라서 이 목의 날에 태어난 것을 말한다. 갑(甲)일 출생 혹은 을(乙)일 출생이다. 사주원국이 대부분 비견이나 인성으로 이루어진 형태를 지닌다. 대부분 목을 나타내는 비견겁재의 오행이나 목을 생하는 수의 기운으로 이루어져 있다. 혹 다른 오행이 섞여 있다면 전왕용신이 이루어지기 어렵지만 이러한 성분의 다른 오행들이 지지에서 삼합국(三合局)을 이루어 목국(木局)을 이루거나 동방목국(東方木局)이 이루어짐으로써 다른 지지가 모두 인성이나 비견 혹은 겁재로 이루어진다면 이는 목국으로 본다. 반드시 사주원국에 금(金)의 오행이 없어야 한다.

곡직격 소유자는 앞으로 내달리는 성격이다. 주변을 돌아보지 못하는 것은 약점이다. 천성이 인자하여 주변에 사람이 많고 순후하다. 특히 교육계통에서 두각을 나타낼 수 있고 교육사업이나 사회사업으로 진출하면 크게 명성을 얻을 수 있다.

곡직격 예시			
天干	癸	乙	乙	癸
地支	未	卯	卯	未

예를 들어본다면, 앞의 사주는 일주가 을목으로 이루어져 있고 주변에 목이 강하다. 사주원국을 이루는 8개 글자 중에서 목은 4개이나 월지

256

를 차지했으므로 5개로 본다. 또 수생목하는 인성을 이루는 수의 기운이 2개이다. 주변의 간과 지가 목을 생하는 수가 많아 극강하다. 이 원국을 살펴보면 토가 두 개 있으나 결국 목을 극하지 못한다. 금이 있어야만 극을 할 수 있다. 만약 목을 극하는 금의 성분이 있다면 이는 곡직격이 될 수 없으나 금의 오행이 없으므로 목의 오행이 극강하여 곡직격이다. 이와 같은 방식으로 용신을 찾는 것은 병약용신, 조후용신, 억부용신, 통관용신과 더불어 사용하는 용신법에 해당한다. 이를 전왕용신이라 한다.

전왕격은 일반적으로 일간이 극강하므로 일간과 같은 오행을 용신으로 보며, 일간을 돕는 오행을 희신으로 본다. 경우에 따라서는 기신과 구신의 의미가 없을 때도 있다. 따라서 용신은 목이 되며 용신을 생조하는 희신은 수가 된다. 그러나 사주원국에 목을 극하는 금의 오행이 단 한 자라도 있다면 이때는 금을 용신으로 본다. 이는 극강한 목의 성분을 극하여 중화를 의도하려는 것이다.

전왕격은 비교적 사주의 운이 좋다. 사주 전체가 동일한 오행으로 둘러싸여 있으므로 용희신이 사주를 독차지하니 운이 좋을 수밖에 없다. 따라서 예부터 이러한 전왕격은 좋은 사주로 간주해왔다.

염상격

염상격(炎上格)은 화(火)의 기운이다. 병(丙)일생이나 정(丁)일생이어야 한다. 전체적으로 일간의 비견과 겁재격인 화의 오행이 강하거나 화를 생하는 인성의 기운인 목(木)의 기운이 많아야 한다. 혹 다른 오행을 나타내는 글자가 있다 해도 지지에서 삼합을 이루어 화국(火局)이 되거나 남방화합(南方火合)을 이루어야 한다. 단 화를 극하는 수(水)가 단 한 글자도 없어야 한다.

화는 불이다. 정열을 나타내는 것이며 때로 어디로 튈지 모르는 성향이다. 그럼에도 불이 타오르듯 성격이 급하면서도 사람에 대한 예의를 잊지 않는다. 정신문화와 관련 있는 사업이나 직업이 좋으며 법무계통도 좋다. 경찰이나 검찰도 좋다. 염상격과 연결되는 사업을 하면 크게 성공하고 명성을 얻을 수 있다.

염상격 예시			
天干	乙	丙	丙	丁
地支	卯	寅	午	卯

가색격

가색격(家穡格)은 토의 기운이 왕하다. 사주의 천간에 토를 나타내는 글자는 두 자뿐이다. 당연하게도 무일(戊日) 또는 기일생(己日生)이다. 사주명식에 토의 기운이 강하거나 토를 생하는 화의 지원이 이루어진다. 즉 사주원국에 토의 기운을 나타내는 글자나 인성인 화의 기운을 나타내는 글자가 많아야 한다. 혹 화나 토와는 다른 글자가 있을 수 있다. 이러한 경우에도 삼합을 이루어 토가 이루어지거나 화의 삼합이 이루어지는 것이라면 문제가 없다.

지지의 삼합이 이루어져 토국(土局)이 되거나 삼합을 이루어 남방화합(南方化合)이 이루어지면 혹 다른 오행이 섞여 있다 해도 가색격의 성격에 방해를 주지 않는다. 특히 토일주는 다른 오행의 일주와 달리 진술축미(辰戌丑未) 중 반드시 3개 이상이 있어야 하며 어느 것이라도 월지에는 반드시 토가 자리해야 한다. 이 사주원국에도 반드시 토를 극하는 목의 오행이 없어야 한다.

특히 무일주는 체격이 크고 풍만하며 행동도 나름 무게감이 있다. 종교가로 이름을 날릴 수 있으며 토의 성분이 강하므로 부동산 등에 투자하거나 부동산 관계 일을 하면 성공하고 이름을 얻을 가능성이 높다. 때로 법학자들에게도 이 사주가 아주 많다.

가색격 예시			
天干	己	戊	丙	壬
地支	未	午	辰	戌

종혁격

종혁격(從革格)은 금의 기운이 왕한 것이다. 일주가 경일생(庚日生) 또는 신일생(辛日生)이고 사주명식이 금의 기운이 왕하거나 금을 생하는 토의 오행이 많다. 지지에 삼합국(三合局)이 이루어져 금국(金局)을 이루거나 서방금합(西方金合)이 있어야 하고 금(金)을 극하는 화(火)가 없어야 한다.

대담하고 의리를 중히 여기니 검찰, 법관, 군인 등이 어울리는 직업이다. 특히 금의 성분인 쇠를 사용하는 직업이 좋은데 군인과 경찰도 총칼을 사용하므로 잘 어울리고 좋은 직업이다. 혹 불의 기운인 사(巳)나 오(午)가 있어도 삼합을 이루어 금국으로 합이 되면 종혁격을 이루는 데 변함이 없다.

종혁격 예시				
天干	己	庚	己	辛
地支	酉	丑	酉	巳

윤하격

윤하격(潤下格)은 수의 기운이 왕하다. 천간의 수는 두 개뿐이다. 일간이 반드시 임일생(壬日生)이거나 계일생(癸日生)이어야 하고 수(水)의 오행이 왕해야 하거나 사주명식에 수를 생하는 금(金)의 오행이 왕해야 한다. 지지에서는 다른 오행이 있다 해도 삼합국으로 수국(水局)을 이루거나 방합으로 북방수국(北方水局)이 이루어져야 한다.

한두 개 다른 오행이 있을 수 있으나 반드시 수를 극하는 토는 없어야 한다. 물론 토가 있어도 삼합으로 명식에 합으로 변하면 이상 없다. 그러나 삼합으로 수로 변하지 않는 토가 있다면 어떤 경우도 윤하격을 이루지 못한다. 이 경우 수국에 합류되지 못하는 토가 이 사주명식의 용신이 된다.

윤하격을 타고난 자는 지혜가 있고 영리하다. 따라서 대민 봉사직이나 물과 관련된 직업이 적격이다. 농림, 수산업도 좋고 상황에 따라서는 식음료업에 종사하거나 사업을 해도 크게 성공하고 이름을 얻을 수 있다.

윤하격 예시				
天干	庚	壬	癸	丙
地支	申	子	亥	辰

2) 종격(從格)

사주원국에서 일간을 제외한 나머지 년주, 월주, 시주를 살펴보면 천간과 지지가 골고루 펼쳐져 있지 않고 다양하게 분포되어 있지 않으며 한 가지 오행에 편중되어 있을 때가 있다. 이 경우 일간이 그 강한 오행을 이길 수 없거나 거스를 수 없으므로 지나치게 편중된 하나의 오행을 따르게 된다. 결국 종격이란 사주원국 내에 동일한 오행이 많아 일주가 그 오행을 거스르기가 힘들 때 어쩔 수 없이 그 오행을 따르게 될 경우를 말한다.

사주에서 나를 의미하는 일간은 사주 속에서 홀로 존재하는 것이 아니다. 일간을 제외한 나머지 3개 간(干)과 4개 지(支)는 별도로 각각 오행을 지닌다. 물론 일간도 오행을 지닌다. 이 오행들이 모여 조화를 이루고, 비교되고, 여러 가지 상호작용을 하며 사주라는 하나의 형태를 이루는 것이다. 그런데 일간을 제외한 다른 7개 간지가 목화토금수의 어느 한 오행에 지나치게 편중되면 일간은 혼자 버티기 어렵기 때문에 홀로서기를 포기하고 그 지나치게 강하고 왕한 오행의 세력을 따르게 된다. 이를 종격이라고 한다.

주변의 오행이 왕하다고 해서 일간이 무조건 따르는 것도 아니다. 각각의 간지가 형성하는 방식에 따라 나름 그 형태가 있는바, 따르는 형상에 의해 다양한 형태가 드러난다. 일간을 생조하는 세력이 강한 경우도 있고 일간을 극하는 세력이 강한 경우도 있다. 일간과 동일한 오행에 세가 집중하는 것이 있는가 하면 그 반대 경우도 있다. 즉 일간과 다른 별도 오행에 세가 집중하는 것이 있다.

　전자는 일간에 동조하는 세력이 강한 것으로 종왕격(從旺格)이라 하는데 이것은 이른바 강왕격(强旺格)의 종류에 속한다. 일간과 동일한 오행에 세가 집중되는 것이니 비견과 겁재가 많은 것이다. 일간을 생조하는 인성의 오행이 많은 경우도 해당한다.

　종왕격에 비교해 반대 경우도 나타난다. 일간이 지니는 오행과 달리 반대되거나 다른 오행을 따라 세가 집중되는 경우가 있는데 이것 역시 육친이 적용된다. 즉 식신, 상관에 따르는 것이 있는가 하면 재성에 따르는 것, 관성에 따르는 것 세 가지가 있다. 이를 각기 종아격(從兒格), 종재격(從財格), 종관격(從官格), 종살격(從殺格)의 네 종류로 분류한다.

　즉 종격에는 각기 이름을 붙이는데 무엇을 따라가느냐가 중요하다. 따라가는 것의 육친이 또한 중요하다. 관살을 따를 경우에는 종살격, 재성을 따를 경우에는 종재격, 식신과 상관을 따를 경우에는 종아격, 비견과 겁재가 많을 경우에는 종왕격이라고 이름을 붙인다. 어느 육친을 따라가느냐에 따라 이름이 붙고 그 역할이나 행운에 영향을 미친다. 특히 이 중 관성에 따르는 것은 정관과 칠살 두 종류로 나뉜다. 인성을 따르는 것은 인성이 일간을 생하는 신이므로 별도로 이름을 붙여 종인격이라고 하지 않는다. 즉 인성이 과다한 경우는 당연히 일간에 힘을 실어주는 것으로 보는 것이다. 이 경우에는 일간의 오행에 따르는 것으로 하여 강왕격에 넣는다.

종왕격

　종왕격(從旺格)이란 일간과 같은 오행인 비견과 겁재 위주로 이루어져 일간이 지나치게 왕한 경우를 말한다. 사주명식이나 간명을 살피며 왕하다는 말을 많이 사용하는 것을 볼 수 있다. 왕(旺)하다는 말의 의미는 지나치게 강하다는 것이다. 강하다는 말과 비슷하다고 이해할 수 있다. 너무나 강하고 똘똘 뭉쳐 있어 다른 무엇인가 주변으로 다가가도 흔들거나 어찌해볼 수 없을 정도라는 것이다.

　강왕격은 어떤 경우에도 일간이 지닌 강한 오행을 따르는 것이 순리이다. 받아들이지 못하고 버티는 세력만 다치기 때문이다. 이러한 종왕격은 군겁쟁재(群劫爭財)의 하나로 본다. 군겁쟁재는 무리를 이루는 비견과 겁재가 재성을 탈취하고자 달려드는 형태를 이루었다는 의미이다. 강왕격은 인성이 생조하는 경우도 많지만 아무리 살펴보아도 비견과 겁재가 지나치다.

　이렇게 비견과 겁재가 지나치다보면 육친관계에서 재성을 직접 극하게 된다. 이는 오행의 생극관계에 따라 이루어진다. 종왕격을 지닌 사람은 밖에서는 의리가 있고 좋은 사람으로 보이지만, 혹은 그렇게 보이기를 원하지만 가정으로 돌아가면 고집을 부리고 자존심이 강한 모습을 보인다.

종아격

　종아격(從兒格)은 지나치게 식신과 상관이 강한 것이다. 식상은 각각 식신과 상간이니 일간에게서 힘을 받는 것이다. 달리 말하면 일간의 자식이 바로 식신과 상관이다. 부모는 자식을 생하고 돌봐주는 것이니 애정을 쏟지 않을 수 없다. 즉 일간이 생하는 것이 식신과 상관이라는 말이다. 지나치게 많은 식신과 상관은 일간의 힘을 빼는 것이다.

일간이 식상에게 애정을 가지고 있다고 해도 식신과 상관이 지나치게 많으면 식상이라 부르는 이 두 가지 성분을 따르는 것이 순리가 된다. 자식이 강하고 잘나면 부모도 자식을 따르는 법이다. 사실 식상이 지나치게 많은 종아격은 식상다신약(食傷多身弱) 사주의 하나로 본다. 식상다신약은 식신과 상관이 많고 나와 내 형제를 의미하는 비견과 겁재가 적은 경우를 말한다. 만약 비견과 겁재가 많다면 아들격인 이들을 어느 정도는 제어할 수 있기에 일간이 항복하고 따를 이유가 없다.

이렇게 식상이 지나치게 많아서 이루어진 식상다신약은 말이 지나치게 많고 행동보다 말이 앞선다. 아울러 자기주장을 고집하거나 과장하는 경우가 많다. 말은 많은데 실천이 느리거나 따르지 못한다. 이러한 경우에는 먼저 행동하고 뒤늦게 후회하는 일이 많다고 할 수 있다. 지나친 행동력이 후회를 불러오는 것이다. 입을 앞세우고 실천력이 부족하니 경우에 따라서는 사기꾼 소리를 들을 수도 있다.

이와 같으니 사주가 종아격인 경우는 자기주장만 내세우는 일이 허다하다. 남의 말을 들을 줄 모르는 것이다. 자신이 앞서고 남의 의견을 무시하거나 자기주장에 빠져 주위를 살피지 않는 경우가 많아진다. 그런 관계로 적이 많아지고 도와주거나 이해해주는 사람이 점차 줄어든다. 따라서 자신보다는 다른 사람을 배려하고 이해하는 연습을 해야 한다. 남의 말을 듣는 것을 게을리해서는 안 된다. 아울러 자기주장을 하기보다

264

남의 말을 경청하는 자세가 필요하다.

종아격은 인성운과 비겁운을 꺼린다. 식신과 상관을 극하는 운이기 때문이다. 특히 인성운이 두렵다. 대부분 인성운은 좋은 운이라 풀지만 종아격은 경우가 다르다. 일주가 식상에 종하였는데 어찌 인성이나 비겁을 좋아할 수 있는가? 더구나 관성운도 매우 두려워한다고 할 수 있다. 식신과 상관에 관성이 오면 충돌하여 대립하기 때문이다. 이 역시 오행의 상극관계로 이루어지는 결과이다. 종아격이 가장 좋은 운은 재운이다. 그다음으로 식상운도 즐겨한다. 가장 꺼리는 것이 인성운이며 관성운도 꺼리고 비겁운도 꺼리지만 구성 형태에 따라 비겁운은 꺼리지 않는 경우도 있다.

종재격

종재격(從財格)은 일간이 약하고 재성이 지나치게 많은 경우이다. 역시 사주 구성상 인성과 비겁이 많으면 약하지 않다고 할 수 있으나 재성이 많으면 지나치게 약하다고 할 수 있다. 비겁과 인성이 많으면 종재격은 이루어지지지 않고 특히 비겁이 많으면 재성을 극하므로 종재격이 파격이 된다. 그러나 인성이나 비겁이 없어 재성이 극왕하면 당연히 재성을 따르게 되니 종재격이라 한다. 이때는 재성을 따르는 것이 순리이다. 재성이 많으면 역시 재다신약(財多身弱)에 해당한다.

신약사주의 경우는 종재격 말고도 아주 다양하지만 주로 식상이나 재성, 관성이 많으면 신약사주에 해당한다. 즉 일간의 편인 인성이나 비겁이 없거나 적으면 신약사주에서도 재다신약이다.

종재격은 재성이 지나치게 많은 경우이므로 재다신약으로 신약사주에 해당한다. 재다신약이란 나를 극하는 재성이 많은 반면 나를 생조하거나 돕는 인성과 비겁이 적은 것이다. 심지어는 인성과 비겁이 아예 없는 경우도 있다. 이처럼 재다신약인 경우에는 추진력이나 배짱이 적다. 이는 나를 돕는 오행이 없으므로 주변의 강한 힘을 지닌 식상과 재성, 관성의 눈치를 보아야 하기 때문이다. 아울러 자기 자신에 대한 자신감이 없어 추진력이 부족하고 전반적으로 융통성도 떨어지는 경우가 많다.

재다신약인 경우에는 호기심이 강하다. 호기심이 긍정적일 때는 연구와 학문으로 발전이 가능하다. 그러나 호기심이 부정적으로 발전할 때는 여러 가지 문제를 일으키게 된다. 호기심이 강하므로 새로운 것을 추구하는 마음이 강해 탐구심으로 드러나기도 하는데, 때로는 부정적으로 흐르므로 도박이나 경마로 발전할 수 있다. 신약하기 때문에 일어나는 현상이지만 부정적인 사고의 틀 때문에 더욱 강하게 드러나는 경우도 있다. 이처럼 도박으로 생각이 쏠려 생활이 어려워지거나 곤란한 상황에 처해지는 일도 허다하다.

종재격을 지닌 사람은 생각이 자유롭고 탐구심을 지닌다. 따라서 직업을 구할 때도 고정된 틀에 박힌 국가기관이나 회사에 얽매여 마음고생을 하기보다는 좀 더 자유롭고 구속력이 떨어지는 직업을 택하는 것이 행복하다. 즉 직장생활보다는 자유업에 종사하거나 자유로운 직종이 좋으며 특기를 살리는 예술계가 좋다. 그밖에도 다양한 자유직업을 찾아 종사하면 행복을 느낀다.

종재격의 사주원국을 지닌 사람은 인성운과 비겁운이 매우 나쁘다. 그러나 재성운이나 관성운을 만나면 길하다. 힘이 넘쳐 왕신인 재성을 생조하는 식상운도 길하다.

종관격

관성이 지나치게 강하고 일간과 일간을 생조하는 인성, 비겁이 적기 때문에 관성을 따를 수밖에 없다. 관성을 따르기 때문에 종관격(從官格)이다. 일간이 지나치게 약하고 관성이 지나치게 많거나 강한 사주이다. 이때에는 일간과 일간을 돕는 세력이 지나치게 약하기 때문에 거스르지 말고 관성을 따르는 것이 순리가 된다. 일간이 지나치게 약하고 관성이 강하기 때문에 관다신약(官多身弱)의 사주로 본다.

관다신약의 경우는 대부분 사교성이 뛰어나다. 관성의 특징이 그대로 드러나는 것이다. 일간이 약하고 나를 지배하는 관성이 강하므로 자연적으로 동조하고 사교하는 성격이 드러나지만 때로 성격적 불합리함도 나타난다. 쉽게 분노하여 상대방 감정을 무시하며 괴팍한 성질도 드러나는데 이는 억압된 감정의 폭발처럼 보인다.

종관격은 가정생활을 원만하게 유지하기가 매우 곤란하다. 이는 종관격이 지배심리를 가진 격국이기 때문이다. 자신보다 강한 지배자에게는 고분고분하지만 자신보다 약한 대상은 지배하려 든다. 남편에게 아내는 약한 존재로 나타나기 때문에 지배욕이 드러나는 것이다. 심한 경우 아내에게 폭력을 행사하기도 한다. 물론 여자라고 해서 다소곳하다는 것은 아니다. 종관격을 타고나는 법은 남자나 여자나 다를 바가 없다. 만약 남편을 폭행하는 아내가 있다면 종관격을 의심해봐야 한다. 여명의 종관격은 남자를 지배하고자 하며 폭력적 성향이 나타난다. 아울러 밖에서는 고분고분하여 칭송을 듣는다.

종관격의 경우 들어오는 재물도 많으나 새어나가는 재물도 많다. 특히 정관이 많으면 덜하지만 칠살이 많으면 새어나가는 재물이 더 많아진다. 따라서 재물관리에 만전을 기해야 올바로 재물을 관리할 수 있다.

여명에서 관성은 남성이다. 종관격을 타고난 여명의 경우 이성문제를 피해가기 어렵다. 여명의 경우 관성이 심해 이성문제가 생길 수 있으므로 주의가 필요하다. 여명에서 종관격이라 하면 대부분 관살혼잡(官殺混雜)에서 벗어나기 어렵다. 이 경우는 종살격으로 푼다. 즉 여자에게 관성은 남자인데 관성이 많아 이루어지는 종관격은 주위에 수많은 남자가 득실거리는 것과 다르지 않다. 더불어 이성적으로 관계를 맺는 남자가 생김으로써 이미 혼인한 여자의 명식에서는 문제가 발생한다.

관성은 지배이며 일이다. 또 정부의 지배력이다. 여러 가지 이유가 있음에도 종관격의 특기는 일을 추진하는 것이라 할 것이다. 이것이 관성의 특징이다. 일을 추진하는 능력이나 추진력이 뛰어나므로 자신만의 독립된 직업을 가지고 활동한다면 매우 좋은 결과를 기대할 수 있다. 국가기관에서 일하거나 행정가의 길도 좋다. 국가기관에서 일하는 것을 강력하게 추천한다. 종관격의 경우 합작이나 동업도 그리 나쁘지 않은 것으로 본다. 즉 마음에 맞는 사람과 합작하거나 동업한다면 정관격의 특징이 두드러지게 나타날 것이다.

종살격

종살격(從殺格)은 종관격과 유사하다. 관성에 따르는 종격이다. 그러나 관성이라 해서 다 같은 관이 아니라 편관을 따르는 종격이다. 종관격과 종살격은 백지 한 장 차이이므로 유심하고 세밀하게 살펴야 한다. 편관을 달리 살이라고 부르니 역시 종살격이다. 강한 세력이 관성보다 편관으로 이루어져 있다는 의미가 된다.

흔히 일주가 무근(無根)이라는 말을 한다. 즉 일간을 받치는 뿌리가 있어야 한다는 말이다. 주로 월지에서 돕는 것이 가장 좋다. 즉 인성이나 비겁이 있어 일간의 뿌리가 되어야 한다는 말이다. 무근이라는 말은 일주와 월지는 물론이고 다른 여러 개 기둥이 일주를 돕는 오행이 전혀 없다는 것이다. 이를 일주가 무근이라 하는데 생조하는 세력이 전혀 없어 무력하기만 하다. 자기 몸 하나 지탱하기 어려운 일주이다. 이러한 사주에 칠살이 가득한 경우에는 버티기보다 살길을 찾아야 한다. 살기 가득한 칠살에 대항하면 꺼꾸러지는 일밖에는 없다. 따라서 자신을 포기하고 왕성한 세력에 항복해야 한다. 때로는 칠살이 아니라도 관성이 지나치게 많으면 살로 푸는 경우도 있다.

종살격도 종관격과 마찬가지로 자신을 포기하고 세가 강한 살에 종하였기 때문에 행운에서도 어느 운을 만나느냐가 매우 중요하다. 당연히 인성과 비겁이 적기 때문에 이러한 결과가 나타난 것이기에 인성운과 비겁운이 매우 불길하다. 다른 대부분 종격이 이루어진 것은 비겁과 인성이 모자라기 때문이므로 종격이 나타나면 대개 비겁운과 인성운이 좋지 않다. 아울러 식상운을 만나도 역시 불안하고 대흉한데 오행 생극에 따른 이치로 식상이 관을 극하기 때문이다. 재성운과 관성운을 반기는데 재성운은 관을 생조한다. 특히 관성운과 살의 강한 힘을 생조하는 재성이 오면 가장 좋은 운이다.

종강격

종왕격을 달리 논하지 않고 종강격(從强格)으로 합해 파악하는 경우도 많은 것으로 보이지만 참고삼아 살펴볼 필요는 있다. 흔히 종강격과 종왕격을 다른 표현, 같은 의미로 보는 경우가 있음도 인지할 필요는 있다.

종강격은 사주에서 일간을 기준으로 하여 인성 위주로 이루어진 사주 구성을 말한다. 때때로 인성이 강한 경우는 종강격의 범주로 삼아 일주 편이라고 하는 경우도 있다. 그러나 달리 생각하면 강한 것이 일주는 아니므로 이때도 역시 강한 세력의 힘을 따르는 것이 순리가 된다.

이처럼 인성이 지나치게 강하여 이루어진 종강격은 인다신약(印多身弱)이라고 하는데 흔히 쓰는 말은 아니다. 어머니가 많으면 내가 약해진다. 이 말은 약간 의구심이 일어난다. 그러나 어머니가 지나치게 많다는 것은 계모가 있을 테고 참견이 많아진다는 뜻이며 내가 효자가 된다는 말이다. 결국 어머니 품을 벗어나지 못하니 내가 약하다.

눈여겨볼 것은 또 있다. 인성이 많아 나를 약하게 하는데 힘을 나눌 비견과 겁재는 적은 것이다. 비견과 겁재가 많아도 인성과다가 될 수 있다는 말이다. 일반적으로 인성이 많으면 나는 강해지는 것이 원칙이지만 반드시라는 말에는 의구심이 생긴다. 즉 인성이 지나치게 많으면 이 중에는 계모도 있고 힘을 겨루는 찬모도 있다. 즉, 황실 후궁이 많은 격이라 왕자를 극하는 것이다. 인성이 많으면 일간인 나를 키우는 것이 아니라 인성끼리 편을 짜서 합치거나 서로 편을 갈라 다투므로 일간인 나를 기를 여유가 없다. 자신들의 싸움이 급한 까닭이다.

인다신약인 경우는 일반적으로 겉과 속이 다르며 생각이 지나치게 많다. 그렇다고 오해하거나 착각하면 안 된다. 인면수심(人面獸心)이나 이중인격(二重人格)처럼 나쁘다는 의미가 아니다. 말과 행동이 정리가 안 되었다는 말이 어울린다. 마음속에 일이나 생각이 지나치게 많아 행동과 불일치를 이루는 경우에 해당한다.

인성이 지나치게 많으면 마마보이, 마마걸이다. 인성이 일지를 깔아도 마마보이의 성격이 나온다. 인성이 지나치게 많다는 것은 어머니가 많은 셈이고 어머니 역량이 강한 것이다. 친모이건 계모이건 참견은 한다. 어머니 치마폭에 싸인 꼴이다. 이 사주의 특징은 나약함이다. 어머니의 과잉보호 때문이다. 따라서 일반적인 사업도 문제가 발생할 가능성이 높고 추진력이 요구되는 사업은 더욱 좋지 않다.

인다신약의 사주를 지닌 사람에게는 자립심을 키우고 나약함을 극복하는 도움을 주어야 한다. 어려서부터 작더라도 책임을 지는 일을 맡기거나 캠프와 같은 협동생활을 체험시킴으로써 나약함을 극복할 수 있도록 도와주어야 한다. 드러남은 미약하지만 내적으로는 욕심이 있으므로 반복적으로 경험하고 노력하면 결과가 있을 것이다.

5. 종화격

일간이 천간의 합에 따라 합화하는 오행으로 변할 경우 종화격이라 한다. 천간의 합에 따라 갑기합토격(甲己合土格), 을경합금격(乙庚合金格), 병신합수격(丙申合水格), 정임합목격(丁壬合木格), 무계합화격(戊癸合火格)으로 나뉜다.

이 경우에도 엄격한 기준이 있어 갑기합토격을 예로 들면 갑이나 기토의 일간이 바로 옆에 기나 갑이 있어 합을 하면서 월지가 반드시 토의 오행이 있어야 하며, 토를 극하는 목의 오행이 없어야 한다.

그밖에도 다양한 격국이 있으나 이는 단시간에 배울 수 있는 것은 아니므로 오랜 시간 차분히 노력해 얻어야 한다.

8장

신살론

신살(神煞)은 한자 구성에서 보듯이 신(神)과 살(煞)을 의미하는데 신(神)이란 길신(吉神)을 의미하고 살(煞)이란 흉살(凶煞)을 의미한다. 살은 살(殺)과 살(煞)을 병행한다. 신살론(神煞論)은 새롭게 생겨난 것이 아니다. 간명에서 살을 많이 사용하는 경우도 있고 적게 사용하는 경우도 있지만 이는 선택 문제이다.

예전부터 신살이 많아서 사주에 무슨 살(煞)이 있다느니 하여 사주의 길(吉)이나 흉(凶)을 판단해왔다. 명리에 속하지만 점술에 가깝게 사용하는 경향이 있다. 이러한 방법은 사주의 음양오행에 따른 종합적 분석이 아니라 일명 단식판단법(單式判斷法)이라고도 불리는 일종의 기법에 속한다. 그러나 간명에도 적절하게 사용된다. 현대에 와서는 신살이 적중률이 그리 높지 않고 여러 가지 이유로 논리성이 부족하다 하여 많이 쓰이지는 않으나 실제 간명에는 애용되기도 하는 분야다.

옛 기준으로 살피면 700여 개에 이를 정도로 신살이 많았으나 최근 사용하는 신살은 200여 개가 조금 넘는다. 그러나 이 모든 신살을 사용한다면 매일같이 신살이 들어오는 것이니 두려워 살 수도 없고 효용성도 떨어진다. 따라서 정말 필요하고 작용력이 큰 30여 가지만 골라 사용하는 것이 간명의 기법이 되겠다.

사주를 볼 때마다 신살을 사용해야 하는지 고민할 필요는 없다. 신살이 없는 사주는 없다. 어느 사주나 신살이 있다. 그러나 작용력에는 의문이 간다. 사람은 관계 속에 존재한다. 사주도 마찬가지다. 하나의 문제가아니라 사주를 구성하는 오행의 관계성이다. 다른 글자와의 관계성이다.

[성보명리] **신살론(神煞論)**

신살(神煞)은 달리 신살(神殺)이라고도 한다. 일반적으로 신(神)이란 좋은 의미를 가진다. 귀(鬼)의 반대개념이다. 살(煞, 殺)은 죽인다는 의미이다. 말뜻만 생각하면 좋고 나쁨의 관계를 말한다. 명리학 원리부터 생각해볼 필요가 있다. 명리학의 기본은 음양오행의 생극제화이다. 사주를 푸는 데 생극제화를 벗어날 수 없다. 운명을 판단하는 것이다. 천간과 지지가 생(生)하는지 극(剋)하는지를 파악하는 기법이다. 제(制)하는지 화(化)하는지를 보아야 한다. 이와 같은 이치로 운명을 해석하는 것이 사주학이다.

명리를 접하는 사람들에게 살은 일종의 비법처럼 여겨진다. 한 방에 콕 찍어내는 것과 같은 느낌이다. 족집게 같다는 느낌을 주는 기법이다. 그런데 원리를 파악할 필요가 있다. 흔히 듣는 살의 종류는 다양하다. 도화살이나 역마살. 공망살, 화개살 등이 그것이다. 그런데 이 살이라는 것은 음양오행의 원리에 맞지 않는다. 따라서 성보는 거의 사용하지 않는다. 그렇다고 마냥 틀렸다고 할 수도 없다. 물론 지나침이 있어 성보는 적용 폭을 줄여 사용한다. 무조건 나쁘다고 할 수는 없다. 적용되지 않는다고도 할 수 없다. 예부터 전해온 술법이다. 적게 사용하거나 사용하지 않아도 알고 있으면 도움이 된다. 어떤 것을 사용할지는 연구가 필요하다. 사용하지 말아야 할 것도 경험이 필요하다. 신살에서 신(神)은 긍정적 역할을 한다는 의미이다. 살(殺)은 부정적 역할을 한다는 의미이다. 흔히 알고 있는 천을귀인, 문창귀인은 긍정적인 신이다. 살(煞)자가 들어가면 흉하다. 삼형살, 도화살, 홍염살, 역마살, 백호살, 괴강살, 양인살이 그렇다. 또 삼재살, 원진살, 귀문살, 파살, 해살은 부정적인 살이다. 이러한 살의 적용은 연구와 연습이 필요한 것이 사실이다. 성보는 가능한 한 사용하지 않는다.

사주 풀이에서 관계의 맥락이 더 강하게 작용하는 것이 사실이다. 그 사이에 신살도 들어 있지만 작용력이 막강하다고 보기는 어렵다. 그러나 여러 개 신살이 중첩되면 작용력이 커진다. 사실 사주에 있는 신살이 그대로 일어나는 경우는 그다지 많지 않다.

사주를 풀어감에 신살은 플러스 알파적 요인이다. 주가 되는 이론이 되기에는 부족하다. 사주팔자의 원국을 먼저 살펴야 한다. 오행 구성을 살펴야 한다. 따스함과 차가움을 살펴야 한다. 합과 형충파해를 먼저 살펴봄이 옳다. 신살을 보조적으로 해석할 뿐이지 주된 해석이 될 수 없다. 혹자는 신살을 지나치게 강조하여 사람을 주눅 들게 한다. 그렇다면 무속적인 해석이 된다. 신살이 있다는 말을 듣고 겁먹을 필요가 없다. 특히 삼재라는 말에 겁먹을 이유가 전혀 없다. 신살은 가벼운 사건·사고라고 판단하라. 혹은 때때로 속상한 일이 생긴다는 정도로 파악하라.

1. 길신

사주에서 오행의 분석은 필수에 해당한다. 사주 간명에서 적용하는 오행에 따라 길신(吉神)은 식신, 편재, 정재, 정관, 인수 다섯 가지이다. 특히 편재가 길신이라는 것을 생각해야 한다. 일반적으로 편(偏)자가 붙으면 흉신으로 보기 때문이다.

재성은 정편(正偏)의 구별 없이 생활의 근본인 재물자원을 관장하므로 길신에 속한다. 정관은 사업, 사회적 명망, 녹위(祿爲)를 관장하므로 길신이지만 편관은 길신에서 빠진다. 식신은 인명의 식록, 수복을 관장하고 인수는 조상, 부모, 상사 및 천부(天賦)의 복을 관장한다. 이들 5개 육친은 길신으로 정한다. 간법(看法)에서 살펴보면 이들 길신은 인명에 좋은 영향을 미치므로 합과 생조는 좋으나 간합, 형충공파(刑沖空破)를 꺼린다.

1) 천을귀인

천을귀인(天乙貴人)은 각 일간을 대비하여 지지에 해당 오행이 있을 경우에 해당한다. 천을귀인이 사주에 있으면 인품이 공명정대하고 지혜가 뛰어나다. 천을귀인은 언제 어디서나 남의 도움을 얻을 수 있고 흉사를 당해도 길로 화(化)하는 덕이 있다.

천을귀인은 만가지 신을 다스리는 신이다. 천을귀인에 형충을 만나면 길이 사라진다. 길신 중에서 최고 길신으로 보는데 인격이 뛰어나고 총명하며, 지혜롭고 사리분별을 잘한다. 어려움을 당할 때도 무난히 헤쳐 나갈 수 있는 힘을 준다. 천을귀인은 양귀인과 음귀인 두 종류가 구별되어 있다. 양귀인은 양계절생, 음귀인은 음계절생으로 귀인 특유의 성능이 한층 더 발휘되고 그 반대는 천을완만(天乙緩慢)이라 하여 효능이 약하다. 대운에서도 천을귀인이 오면 좋다. 천을귀인은 살면서 생기는 불행한 일을 막아내며, 좋은 일을 더 좋게 만든다.

일간(日干)	양귀인(陽貴人)	음귀인(陰貴人)
甲	未	丑
乙	申	子
丙	酉	亥
丁	亥	酉
戊	丑	未
己	子	申
庚	丑	未
辛	寅	午
壬	卯	巳
癸	巳	卯

2) 천덕귀인

천덕귀인(天德貴人)도 아래 각각의 월지에 해당 오행이 있을 경우에 해당한다. 사주에 천덕귀인이 있으면 조상의 도움이 있고 천우신조(天佑神助)의 행운이 있다. 남에게 알려지지 않은 덕이 있고 난관에 처하더라도 타인의 도움을 받을 수 있다.

월지	寅	卯	辰	巳	午	未	申	酉	戌	亥	子	丑
천덕귀인	丁	申	壬	辛	亥	甲	癸	寅	丙	乙	巳	庚

3) 월덕귀인

월덕귀인(月德貴人)은 흉을 물리치고 선을 이루는 유덕(有德)한 오행의 길성으로 각각의 월지(月支)를 보아 해당 오행이 있는지를 살핀다. 천을귀인(天乙貴人) 다음으로 길신으로 보며 재물이 풍부하고 재앙을 물리친다.

생월지지	子	丑	寅	卯	辰	巳	午	未	申	酉	戌	亥
월덕귀인	壬	庚	丙	甲	午	辰	丙	甲	壬	辰	丙	甲

4) 학당귀인

학당귀인(學堂貴人)은 문창(文昌)과 함께 학문의 별이다. 육친으로 보면 인수와 식신으로 구성되어 있다. 이 학당귀인은 일주에서 보아 장생궁이 되는데 사람이 총명하고 박사나 교수가 많으며 선비나 학자가 된다.

일간	甲	乙	丙	丁	戊	己	庚	辛	壬	癸
학당귀인	亥	午	寅	酉	寅	酉	巳	子	申	卯

5) 관귀학관

일간에서 볼 때 편관이 장생이 되는 곳이다. 관귀학관(官貴學館)이 있는 사람은 관직에 나아가면 승진이 매우 빨라 그 벼슬이 산과 같이 높아진다는 것이다. 사회생활이나 직장에서 승진과 출세가 빠르고, 시험운이 좋다. 관귀학관이 사주원명(四柱原命)에 있으므로 뭇사람의 선망의 대상이 되거나 지혜가 총명하고 학문이 뛰어나 교육자 등 출세하여 이름을 떨친다. 일간을 기준하여 사주의 대운과 세운에서 지지를 비교한다.

일간	甲乙	丙丁	戊己	庚辛	壬癸
학관	巳巳	申申	亥亥	寅寅	申申

6) 화개

화개(華蓋)는 년지나 일지를 보아 해당 오행이 있을 경우에 해당된다. 화개살은 고독, 총명, 문필, 수도를 의미하는 살로 길신이 되면 좋으나 흉신이 되면 스님의 팔자가 된다거나 하여 나쁘다. 진술축미가 해당된다.

생월지지	寅	卯	辰	巳	午	未	申	酉	戌	亥	子	丑
화개	戌	未	辰	丑	戌	未	辰	丑	戌	未	辰	丑

7) 장성

장성(將星)은 신체가 건강하고 마음도 건강한 것을 의미하는데 문무를 겸비하여 크게 출세한다. 다른 살과 연계하여 생사여탈권을 가지기도 하고 국가 경제를 좌지우지한다. 때로 독선적이고 고집이 심해 주위의 호응을 얻기 힘들고 외롭다. 단 출생일에 장성살이 끼면 흉성으로 변한다.

생월(生月)	중기 이전의 월장	중기 이후의 월장
子	寅	丑
丑	丑	子
寅	子	亥
卯	亥	戌
辰	戌	酉
巳	酉	辛
午	辛	未
未	未	午
辛	午	巳
酉	巳	辰
戌	辰	卯
亥	卯	寅

8) 역마

일지와 년지를 기준으로 해당 오행이 있으면 역마살이 끼었다고 한다. 우리가 많이 듣는 살 중 하나로 역마살이란 이리저리 분주하게 다니는 것이나 이동을 뜻한다. 역마살이라는 말은 역마(驛馬)와 살이 결합된 단어로 역마는 과거에 벼슬아치들에게 제공된 교통수단이고 살은 좋지 않다는 뜻으로 역마처럼 이리저리 돌아다니면서 정착하지 못하고 사는 것을 역마살이라고 했다. 요즘에는 역마살이라는 뜻이 전 세계를 돌아다니면서 활동하는 전문직이나 직장인을 뜻하는 좋은 말로 변하고 있다.

日支	亥卯未	寅午戌	巳酉丑	申子辰
驛馬	巳	申	亥	寅

9) 천사

천사(天赦)이면 병과 재난에 봉착해도 곧 사면되어 부귀를 얻는다. 처세가 원만하며 큰 병이나 대재난을 만나도 곧 치유되거나 사면된다는 길신(吉神)이다.

月支	寅卯辰	巳午未	申酉戌	亥子丑
天赦	戊寅	甲午	戊申	甲子

10) 복성귀인

복성귀인(福星貴人)은 일반적으로 크게 다루지는 않는다. 재물과 건강을 타고난다는 의미를 지닌다. 최근 들어오며 복성귀인을 강조하는 현상이 나타나고 있다. 이는 아마도 현대사회가 재물을 탐하는 사회이기 때문인 것 같다.

년월일시를 두고 어느 자리에 있는지를 따진다. 년주는 조상과 어린 시절의 유복, 월지는 부모의 도움, 시지에 있으면 말년의 복과 돈이다. 복성귀인이 희신에 해당하면 작용이 극대화된다.

甲	乙	丙	丁	戊	己	庚	辛	壬	癸
寅	丑	子	酉	申	未	午	巳	辰	卯

11) 문창귀인

문창귀인(文昌貴人)은 일간을 기준으로 하여 해당 오행이 있을 경우에 해당한다. 문창귀인은 학문이 뛰어나고 지혜와 예능에도 뛰어나다. 양일생(陽日生)은 12운의 병이 붙고 음일생(陰日生)은 12운의 장생이 붙는다. 문창귀인은 총명의 별이다. 학문에 뛰어나며 추리력, 발표력, 예지력이 있어 공부를 잘한다.

이 신이 사주 중에 있을 때에는 그 사람은 매우 총명하고 재주가 출중하다. 흉에 대하면 길로 화(化)하며, 그 작용은 천을귀인이나 천월이덕과 유사한 것이다. 오행의 상관적(傷官的) 수기(秀氣) 발로(發露)의 신이며 문학, 기예 등 뛰어난 재능을 가진다. 다만, 이 경우에도 신왕하여 조화가 잘되어 있는 것이 첫째 요건이고, 신약이나 식상이 태과하거나 형충공망하는 것은 해당하지 않는다.

일간	문창귀인이 붙는 지지
甲	巳
乙	午
丙	申
丁	酉
戊	申
己	酉
庚	亥
辛	子
壬	寅
癸	卯

12) 금여록

금으로 만든 수레라는 뜻으로 달리 금여(金與), 금여록(金與祿)이라고 하며 사주에 금여록이 있으면 부귀공명(富貴功名)을 이룬다고 한다. 금여록은 온후, 유순, 절의, 음덕, 양연 등으로 행복을 받을 암시가 있다. 항상 얼굴에 화기애애한 기운이 있으며 몸가짐에 절도가 있고 세상 사람의 도움을 받는 수가 많다.

남자는 발명에 재간이 있고 처가의 도움이 있다. 여자는 대체로 미모이며 결혼운도 좋다. 배우자와 금슬화합의 행복을 얻으며 남녀 모두 상대로부터 힘을 얻을 수 있고 도움을 받는다. 일지와 시지에 있으면 말년에 편안하게 지내고 좋은 배우자를 만나며 자손도 번창하게 되는데, 중국 황족(皇族)의 사주에 금여가 많다고 전한다. 그러나 파, 해, 극이 있으면 그 효능은 약해진다.

日干	甲	乙	丙	丁	戊	己	庚	辛	壬	癸
金輿	辰	巳	未	申	未	申	戌	亥	丑	寅

13) 암록

암록(暗祿)은 총명한 두뇌에 재능이 있고 남이 모르는 음덕이 있으며 곤란에 처했을 때 타인의 도움을 받을 수 있는 길신이다. 단 충, 형하든가 공망이 있으면 그 효능은 없어진다.

평생 재물 걱정이 없다. 역경에 처하더라도 뜻하지 않은 행운과 도움이 있어 위험에서 벗어난다는 길신으로 평생의 숨은 복록과 재물이 있다. 영리하고 인덕이 있으니 성공하기 쉽다.

日干	甲	乙	丙	丁	戊	己	庚	辛	壬	癸
暗綠	亥	戌	申	未	申	未	巳	辰	寅	丑

14) 천의성

천의성(天醫星)은 '하늘의 치료하는 별'이라는 의미이니 사주에 이 별이 있으면 생명을 구하는 직업에 적합하다. 사주 월지를 기준으로 해당 오행이 지지에 있을 때에 해당한다. 천의성이 있으면 남의 인명을 구해주는 의사, 한의사, 종교인, 약사, 간호사, 상담사 등의 인연이 있다.

生月	子	丑	寅	卯	辰	巳	午	未	申	酉	戌	亥
天醫星	亥	子	丑	寅	卯	辰	巳	午	未	申	酉	戌

15) 천주귀인

천주귀인(天廚貴人)은 수복성이다. 평생 재복이 많고 행복하게 산다. 곡간에 곡식을 가득 담아두는 길신(吉神)의 모습을 본 것으로 풀 수 있으니, 이 길성(吉星)이 비추는 사람은 일생 재복(財福)이 많고 근심이 없다.

日干	甲	乙	丙	丁	戊	己	庚	辛	壬	癸
天廚	巳	午	巳	午	申	酉	亥	巳	寅	卯

16) 문창성

문창성(文昌星)은 학문에 청명하고 공부를 잘한다는 길신이다. 지혜가 출중하고 총명하며 문체가 있다. 풍류를 즐길 줄도 알며 흉이 길로 변하고 용모가 수려하다. 합이 되거나 충과 공망에 들면 그 작용이 사라진다.

日干	甲	乙	丙	丁	戊	己	庚	辛	壬	癸
文昌	巳	午	申	酉	申	酉	亥	子	寅	卯

2. 흉살

흉살(凶煞)은 귀살(鬼殺)이 되어 운명에 악영향을 미칠 뿐 아니라 심하면 단명(短命)할 정도로 흉해를 가져다주는 살성이다.

1) 공망

공망(空亡)은 일주(日株)를 위주로 보는데 육십갑자의 시작이 갑자(甲子), 을축(乙丑)으로 나가다가 계유(癸酉)에 이르면 천간 10개는 지지의 자(子)에서부터 유(酉)에서 끝나게 되고 지지의 나머지 술(戌)과 해(亥)는 천간과 짝이 없어 공망이라고 한다. 따라서 일주가 갑자(甲子), 을축(乙

丑), 병인(丙寅), 정묘(丁卯), 무진(戊辰), 기사(己巳), 경오(庚午), 신미(辛未), 임신(壬申), 계유(癸酉)이면 사주 중 지지에 술(戌)이나 해(亥)가 있을 경우 그것을 공망이라고 한다.

공망은 일주를 기준으로 보므로 그 기준은 다음과 같다.

- 일주가 甲子, 乙丑, 丙寅, 丁卯, 戊辰, 己巳, 庚午, 辛未, 壬申, 癸酉이 면 戌亥가 공망이다.
- 일주가 甲戌, 乙亥, 丙子, 丁丑, 戊寅, 己卯, 庚辰, 辛巳, 壬午, 癸未이 면 申酉가 공망이다.
- 일주가 甲申, 乙酉, 丙戌, 丁亥, 戊子, 己丑, 庚寅, 辛卯, 壬辰, 癸巳이 면 午未가 공망이다.
- 일주가 甲午, 乙未, 丙申, 丁酉, 戊戌, 己亥, 庚子, 辛丑, 壬寅, 癸卯이 면 辰巳가 공망이다.
- 일주가 甲辰, 乙巳, 丙午, 丁未, 戊申, 己酉, 庚戌, 辛亥, 壬子, 癸丑이 면 寅卯가 공망이다.
- 일주가 甲寅, 乙卯, 丙辰, 丁巳, 戊午, 己未 , 庚申, 辛酉, 壬戌, 癸亥이 면 子丑이 공망이다.

생일	甲子	甲戌	甲申	甲午	甲辰	甲寅
생일	乙丑	乙亥	乙酉	乙未	乙巳	乙卯
생일	丙寅	丙子	丙戌	丙申	丙午	丙辰
생일	丁卯	丁丑	丁亥	丁酉	丁未	丁巳
생일	戊辰	戊寅	戊子	戊戌	戊申	戊午
생일	己巳	己卯	己丑	己亥	己酉	己未
생일	庚午	庚辰	庚寅	庚子	庚戌	庚申
생일	辛未	辛巳	辛卯	辛丑	辛亥	辛酉
생일	壬申	壬午	壬辰	壬寅	壬子	壬戌
생일	癸酉	癸未	癸巳	癸卯	癸丑	癸亥
공망	戌亥	申酉	午未	辰巳	寅卯	子丑

2) 양인

신살의 하나이다. 인(刃)이라고도 한다. 양인(羊刃)은 물(物)이 극(極)하면 도리어 악기(惡氣)를 생한다는 이치에 따라 제정된 흉신으로 양일생(陽日生)은 건록의 후, 음일생(陰日生)은 건록의 전에 붙는다. 이것을 녹전록후(祿前祿後)의 신이라 하는데, 겁재를 닮은 성정(性情)이 있으며, 재해를 관장하는 신이다. 양인은 하나의 기둥으로 판단한다.

양인살은 카리스마와 설득력이다. 지나치게 강한 기운이다. 칼을 다룬다는 의미가 있다. 긍정적일 때는 장군, 외과의사, 정치가, 기업가 일을 할 수 있는 힘이다. 대단히 강한 기운이 필요한 직업이다. 부정적일 때는 깡패, 형벌, 악당의 기운이다. 양인살은 일간의 힘을 강하게 해서 투쟁력과 경쟁력으로 사람을 지배하는 힘이다.

- 년주에 양인이 있으면 조업불계승이고 조상을 파한다.
- 월주에 양인이 있으면 양일생은 양인격, 음일생은 월인격이 되고 사주 중 재관(財官)이 약하면 일생 고독하고 빈곤한 사주이다.
- 일주에 양인이 있으면 남녀 모두 배우자를 극하여 배우자의 인연이 수시로 변할 수 있다. 일지의 양인은 처에 병액이 많다. 병오(丙午), 무오(戊午), 임자(壬子)일 역량이 가장 강하다.
- 시주에 양인이 있으면 자녀를 극하고 만년에 고독하다.
- 양인과 겁재가 동궁(同宮)하는 것은 조상의 덕이 없는 사주이다.
- 양인이 건록과 함께 있는 것은 입신하여 부유한 사주이다.
- 양인은 형충회합을 좋아하지 않는다. 재물을 흩어지게 하고 처자식을 극하여 이별하게 된다.
- 양인이 공망하는 것은 해가 얕고 재물을 상함이 없다고 하나 형충 등으로 공망이 해체되면 흉해가 반드시 있다.
- 양인이 겹쳐 있어도 제(制)가 있으면 부귀하고 살(殺)을 보면 대귀(大貴)의 사주로 관직과 명예가 있다.

생일	甲	乙	丙	丁	戊	己	庚	辛	壬	癸
양인	卯	辰	午	未	午	未	酉	戌	子	丑

3) 괴강

괴강(魁綱)이란 경술(庚戌), 경진(庚辰), 임진(壬辰), 무술(戊戌)의 간지를 말한다. 이러한 괴강이 사주에 있으면 성격이 강하다. 특히 일주가 괴강이면 더욱 그러한 성정이 강하다. 사주에서 괴강은 일간에서 지지를 보며 진(辰)과 술(戌)은 십이지지 중 가장 위세가 강하고 진(辰)을 천라(天羅), 술(戌)을 지망(地網)이라 한다.

괴강은 그 세가 강하고 적극과 소극의 양극(兩極)을 관장하므로 길이 되면 최상이 되고 흉이 되면 최악의 흉을 뜻한다. 남자는 양이므로 천라를, 여자는 음이므로 지망을 각기 싫어한다.

일간에서 보아 월지에 괴강을 띠는 것을 괴강격이라 하고 일지에 띠는 것을 괴강일생이라 하여 총명하고 재주가 출중하다. 괴강격은 대체로 운기가 강하여 사주에 2~3개가 있는 것은 후천운에서 비운(悲運)을 맞이하면 사망에 이르고 신왕운(身旺運)에 순(順)하면 오히려 비상한 발달을 꾀한다. 오래도록 경진, 임진, 경술, 무술만을 괴강으로 취급하였는데 최근 갑술과 갑진을 괴강으로 대입하거나 대입하고자 하는 시도가 있다.

괴강살은 우두머리, 영웅호걸의 좋은 의미와 극빈, 단명, 횡액, 수술의 나쁜 의미가 있다. 지지가 모두 토이다. 토는 생산이고 중용이다. 왜 괴강살이라 하였을까? 일반적으로 괴강살은 작용력이 크다고 한다. 백호살과 괴강살이 들어오는 해에 조심스럽게 행동하면 사건·사고는 없을 수 있다.

庚辰	壬辰	庚戌	戊戌	甲戌	甲辰

4) 도화

도화살이란 일지를 기준으로 해당 오행이 있을 경우에 도화살이 끼었다고 본다. 자오묘유(子午卯酉)이다. 도화살과 홍염살은 인기살이다. 도화살이 있으면 색을 좋아하고 끼가 많으며 대체로 음란하다. 가끔 도화살은 년지를 함께 보기도 한다. 달리 최근에는 인기살의 일종으로 보기도 한다. 사람들에게 인기가 많고 어디서나 돋보인다.

도화(桃花, 咸池, 敗地)는 일명 도화살이라고 하며 남녀색정의 신이다. 양일생은 12운성에서 목욕(沐浴)의 신이고 음일생은 12운성에서 병(病)의 신이다. 본래 함지(咸池)는 자오묘유에 붙는다. 따라서 사주의 4지지가 전부 이것이 되는 것은 색정과 인연이 깊다고 본다. 예술적 감성이 풍부하고 언어구사력과 애교가 있으며, 처세술이 능하다.

생년 〳 생일	申·子·辰	寅·午·戌	巳·酉·丑	亥·卯·未
桃花	酉	卯	午	子

5) 고진과숙

고진과숙(孤辰寡宿)도 일지를 위주로 보나 년지로도 보는 수가 있다. 일명 홀아비살 혹은 과부살이라고도 하며 꺼리게 되는 살이다. 고진은 홀아비살, 과숙은 과부살이다. 남자나 여자나 꺼리게 되는 살이다.

일지 ＼ 월지	계절	고진(孤辰)	과숙(寡宿)
寅卯辰	春	巳	丑
巳午未	夏	申	辰
申酉戌	秋	亥	未
亥子丑	冬	寅	戌

6) 격각(隔角)

격각살은 일지와 시지 사이가 한 글자 띄워진 것을 말한다. 예를 들어 자일생(子日生) 인시(寅時)가 그렇다. 사주에 격각살이 있으면 형벌을 당한다. 격각살의 사전적인 의미로는 일과 시에만 해당한다고 하나 전반적으로 적용함이 옳다고 본다. 자식과 부모 사이가 나쁘다. 생일에서 생시를 살핀다. 허송세월을 하며 운에서 만나면 액이 있다.

日	子	丑	寅	卯	辰	巳	午	未	申	酉	戌	亥
時	寅戌	卯亥	子辰	丑巳	寅午	卯未	辰申	巳酉	午戌	未亥	子申	丑酉

7) 상문조객(喪門弔客)

죽음으로 발생하는 부정, 상문은 죽음으로 인한 부정함을 말하거나 '상문살(喪門煞)'이라는 표현에서 드러나듯 그러한 죽음의 부정한 기운을 말하는 것이 보통이다. 그러나 '상문각시 상문도령'이라는 말에서 나타나듯 죽음의 부정이 의인화된 존재를 가리키기도 한다.

상문은 남녀노소를 막론하고 죽은 달이 아직 경과하지 않은 사람의 넋을 말한다는 주장도 있지만 근거를 찾기가 어렵다. 이 살이 있으면 친인척간에 사별이 있고 집을 새로 짓거나 묘를 안장할 때, 이사할 때 화를 당한다. 사주에 상문이나 조객살이 있거나 운(運)에서 이 살이 들어오면 초상이 나거나 문상갈 일이 생긴다는 것인데 실제로 그런 일이 발생할 수 있다. 그러나 애초 뜻을 살피면 상문조객이라는 것은 그해에 좋지 않은 일들이 발생할 때 조문을 갔다 오면 오히려 살이 면제되는 역할을 하는 것이라는 의미이다.

년지	子	丑	寅	卯	辰	巳	午	未	申	酉	戌	亥
喪門	寅	卯	辰	巳	午	未	申	酉	戌	亥	子	丑
弔客	戌	亥	子	丑	寅	卯	辰	巳	午	未	申	酉

8) 원진(元嗔)

원진살이란 서로 미워하거나 만나기를 꺼린다는 살로서 특히 부부간에 중요하게 여겨진다. 원진살은 안 보면 미친 듯이 보고 싶어지고 바라보면 미워지는 신기한 살이다. 특히 첫사랑이 원진살이었으면 죽을 때까지 뼈에 사무치게 보고 싶고 그리워지는 수가 많다.

지지	子	未	丑	午	寅	酉	卯	申	辰	亥	巳	戌
원진살	未	子	午	丑	酉	寅	申	卯	亥	辰	戌	巳

- 서기양두각(鼠忌羊頭角, 쥐-쥐띠 자생子生-는 양-양띠 미생未生-의 머리가 모가 남을 꺼린다)

- 우진마불경(牛嗔馬不耕, 소-소띠 축생丑生-는 말-말띠 오생午生-이 밭갈지 않음을 불평한다)

- 호증계취단(虎憎鷄嘴短, 범-범띠 인생寅生-은 닭-닭띠 유생酉生-의 짧은 부리를 미워한다)

- 토원후불평(兎怨猴不平, 토끼-토끼띠 묘생卯生-는 원숭이-잔나비띠 신생申生-가 종알종알함을 원망한다)

- 용혐저면흑(龍嫌猪面黑, 용-용띠 진생辰生-은 돼지-돼지띠 해생亥生-의 얼굴이 검음을 싫어한다)

- 사경견폐성(蛇驚犬吠聲, 뱀-뱀띠 사생巳生-은 개-개띠 술생戌生-가 짖는 소리에 놀란다) 등

9) 홍염(紅艷)

이 살이 들면 남녀 모두 미인이다. 홍염살도 일간을 위주로 해당 오행이 있으면 해당된다. 홍염살이면 다정다감하고 주색을 좋아한다. 풍류적 기질이 있어 현대적 의미로는 연예인들에게 어울리는 살이다. 홍염살은 남녀 구별 없이 사람들에게 인기가 많고 미적 감각이 뛰어나며 화려한 것을 좋아하는 성향이 강하다.

귀엽고 사랑스럽고 애교가 많으며 어린아이 같은 천진난만함이 많다. 홍염살은 외모와 상관없이 이성에 대한 매력을 지녔으며 얼굴에 귀염성이 있고 다정다감한 인상이 많다. 반면에 허영과 사치가 심하다.

여성의 경우 남자의 노리갯감이 되거나 남편과 관계가 좋지 않아서 이혼 혹은 별거수가 강하고 원만한 가정에서 태어나도 나쁜 길로 빠지는 수가 많다. 홍염살 관상의 특징은 애교살이 두툼하고, 인디언 보조개(눈밑 앞 광대)가 있으며 잘 웃는다.

日干	甲	乙	丙	丁	戊	己	庚	辛	壬	癸
홍염살	午	午	寅	未	辰	辰	戌	酉	申	申

10) 겁살

겁살(劫殺)은 살 중 우두머리라 작용력이 강하다. 겁살은 외부로부터 겁탈과 강탈을 당하며 재화백출, 급질, 파재, 비명횡사, 교통사고, 강제탄압, 강제 압류철거, 강탈, 횡사를 하게 된다. 급변이나 재난사고를 당하는 살이다. 자신은 물론 부모, 형제, 부부, 자녀 등도 해당한다. 남과 시비, 직장이나 단체에서 실권을 잡기 위한 분쟁 시비, 부부지간 불화, 대운 말에 교통사고나 테러, 외과적 질환이 침범한다. 수술사고로 사망하거나 불안전한 건물에 산다. 철거 우려가 있는 곳에 산다.

이 살이 있으면 신체가 허약하며 위장병으로 고생한다. 이비인후과 질환에 잘 걸리며 심하면 농아가 되기도 한다. 술을 절제하지 못하면 신용을 잃게 되므로 절주가 필요하다.

年支＼日支	申子辰	巳酉丑	寅午戌	亥卯未
劫煞	巳	寅	亥	申

11) 백호살

사주에 다음 일곱 개 간지 즉 갑진(甲辰), 을미(乙未), 병술(丙戌), 정축(丁丑), 무진(戊辰), 임술(壬戌), 계축(癸丑)이 있을 경우 백호살(白虎殺)이다. 이 일곱 개 간지가 년주, 월주, 일주, 시주 중 어느 곳에든 있으면 백호살이 끼었다고 한다.

애초 의미는 호랑이에게 물려 피를 흘린다는 뜻으로 현대적 의미는 교통사고 등과 같은 불의의 사고를 나타낸다고 볼 수 있다. 백호살과 괴강살은 진술축미(辰戌丑未)로 토의 기운이다. 근본적으로 토의 기운은 신뢰와 안정의 의미가 강하고 중용의 힘이기에 그렇게 부정적으로 작용하지 않는다. 그런데 왜 백호대살이라고 할까? 변화라는 것을 말해주는 것은 아닐까? 토의 기운은 강한 에너지를 가진 변화의 힘으로 작용한다. 백호살이 들어오는 해에 조심스럽게 행동하면 사건·사고는 없을 수 있다.

甲辰	乙未	丙戌	丁丑	戊辰	壬戌	癸丑

12) 귀문관살

귀문관살(鬼門關煞)은 사주 중 다음 지지가 있을 경우에 해당한다. 귀문관살이 있으면 한 가지 일에 몰두하는 편집증적 현상이 나타나거나 신경쇠약이나 정신이상에 잘 걸린다고도 하고 의처증이나 의부증이 있다고도 한다. 신경증, 예민함, 우울증에 시달리게 하는 살이다.

귀문관살을 실전에 적용하는 사례가 많아졌는데 귀문관살이 좋게 쓰이면 상상력이 뛰어나고 머리가 비상하여 천재 소리를 듣는다. 눈치, 직감력이 매우 빠르다. 이에 비해 나쁘게 쓰이면 과대망상, 의심, 중독, 스트레스, 정신분열, 신경과민과 같은 정신질환이 발생하기 쉽다. 원진살(怨嗔殺)에 자유(子酉), 인미(寅未)를 포함시켜 귀문관살이라 한다.

子未	午丑	寅酉	卯申	辰亥	巳戌	子酉	寅未

13) 탕화살

탕화살(湯火殺)은 일지와 관련 지지를 본다. 사주원국에 탕화살이 낀 사람은 뜨거운 물이나 불에 데어서 심한 상처를 입거나 큰 흉터를 지닌다. 현대적인 의미로는 화상이나 총탄 등의 부상이나 얼굴에 반점이나 사마귀가 있다고도 한다. 탕화살은 음독, 중독, 비관, 화상, 폭발물, 화공약품, 총상, 파편상 등으로 응용하고 직업으로는 약사, 소방관, 독극물 또는 위험물 취급 등으로 응용한다.

日支	寅	午	丑
湯火殺	寅巳申	辰丑午	午戌未

14) 급각살

급각살(急脚煞)은 월지와 지지를 비교해서 판단한다. 급각살은 흉살의 하나로 다리를 절게 됨을 의미하는 살이라고 한다. 급각살은 급할 급(急)자와 다리 각(脚)자를 쓰며 다리를 절게 된다는 의미를 지닌 흉살 중 하나다. 갑자기 다리가 부러지거나 수술하여 다리에 이상이 생기는 살이다. 급각살이 있으면 다리에 이상이 있어 부러진다거나 신경통, 소아마비 등과 같이 사지에 이상이 있다.

生月	急脚殺
寅卯辰	亥子
巳午未	卯未
申酉戌	寅戌
亥子丑	丑辰

15) 효신

사주에서 일지에 어머니격인 정인이 있는 것을 효신(梟神)이라고 한다. 효신살이 있으면 부부관계가 원만하지 못하고 고부간에 갈등이 있다고 한다. 효신은 편인으로 구성되어 있다. 모친과 인연이 없어 어린 시절에 생모를 작별(作別)하거나 전모(前母), 서모(庶母), 양모(養母), 계모(繼母)가 있게 된다. 효(梟)라는 글자는 올빼미를 말하는데 효조(梟鳥)는 부화되어 자기 몸이 능히 움직일 수 있으면 자기 어미를 잡아먹는다는 악조를 말한다. 효신살이 일주에 놓여 있으면 어려서 모친을 잃는다는 살이다.

甲子	乙亥	丙寅	丁卯	戊午	己巳	庚辰	庚戌	辛丑	辛未	壬申	癸酉

16) 역마살

역마는 이동이다. 역마는 움직임이다. 역마살은 이동, 해외, 여행, 분주함을 나타내는 인신사해(寅申巳亥)이다. 인신사해는 각 계절의 시작으로 움직임의 에너지가 넘친다. 역마가 있으면 외교, 관광, 무역, 항공 일이 좋다. 늘 분주하고 움직임이 많다.

월지 \ 일지	巳酉丑	亥卯未	申子辰	寅午戌
역마	亥	巳	寅	申

17) 삼재살(三災煞)

혹자들에 의해 흔히 가장 무서운 것으로 묘사된다. 그러나 지나침이 있는 주장이다. 삼재는 수재(水災), 화재(火災), 풍재(風災)이다. 혹은 전쟁, 기근, 전염병이다. 누구에게나 지나가는 살기이다. 삼재는 12년마다 3년간 들어 있다. 흔히 들삼재, 눌삼재, 날삼재라고 표현한다. 첫해에 우환, 걱정거리, 횡액이 생기고, 다음 해에 매사 일이 지체되고 실패와 불운이 생기고, 끝 해에 피해가 가장 크다고 한다.

사, 유, 축(巳酉丑)생은 삼재가 해(亥)년에 들어와 축(丑)년에 나가고 신, 자, 진(申子辰)생은 인(寅)년에 들어와 진(辰)년에 나가고 해, 묘, 미(亥卯未)생은 사(巳)년에 들어와 미(未)년에 나가고 인, 오, 술(寅午戌)생은 신

(申)년에 들어와 술(戌)년에 나간다. 그러나 삼재는 맞지 않는다. 삼재가 맞는다면 전체 인구 4분의 1 정도가 삼재에 처하게 된다. 그리고 12년마다 3년씩 생고생을 한다. 고통의 세월을 쉴 새 없이 보내게 된다는 의미인데, 현재 인간이 역사를 발전시키면서 살고 있는 것을 보면 삼재는 맞지 않음을 알 수 있다.

생년	巳酉丑	申子辰	亥卯未	寅午戌
삼재	亥子丑	寅卯辰	巳午未	申酉戌

◈ 참고문헌 ◈

강헌,《명리 운명을 읽다》, 돌베개, 2016.

곽동훈,《운수대통 만세력》, 선영사, 2016.

곽목량,《오주괘》, 삼명, 2004.

김동완,《사주명리학》1~9권, 동학사, 2010.

김상연,《명 역학의 맥》, 갑을당, 2009.

김재근,《김재근 선생의 추명명리학 강의》, 천지인, 2012.

노영준,《사주비결록》1~3권, 경덕출판사, 2004.

노영준,《역학의 비결》1~3권, 경덕출판사, 2004.

다카기 아기미쓰, 노상만 옮김,《상성과 궁합》, 북마크, 2008.

박일우 편저,《명리총서 삼명통회》, 명문당, 1978.

박재완,《명리실관》, 역문관, 1993.

박재완,《명리요강》, 역문관, 1974.

박주현,《오주괘관법》, 삼명, 2011.

박진영,《성명학전서》, 명문당, 1992.

변만리,《신사주학강의록》1~3권, 변만리연구회편, 자문각, 2011.

심재열,《연해자평 정해》, 명문당, 2002.

안종선,《명리학 교과서》, 산청, 2014.

안종선,《택일법 교과서》, 산청, 2015.

엄태문,《사주 단시 래정법》, 역학도서관, 2008.

이경 감수,《사주만세력》, 동학사, 2010.

이모원·김영하·박영창,《명리학개론》, 여백미디어, 1988.

이상욱,《주역작명법》, 명문당, 1993.

이호헌,《독심술 콘서트》, 창작시대, 2014.

정문교,《쉽게 풀어쓴 운명》, 봄꽃여름숲가을열매겨울뿌리, 2016.

조용헌,《조용헌의 사주명리학 이야기》, 알에이치코리아, 2014.

좌등육룡,《십간사주추명비법》, 남각십간사주연구소, 남각문화출판사, 2003.

고재민, "四柱命理의 宮星과 格局用神論 硏究", 대구한의대학교 박사학위논문, 2016.

김성덕, "명리(命理)의 과학적 한계와 철학적 전환",《인문사회 21》9권 2호, 아시아문화학술원, 2018.

박병수, "『子平眞詮』 명리이론 연구", 경기대학교 석사학위논문, 2015.

박지영, "명리 오색과 한국전통색 오방색의 상관관계와 활용방안",《국제보건미용학회지》11권 2호, 국제보건미용학회, 2017.

황금옥·김재원·이필문, "한국 命理辭典의 辭典學的 특성과 知識表象",《원불교사상과 종교문화》75호, 원광대학교 원불교사상연구원, 2018, 415~446쪽.

http://nangwol.com/?page_id=254&uid=1972&mod=document

http://www.sonsaju.com/

https://blog.naver.com/aldl2255/220503985455

https://blog.naver.com/wotjd9399/220437172695

http://wonje.co.kr/bbs/board.php?bo_table=info24&wr_id=42

http://www.goodcycle.com/comm/desc/king.asp

https://blog.naver.com/palhyunn/90194804331

https://blog.naver.com/sungbosungbo

명리학상담전화 천지신 www.cunjisin.com/

https://cafe.naver.com/sungbopoongsu

https://ssunris.blog.me/140119849223

https://blog.naver.com/develop-your-life/220776328546

https://cafe.naver.com/saju1472/34

점 잘보는 곳 운세사랑 www.unselove.net

한국역술인협회장 백운산작명원 www.backwnsan.com

전국 공개강의 대통인학술원 대통인학술원.com

동추원, https://ssunris.blog.me/140119849223

https://blog.naver.com/develop-your-life/220776328546

https://cafe.naver.com/saju1472/34

술술 풀리는 명리학 입문 1
안종선 지음

운명을 바꾸는 명리 쉽게 배우기
안종선 지음

술술 풀리는 사주명리 입문
안종선 지음

술술 풀리는 운세 명리학 입문
안종선 지음

풍수 수납 운명을 바꾸는 정리
안종선 지음

풍수 인테리어 운명을 바꾼다
안종선 지음 | 올컬러

골든타임 1초의 기적 [최신 개정판]
박승균 지음

당신의 몸을 살리는 명상 요가 10분
신승철 · 임태우 지음 | 올컬러

긍정 육아   eBook 구매 가능
도로시 로 놀테 · 레이첼 해리스 지음 | 김선아 옮김

실내식물 사람을 살린다 [최신 개정판]
손기철 지음 | 올컬러

사람을 살리는 실내공기정화식물 50 [최신 개정판]
월버튼 지음 | 김광진 옮김 | 올컬러

아름다운 생활공간을 위한 **분식물 디자인**
손관화 지음 | 올컬러

홍차의 비밀 세계의 홍차 향기를 찻잔에 담다
최성희 지음 | 올컬러

영국 혼자 떠나도 괜찮아   eBook 구매 가능
잉글리 지음 | 올컬러

호주 혼자 떠나도 괜찮아
오세종 지음 | 올컬러

중앙생활사 Joongang Life Publishing Co.
중앙경제평론사 | 중앙에듀북스   Joongang Economy Publishing Co./Joongang Edubooks Publishing Co.

중앙생활사는 건강한 생활, 행복한 삶을 일군다는 신념 아래 설립된 건강·실용서 전문 출판사로서
치열한 생존경쟁에 심신이 지친 현대인에게 건강과 생활의 지혜를 주는 책을 발간하고 있습니다.

술술 풀리는 운세 명리학 입문

초판 1쇄 인쇄 | 2019년 4월 22일
초판 1쇄 발행 | 2019년 4월 27일

지은이 | 안종선(JongSun Ahn)
펴낸이 | 최점옥(JeomOg Choi)
펴낸곳 | 중앙생활사(Joongang Life Publishing Co.)

대   표 | 김용주
책임편집 | 이상희
본문디자인 | 박근영

출력 | 한영문화사   종이 | 에이엔페이퍼   인쇄·제본 | 한영문화사

잘못된 책은 구입한 서점에서 교환해드립니다.
가격은 표지 뒷면에 있습니다.

ISBN 978-89-6141-234-6(03150)

등록 | 1999년 1월 16일 제2-2730호
주소 | ⑂ 04590 서울시 중구 다산로20길 5(신당4동 340-128) 중앙빌딩
전화 | (02)2253-4463(代) 팩스 | (02)2253-7988
홈페이지 | www.japub.co.kr 블로그 | http://blog.naver.com/japub
페이스북 | https://www.facebook.com/japub.co.kr 이메일 | japub@naver.com
♣ 중앙생활사는 중앙경제평론사·중앙에듀북스와 자매회사입니다.

※ 이 도서의 국립중앙도서관 출판시도서목록(CIP)은 서지정보유통지원시스템 홈페이지(http://seoji.nl.go.kr)와
국가자료공동목록시스템(http://www.nl.go.kr/kolisnet)에서 이용하실 수 있습니다.(CIP제어번호:CIP2019013707)

중앙생활사에서는 여러분의 소중한 원고를 기다리고 있습니다. 원고 투고는 이메일을 이용해주세요.
최선을 다해 독자들에게 사랑받는 양서로 만들어 드리겠습니다. **이메일** | japub@naver.com